조선을
훔친
위험한
册들

이민희 지음

조선시대 책에 목숨을 건 13가지 이야기

조선을
훔친
위험한
冊들

글항아리

조선은 성리학의 나라다. 성리학은 조선사회를 대표한 단 하나의 이념이었다. 기독교가 지배한 서양의 중세가 흔히 암흑기로 묘사되듯 500년 조선사도 상상력이 억압된 통제사회로 규정되곤 한다. 성리학적 질서는 일신교사회의 특징을 많이 지니고 있었다. 그것은 타자를 배제함으로써 동일자의 특성을 갖추어나갔다. 중세의 수도사들이 마녀사냥에 열을 올렸듯 조선의 유학자들도 이질적인 사상을 붓과 칼을 동원해서 처단해나갔다. 삼강오륜의 질서는 그런 정치적인 실천의 제도화였다.

학설과 논쟁을 중심으로 세워지는 사상사 연구의 관행을 따라가면 조선이 이념 기계로 만들어지는 과정을 한눈에 알 수 있다. 고려 말에 성리학을 들여와 성종대에 『경국대전』의 틀을 완비하고 예송禮訟 논쟁과 리기理氣 논쟁을 거쳐 실학으로 골인하는 과정은 우리에게 너무나 익숙한 스토리다. 하지만 유학의 정전正典들을 중심으로 논지를 펼치고 그에 반대되거나 소수자로 묶이는 학설을 통해 부연함으로써 사유의 역동성을 만들어가는 논의 구조를 통해서는 결국 승자를 합리화하는 그림밖에는 그릴 수 없다. 또한 그 속에서 정전의 정확한 카운터파트는 재조명의 손길을 어느 정도 받겠지만 홀로 독립군처럼 존재했던 수많은 사유는 사상사의 물길에 실리지 못한 채 과거에 그대로 버려질 우려도 있다. 그렇게 되면 우리의 사유의 역사는 얼마나 앙상한 동어 반복이겠는가.

『조선을 훔친 위험한 책들』은 독백의 사상사를 벗어나 대화와 투쟁의 사상사를 그리기 위한 기초적인 시도다. 우리가 잘 몰랐던, 혹은 보고도 그냥 지나쳤던 조선시대의 다양한 사유의 흔적을 찾아내서, 그의 눈과 입을 빌려 그 시대를 해석해보고자 했다. 그 방법으로 이 책은 일종의 금서禁書들의 사회사라는 형식을 취하게 되었다. 사문난적斯文亂賊으로 몰린 책과 저자들의 역사는 성리학에 포섭되지 않은 사유를 가장 잘 보여준다. 하지만 '마녀'들만으로는 조선의 불온한 사유들이 온전히 그려질 수는 없다. 좀더 내밀하게 살피고 뒤져보면 무채색의 투명하고 평범한 책들에도 시대의 비의悲意가 그려져 있는 경우가 많다. 또한 성리학으로 귀결된 책들 속에서도 은연중 그 시대의 현실적 삶과 대결한 흔적, 하지만 결국 권력의 논리를 따르고 만 타협의 고백을 살필 수 있다. 이 책에서는 그들의 존재도 적극 끌어들여서 자칫 '금서의 역사'가 빠질 수 있는 또다른 획일성과 식상함을 넘어서고자 했다.

'조선중기 서사설치 논란과 어득강'은 이 책의 서설에 해당하는 이야기다. 조선시대 중반으로 넘어오면 사회적 앎의 욕구가 비등해지고 알음알음 책을 구해보던 것을 넘어서서 서점을 통한 본격적인 책의 유통을 필요로 하게 된다. 하지만 기득권 성리학자들은 거듭된 서사 설치 요구를 계속 묵살했다. 그들이 내세운 반대 이유는 조상에게 물려받은 책을 상업적으로 사고파는 행위가 적절치 못하다는 것, 전래에 없던 풍속이라는 점 등이었지만 실제로는 글자를 아는 문중文衆이 확대되어 성리학적 통치 기반이 흔들릴 것을 우려해서였다.

탄핵받은 책들의 역사를 일별하면서 가장 강하게 받은 인상은 현실을 가장 잘 표현하는 책일수록 불행한 운명을 맞는다는 점이다. 병자호란 이후 안팎으로 피폐해진 나라를 일으켜 세우는 일에 지식인의 정책 과제가 집중된 때가 있었다. 서계 박세당은 이 시기에 청요직淸要職을 역임하면서 신분제와 토지제도의 개혁, 왕과 신하의 역할 구분, 경서의 실용주의적 재해석 등을 외쳤지만 사문난적으로 토벌되고 말았다. 또한 볼모로 청나라에 끌려간 소현세자 일행의 이야기가 담긴 『심양장계』에는 당시 청나라를 중심으로 재편성되던 동아시아의 새로운 질서가 세밀하게 관찰되어 있었지만 조선의 조정은 이러한 현장 보고를 무시한 채 소현세자를 친청론자親淸論者로 몰아 숙청하고 불모의 북벌론에 빠져들었다. 조선시대에 이런 보복의 구도는 계속 반복 변주된다. 임진왜란 당시 최고의 군사학자 한교는 『무예제보』와 『연병지남』

과 같은 뛰어난 병법서를 남겼지만 결국 제거되고 마는데, 그가 탄핵된 이유를 면밀히 살펴보면 너무나 내밀하게 조선의 군사 현실을 알고 있는 전문가였기 때문이었다.

시대와 불화한 책들의 역사는 불행함과 안타까움으로 가득하다. 왜 시대와의 진정한 의사소통은 목숨을 담보로 한 모험이 될 수밖에 없는지 이 책을 통해 느낄 수 있는 계기가 되었으면 한다. 또한 그럼으로써 우리 시대의 결을 거스를 수 있는 지식의 생산이 하나의 전통으로 계속 이어질 수 있기를 기대한다.

책을 출판해 준 글항아리의 강성민 대표와 이은혜 편집장께 진심으로 감사의 말을 전하고 싶다. 이 책의 절반은 글항아리의 땀과 숨결이다. 마지막으로 한 집에 사는 사랑스런 세 여자 정인·재인·해인, 일명 'In(인)'s trio'에게, 그리고 이 책을 쓰는 내내 만나고 싶었던, 그렇지만 아직 얼굴도 모르는, 치열하게 불꽃처럼 살다간 이 시대 마지막 책쾌 송신용宋申用 옹에게 이 책을 바친다.

2008년 6월
저자 이민희 씀

차례

사림의 훈구파 사냥

_ 『설공찬전』 필화 사건

사림의 훈구파 사냥

『설공찬전』 필화 사건

성종대부터 중종대까지 청요직을 두루 역임한 채수蔡壽(1449~1515)라는 인물이 있었다. 경남 함양 출신으로 머리가 비상하고 문장에 특출했다. 성균관에 들어간 그는 1469년(예종 1) 약관 20세에 문과에 장원으로 급제했는데, 이석형李石亨과 함께 조선 개국 이래 초시 · 복시 · 전시殿試 등 삼장三場에서 내리 장원한 2인 중의 한 명이었다. 성종 때 주요 관직을 거쳤고 왕의 사랑을 받아 나이 서른에 지금의 검찰총장에 해당하는 대사헌에 올랐다.

한국 최초의 국문 표기 소설 『설공찬전薛公瓚傳』의 저자로 알려져온 채수는 그 정치적 이력이 사실 더욱 관심을 불러일으키는 인물이다. 특히 중종대에 필화 사건을 일으킨 『설공찬전』을 제대로 이해하기 위해서라도 그가 걸어온 길을 면밀히 살펴볼 필요가 있다. 실록을 보면

1472년(성종 3) 채수가 검토관을 지낼 때의 일화가 눈에 띈다. 왕과 신하가 야대夜對에 나가 『정관정요貞觀政要』를 읽다가 수나라 양제煬帝의 무도함을 말하기에 이르렀다. 막 관직에 나아온 젊은 문신 채수가 앞으로 나와 아뢰었다.

"임금이 직언 듣기를 싫어하더라도 신하로서는 마땅히 끓는 기름 가마[鼎鑊]라도 피하지 않고 감히 말하는 것이 옳습니다. 하증何曾처럼 물러나 집에서 말하는 것이 어찌 신하의 도리이겠습니까? 그러나 인군人君이 그의 잘못을 듣기 좋아하지 않으면 사람마다 다투어 아첨하게 되어 강력하게 간하거나 옷깃에 매달려 끝까지 간하는[牽裾][1] 자는 드물 것입니다."(1472년 성종 3)

왕은 장원급제로 조정 안팎의 기대를 모으던 채수가 그와 같이 말하자 고개를 깊이 끄덕였다. 거기엔 두 가지 뜻이 내포되어 있었다. '말이야 참으로 옳지만 과연 상황이 닥치면 너도 옷깃에 매달려 간언할 수 있을까?' 하는 의문형도 포함되어 있었다.

성종에게 직언을 일삼았던 채수

문치주의를 펼쳤던 성종은 1478년(성종 9)에 예문관을 없애고 홍문관을 세웠다. 문한文翰의 일을 아우르면서 왕의 자문 역할도 했던 이 기관의 응교應敎 자리에 채수가 임명됐다. 그리고 바로 일이 터졌다. 그해에 채수가 간신 임사홍을 탄핵했던 것이다. 채수만이 아니라 삼사의 관원들이 총동원되다시피 해서 왕에게 임사홍은 소인이고 간신배이니 벌주기를 청했다. 그러나 성종의 태도는 만만치 않았다.

"나는 임사홍이 죄가 있는지 잘 모르겠다."

"그런 간신배라면 왜 진작 고하지 않고 이제야 이러느냐."

"그대들의 말이 사실임을 내가 어찌 믿겠는가."

성종은 이러면서 무려 10번을 거절하고 뿌리쳤다. 그러자 혈기왕성한 채수가 앞으로 나와 철퍼덕 무릎을 꿇고 피를 토하듯 목소리를 뱉어냈다.

"차라리 신들을 파직시키소서."

길고 긴 밀고 당기기가 마감되는 순간이었다. 왕은 임사홍을 잡아들여 국문하되, 그의 간신 됨을 미리 알리지 않은 관원들 몇몇도 함께 벌줄 것을 명했다.

왕의 국정 수행을 도우면서 동시에 감시도 해야 하는 간관諫官직은 임금과 부딪칠 수밖에 없는 자리다. 성종은 논리가 있는 왕이어서 한 번 논쟁이 붙으면 여러 명의 신하와 입을 겨뤄도 밤 10시가 지나도록 백중세를 유지하곤 했다. 그러다가 1479년(성종 10) 연산군 폭정의 발단이 된 폐비 윤씨의 문제가 불거졌다.

성종은 왕비가 자신을 독살하려 하고 특정인을 무함하는 요서妖書를

서울 회기동에 위치한 폐비 윤씨 묘. 연산군의 생모 윤씨는 왕비로 책봉된 이후 끊임없는 모략을 받았다. 또한 왕비로서 행동이 어질지 못하다 하여 성종의 눈에 거슬리는 일이 많았다. 『설공찬전』의 저자 채수는 폐비에 반대하다가 장을 맞았으나 이 일로 연산군대의 대대적인 숙청에서는 살아남았다.

써서 뿌렸다고 개탄하며 말을 꺼냈다. 삼정승과 승지들을 불러놓고 이미 결정된 일을 통보하듯이 성종은 폐비의 과정을 밟으려 했다. 그런데 성종은 윤씨를 폐비할 뿐만 아니라 민가로 쫓아내기까지 하겠다고 말하고 있었다. 그 이유로 윤씨가 자신을 협박했다고 말했다. 그 내용인즉 왕비가 왕을 쳐다보며 "당신의 그림자까지 없애버리겠다"고 말했다는 것이다. 대왕대비가 이 왕비의 존재 때문에 평소에 걱정이 많았는데, 자신이 폐비하겠다고 결정을 내리고 아뢰자 대왕대비가 좋아했다고 성종은 덧붙였다.

그날 실록의 기록을 보면 신하들은 일제히 반대했다. 비록 폐비는 할지언정 민가로 쫓아내는 일은 선례가 없고 아니 될 일이라고 통촉했다. 하지만 성종은 "왕이 아침 조회를 마치고서야 부스스하게 일어나는" 왕비의 비정상적인 행동을 계속 문제 삼으며 의지를 굽히지 않았다. 신하들은 다시 "세자까지 낳은 분인데 어찌 일반 백성들과 말을 섞고 얼굴을 맞대게 하십니까" 하고 말렸지만 통하지 않았다. 결국 윤씨는 폐비되고 민가로 쫓겨났다. 채수는 3년 뒤 이 문제를 다시 거론했다. "올해 흉년이 들었는데 윤씨가 가 있는 집에 쌀이나 제대로 들어갈지 걱정입니다"라며 조심스럽게 다시 궁중으로 불러들이자고 상언했다. 채수는 이 일로 성종에게 미운털이 박힌 듯하다. 얼마 있지 않아 성종은 폐비에게 사약을 내렸다. 자꾸 조정에 분란을 일으킨다는 이유였다. 이 일로도 엄청난 말들이 오고갔지만 윤씨는 결국 죽고 말았다. 연산군은 세자 자리에서 이 모든 과정을 지켜보고 있었다.

"누가 너에게 시 잘한다고 하더냐?"

성종이 죽고 연산군이 왕위에 오른 지 10년이 되던 해인 1504년 드디어 일이 터졌다. 폐비 사건에 연루된 자들이 줄줄이 감옥에 붙들려 갔다. 당시 승지였던 채수도 장 70대를 맞았다. 채수에 대해서는 폐출에 반대하는 간언을 많이 올렸다는 안팎의 변호가 있었으나 왕은 "그러면 뭐하는가. 결국 말리지 못했지 않은가"라며 차가운 태도로 이를 묵살했다.

그러나 폭풍 같은 분노가 가라앉고 나자 왕은 채수에게 약을 주고 위로하며 다시 관직을 제수했다. 채수는 문인 기질이 있어 시와 술을 즐겼다. 이것은 연산군과 통하는 부분이었다. 궁중에 풍악이 그치는 날이 없었던 연산군대에 이런 일이 있었다. 1506년(연산군 12) 왕과 승지 권균權鈞 · 강혼姜渾 등이 명정전明政殿 안뜰에서 주연을 열었다. 이때 김감金勘 · 김수동金壽童 · 채수 등도 참가했는데 즐겁게 분위기가 무르익자 연산군이 당나라 왕건王建의 시를 외웠다.

옥루는 옆으로 기울어지고 분장은 텅 비니 　　玉樓傾側粉墻空

겹겹이 싸인 푸른 산만 고궁을 둘렀구나 　　重疊靑山繞故宮

무제가 간 후 미인은 다 없어지고 　　武帝去來紅袖盡

들꽃에 노란 나비만 봄바람을 차지하누나 　　野花黃蝶領春風

이렇게 외우고는 채수에게 "이 시가 어떠한가?"라고 물었다. 좌중이 일제히 긴장하며 채수의 입을 쳐다봤다. 대답을 잘 해야 했다. 폐비 문제로 피비린내 나는 옥사가 일어난 후 점점 황폐해져가는 왕의 심기를 맞추기 위해 채수는 "매우 아름답습니다"라고 답변했다. 그러자 연산군은 대노하여 "누가 너에게 시 잘한다고 하더냐"며 좌우에 명하여 채수를 두드려 내쫓아버렸다.

이 시는 연산군이 매우 싫어하는 내용을 담고 있었다. 사치와 욕심이 극에 달한 무제가 죽은 후 미인이 모두 흩어졌다는 고사는 황음荒淫을 일삼던 연산군이 자리를 보좌할 수 있을까 불안해하며 노심초사하던 마음속 깊은 속내를 드러낸 것이었는데, 채수가 미처 읽어내지 못한 것이다. 시 1000여 수는 앉은 자리에서 외울 수 있었던 채수로서는 한 번의 실수로 자존심에 큰 타격을 받았다. 하지만 연산군은 채수를 좋아했다. 술이 깨자 곧 사람을 보내 채수를 위로했으며 그에게 속정을 자주 내보였다. 술을 좋아해 부친상 중에 고기전을 부쳐 먹었다가 구설수에 오른 채수를 보호하는가 하면, 그를 평안도 관찰사에 제수한 후 인사人事가 적절치 못하다는 사간원의 상소를 백방으로 물리쳤다.

채수는 좌불안석이었다. 주변에 적은 갈수록 많아지고 연산군과의 관계를 유지하기 위해 최선을 다해야 했다. 연산군이 채수가 평안도 관찰사로 재직할 때 담비[貂]와 날다람쥐[靑鼠] 등을 잡아 바치라고 명한 적이 있었다. 이때도 채수는 더 앞서나가서 문제가 됐다. 두 짐승을 잡아 가죽을 벗겨 채색 교자(의자)를 만들어 바친 것이다. 왕이 이를 보고 "비록 잡아 바치게 했지만, 다만 궤에 넣어 달아나는 것을 막으면 될 것이지, 하필이면 교자를 만들고 아로새겨 장식해 사람들의 이목을 놀라게 하는 것이냐?"라며 불편한 심기를 드러내기도 했다.

약관 20세에 조정에 등장해 30세에 장관급 자리에 오르며 총기를 드러냈던 채수의 모습은 여기서는 잘 살펴지지 않는다. 나이 오십 줄에 폭군을 만난 채수에게는 자주 엇박자를 내는 처세의 기술만이 남아 있는 듯했다. 이후 중종반정이 일어나 연산군은 폐위되었지만 채수는 다행히 살아남았다. 반정이 일어났을 때 그는 술을 마시고 있었는데, 여러 사람의 서명이 필요하다는 말에 얼결에 사인을 했을 뿐이었다. 중종이 왕위에 오르고 그는 3등 공신에 책봉되었다. 이윽고 인천군仁川君에 봉해졌으나 나아가지 않았다. 채수는 나이를 이유로 사직서를 내고 고향인 함양으로 내려가버렸다. 이것이 그의 공직생활의 마지막이었다.

"반역으로 왕이 된 자는 지옥에서 고생한다"

만약 채수의 인생이 여기서 그쳤으면 역사에서 더이상 거론되지 않았을지도 모른다. 하지만 그는 1511년(중종 6) 또다시 실록에 이름을 올렸다. 장안의 화제가 되고 있었던 『설공찬전薛公瓚傳』의 저자 자격으로였다. 채수가 소설 『설공찬전』을 쓴 것은 사건이 있기 3년 전인 1508년 근방인 것으로 보인다.[2] 중종의 재등장 이후 다시 국풍을 바로잡으

이문건의 『묵재일기』 뒷면에 한글로 필사된 채 발견된 『설공찬전』. 한글 번역 제목은 '설공찬이'라고 되어 있는 게 보인다. 전체 분량의 3분의 1가량을 베끼다가 중간에 끊어졌지만 채수가 이 소설을 통해 말하고자 했던 것은 거의 드러나 있다는 것이 학계의 해석이다.

려는 기묘사림이 기세를 올리는 마당에 전직 장관 채수가 고향에서 한가롭게 소설을 썼다는 것은 그리 환영받을 일은 아니었다. 그런데 내용이 더 문제였다. 불교의 윤회화복 사상과 왕을 능욕하는 내용을 담고 있다는 이유로 이 책은 즉시 압수되고 불살라졌으며 채수에게는 교수형을 내려야 한다는 주장이 제기되었다. 이 사건이 일으킨 여파는 만만치 않았다. 책을 얻어 읽어본 왕은 대노했다. 만약 숨기고 내놓지 않는 자가 있다면 '요서은장률妖書隱藏律'로 엄히 다스리겠다고 엄포를 놓자, 다투어 갖다 바친 책이 조정의 뜰을 가득 채웠다.

당시 『설공찬전』은 한글로도 번역되어 널리 읽혔다. 조정의 관리들도 이미 돌려서 읽어보고 한가할 때 모이면 이 책을 안주삼아 세평世評을 주고받을 정도로 인기가 높았다. 하지만 전부 압수되고 소각돼 『설공찬전』은 1990년대에 우연히 발견되기 전까지는 무슨 내용인지도 모르는 유령과 같은 존재였다. 1997년에 『설공찬전』의 국문 필사본인 『설공찬이』가 이문건李文楗의 『묵재일기默齋日記』 뒷면[裏面]에 다른 4편의 소설과 함께 필사된 것이 발견됐다.[3] 한문 일기 이면에 적혀 있었다는 사실로 볼 때 이문건의 후손 중 누군가가 몰래 국문으로 베껴 적고 독서했던 것으로 보인다.

과연 이 책의 내용이 어떠했기에 왕과 신하들이 그렇게 충격을 받았던 것일까. 소설은 일부의 내용만 필사된 채로 발견됐지만 채수가 전하고자 했던 핵심 메시지는 대부분 담고 있는 듯하다. 그 줄거리는 대략 아래와 같다.

전라도 순창에 사는 설충수의 식구들이 저녁밥을 먹고 있었다. 그날 따라 설충수의 아들 공침이 평소와는 달리 숟가락을 왼손에 쥐고 밥을 게걸스럽게 먹어 이상히 여긴 아버지가 그 까닭을 물었다. 그러자 공침은 음산한 표정을 지으며 "5년 전에 죽은 조카 공찬을 기억하느냐"면서 저승에서는 다 이렇게 왼손으로 밥을 먹는다고 말했다. 죽은 설공찬의 혼령이 공침의 육신을 차지한 것이다. 그후로도 공찬의 혼령이 몸에 들어올 때마다 공침은 계속 왼손으로 밥을 먹었고 날로 피골이 상접해졌다. 이에 설충수는 귀신을 쫓는다는 김석산을 불렀으나 오히려 설공찬이 공침을 괴롭히는 정도는 더욱 심해진다. 마침내 설충수가 공찬에게 다시는 그러지 않겠노라고 빌자 설공찬은 공침의 모습을 회복시켜준다.

설공찬은 주변 사람들에게 저승 소식을 종종 전해주었다. 그가 묘사하는 저승은 바닷가로 순천에서 40리 떨어져 있었다. 공찬은 저승을 단월국檀月國이라 부르는데 과거 중국과 여타 나라의 죽은 사람들이 모두 이곳에 모여 있어 셀 수가 없을 지경이라고 말한다. 단월국의 임금은 비사문천왕인데 중국의 왕과는 비교도 안 될 만큼 높은 분이라고 말하기도 했다.

설공찬은 저승에 있는 사람들을 묘사하기 시작했다. 왕에게 충언을 하다가 억울하게 죽었지만 생전에 충언을 했다는 이유로 대접을 받는 사람이 있는가 하면, 이승에서는 평범한 여인이었지만 글을 잘한다는 이유로 대접받는 여성도 나온다. 또 중국 당나라의 신하였다가 국왕을 배반하고 후량을 세운 주전충도 있었는데 그에 대해 설공찬은 "비록 이승에서 임금을 했더라도 주전충 같은 반역자는 다 지옥에 들어가 있다"면서 "이승에서 비록 존귀한 인물이라도 악을 쌓으면 저승에 가서 불쌍하고 수고롭게 지낸다"는 점을 강조했다.

이처럼 『설공찬전』에는 충신, 반역자, 여인 등이 다양하게 등장하되 정치적인 색이 강한 인물이 많았다. 설공찬은 염라왕의 지위가 매우 높음을 강조했다. 염라왕이 있는 궁궐은 장대하고 위엄이 매우 성하니, 비록 중국 임금이라도 미치지 못할 정도였다.[4]

『설공찬전』의 줄거리는 여기까지다. 여기서 먼저 눈길을 끄는 것은 "반역으로 왕위에 오른 자는 결국 지옥에 와서 고생한다"는 대목이다. 이는 읽기에 따라 중종을 가리키는 것으로 이해할 수도 있다. 비록 연산군의 폭정으로 중종이 다수의 여론을 등에 업고 입궐한 성공한 쿠데타라도 쿠데타라는 사실은 변함이 없었다. 게다가 채수는 술을 먹다가 얼결에 반정에 참여했고, 중종이 주는 벼슬도 굳이 받지 않았다. 전후의 상황을 염두에 둘 때 『설공찬전』의 주전충이 가리키는 대상은 중종이라는 점이 분명한 듯했다. 채수는 조선이 모시고 있는 중국의 왕보다 염라왕을 훨씬 높은 지위에 둠으로써 현실 정치에 대한 비판적인 자세를 노골적으로 드러냈다.

이 그림은 사람이 죽은 지 사흘 만에 심판하는 현왕과 그 권속을 도상화한 것이다. 현왕은 염마왕閻魔王을 여래화시킨 보현왕여래를 말하며, 화면 구도는 현왕을 크게 그리고 판관·녹사·동자 등을 둥글게 배치한 원형구도인데 현왕을 비롯한 모든 존상들은 얼굴 방향을 제각기 달리한 채 자연스러운 자세로 서 있다. 화면 하단의 화기에 의하면 광서光緒 10년에 금거비구 동호진철 궁법이 그린 것으로 표기되어 있다. 동호진철은 19세기 중반 경남 양산의 통도사를 중심으로 활동한 화승畵僧이다.

불교 윤회 등 깊은 지식으로 독자를 사로잡다

또한 성종 이후 남성 우위 정책을 더욱 강하게 펴왔던 조선 정계가 "글을 잘한다는 이유로 대접받는 여성"이라는 구절을 마음에 들어할 리가 없었다. 게다가 이 책은 죽은 사람의 영혼이 저승과 이승을 오가며 현실에 영향을 미치는 것이 꼭 불교의 윤회설에 바탕을 두고 있는 듯했다. 어숙권魚叔權은 『패관잡기』에서 『설공찬전』을 『설공찬환혼전薛公瓚還魂傳』이라 언급했는데, 이 '환혼'이라는 설정은 성리학자들이 가장 질색했던 부분이다. 실제로 채수는 어릴 적 직접 귀신을 본 적이 있었다.

채수의 사위 김안로가 쓴 『용천담적기龍泉談寂記』를 보면 채수가 소년 시절 겪었던 기묘한 사건이 소개되어 있다. 김안로는 장인인 채수에서 직접 들었다며 아래와 같은 내용을 『용천담적기』에 써놓았다.

"장인 양정공(채수)이 어릴 적에 아버지를 따라서 경산에 있을 때 두 아우와 관사에서 누워 자다가 갑자기 변이 마려워서 옷을 입고 방 밖으로 나가보니 흰 기운이 확대경[火圖鏡]같이 오색이 현란하게 공중에서 수레바퀴처럼 돌아 먼 곳에서 차차 가까워오는 것이 바람과 번개 같았다. 양정공이 놀라 바삐 방으로 들어오는데, 겨우 문턱을 넘어서자 그것이 방 안으로 따라 들어오는 것이었다. 조금 있다가 막내 동생이 방구석에서 자다가 놀라 일어나 뛰며 아프다고 울부짖으며 입과 코에서 피를 흘리고 죽었는데, 양정공은 조금도 상한 데가 없었다."[5]

채수는 과연 귀신을 본 것일까. 실제로 옆에서 자던 동생이 그 현란한 불로 인해 죽는 것을 목격했고, 그것이 지어낸 말이 아니라면 귀신의 존재를 믿지 않을 수 없었을 것이다. 『설공찬전』이 귀신 이야기의 틀을 갖고 있는 것은 바로 이러한 개인적 체험에 바탕을 둔 것일 가능성이 크다.[6]

채수를 싫어하는 일반 관료들이 볼 때 그의 친불교적인 세계관은 뿌리 깊은 것으로 인식될 수밖에 없었다. 또한 한번 보면 절대 잊어먹지 않는 명석한 머리는 채수의 박학과 앎의 욕구를 부추겼다. 그는 개인적으로 설화적 전통과 기반 위에서 등장한 『용재총화慵齋叢話』의 작가 성현成俔과 매우 가까운 사이이기도 했다. 채수 자신도 서거정의 『태평한화골계전太平閑話滑稽傳』과 비슷한 문헌 설화집인 『촌중비어村中鄙語』를 짓기도 했다. 더욱이 앞서 얘기한 김안로金安老와 이자李耔가 채수의 사위였는데, 이들은 각각 『용천담적기龍泉談寂記』와 『음애일기陰崖日記』를 지은 장본인이기도 했다.[7] 이들 작품은 모두 필기筆記로서 항간에 떠도는 이야기를 곁들여 일상의 소사小事와 보고 들은 바를 적어놓은 잡록에 가까웠다. 게다가 채수는 "산경山徑과 지지地誌, 패관소설 등에 해박했다."[8] 이러한 환경이 채수가 소설에 대해 우호적이며, 또한 실제로 소설을 창작할 수 있는 여건을 조성해줬다.

채수의 『설공찬전』은 오늘날의 시각에서 보면 다소 서툰 초기 고소

저승에서 형벌을 받는 모습. 곤장을 때리고, 목을 조르고, 칼로 베는 등의 형벌이 가해진다. 전통시대 사람들은 이승에서의 삶이 이렇듯 저승에서 심판받는다고 믿었다. 그림에 보이는 것이 전부가 아니고 죄인의 배꼽으로부터 창자를 뽑거나 펄펄 끓는 물에 죄인을 꼬챙이에 꽂아 집어넣는 등 지옥은 윤회의 삶 중 가장 극악한 고통을 표현하고 있다.

설로 비칠 수 있지만 채수의 개인적 체험에 기반한 불교와 윤회에 대한 깊이 있는 지식, 패관잡류, 산경과 지지에 대한 풍부한 인용으로 일반 대중의 마음을 사로잡았을 것이다. 사림은 이 책이 더욱 퍼져나가기 전에 막아야 했다. 그 단속이 얼마나 철저했는지 『설공찬전』은 흔적도 없이 사라졌고, 어느 사대부의 일기 뒤편에서 그것도 내용의 극히 일부만이 한글로 번역된 채 그 존재를 증명하는 것으로 그쳤다.

사림파 이념 재건의 희생양

하지만 김시습이 쓴 「이생규장전」이나 「만복사저포기」 등에서도 귀신 이야기가 등장하고, 조선전기에 김시습이나 서경덕 등 유학자 사이에서 귀신론이 활발히 개진됐던 상황을 고려한다면, 사실 채수가 지은 귀신 이야기 『설공찬전』이 과연 분서갱유에 처해질 만한 것인가 의구심이 들 수 있다. 사실 『설공찬전』이 불교의 윤회설을 담고 있다는 것은 어디까지나 표면적인 이유일 뿐이었다. 정작 사건의 핵심은 훈구파에서 사림파로 옮겨가던 정권 변동의 과도기에 사림파의 정치적 입지를 다지기 위한 희생양으로 『설공찬전』과 채수를 일종의 본보기로 삼고자 했던 데 있었다.

이 사건이 일어나기 5년 전, 중종이 즉위하기 이전인 1506년에 연산군은 중국을 다녀오는 사신들에게 『전등신화剪燈新話』와 『교홍기嬌紅記』

등 전기류 소설을 구입해올 것을 명한 바 있다. 또한 구해온 책들 중 일부를 인출印出하기까지 했다. 더욱이 연산군이 『전등신화』를 신하들에게 내려주며 "어찌 성색聲色이나 가무歌舞로 인해 나라가 꼭 망하겠는가?"[9]라고 두둔할 만큼 소설 향유를 묵인하던 상황이었다. 이처럼 왕이 소설 독서를 금기시하지 않는 분위기이다보니 소설 향유는 허락된 자유나 마찬가지였다. 이러한 환경 속에서 『설공찬전』이 등장한 것은 오히려 자연스런 일이었는지 모른다. 상층 사대부는 물론이고 언문으로 번역되어 여항인들까지 널리 읽게 되었다는 것은 서울 장안이나 주변 지역에 한정된 것이겠지만, 이미 소설 독자들이 사회적으로 형성되고 있었음을 의미했다.

1531년에 낙서거사洛西居士가 쓴 『오륜전전五倫全傳』 서문에서도 "내가 항간의 무지한 사람들을 살펴보니, 언문을 익히고 전하며 노인들이 서로 전하는 말을 베껴 밤낮으로 이야기하고 있는데, 「이석단李石端」과 「취취전翠翠傳」 같은 것은 음란하고 허탄하여 참으로 취해 볼 것이 없었다"[10]라고 적어놓은 것도 그런 상황을 입증해준다.

그런데 연산군 시절이 끝나고 중종이 왕위에 오르자, 정국의 주도권이 훈구파에서 사림파로 넘어갔다. 그러다보니 상하층에서 향유되던 소설에 대한 일대 정비와 이념 강화를 위해 『설공찬전』 사건에 사림파가 적극 목소리를 내게 된 것이다. 『설공찬전』은 한마디로 시범 사례였다.

그렇다면 채수의 교수형을 주장하던 강경한 분위기 속에서 그는 과

16세기부터 조선에는 이미 소설 향유가 허락되고 있었다. 언문으로 번역되어 일반 여항인들까지 손에 곧잘 넣을 수 있었다. 그림은 조선시대 책을 인쇄하는 장면.

연 살아남았을까. 중종은 "채수가 진실로 죄는 있으나 교수함은 과하다"라고 결론짓고, 파직시키는 선에서 사건을 매듭지었다. 이때 채수의 나이 62세였다.

이제 소설은 어디로 가야 하나

『설공찬전』 사태는 조선왕조에서 소설에 대한 관념이 이념적 탄력을 키워가는 과정에서 하나의 경계를 긋는 사건이었다.[11] 『설공찬전』이 큰 물의를 일으키고 나자 소설의 기능은 백성을 교화하는 데 있다는 인식이 자리잡기 시작했다. 자유로운 상상력을 먹어야 잘 자라나는 게 문학의 생리인데, 그것을 지배 이념을 전달하는 하나의 도구로 인식하기 시작한 것이다. 소설의 비극적인 운명의 시작이었다. 성리학의 덕목을 잘 구현하고 있는 오륜전伍倫全 형제의 행적을 극화한 중국의 희곡 『오륜전비기』를 소설로 개작한 『오륜전전』은 전형적인 교화소설이었다.

이것은 소설뿐만 아니라 시에서도 마찬가지였다. 문인들은 상상력을 억압당했고 스스로 내부 검열을 거쳤다. 조선중기의 문인인 최연催演은 「축시마逐詩魔」라는 글에서 시마詩魔의 죄상을 열거하면서, 글의 마지막을 준열한 꾸짖음으로 마감하고 있다. 그는 "내 이목의 총명함을 빼앗아가서 나의 보고 들음을 어지럽게 하였고, 머리가 쑥대가 되어도 빗질하지 않으며, 마음이 오만하여 허물을 불러들이고" 등등의 구절을 촘촘히 나열해가며 마치 무당이 악귀를 쫓아내듯이 시마를 쫓아내고 있다. 여기서 시마란 시인에게 찾아오는 직관적 도취나 상상력의 극점과 같은 것이 아닐까 한다. 당연히 온몸의 감각을 열고 받아들여야 할 시마이지만 최연에게 이것은 구축驅逐되어야만 할 악귀로 취급되고 있다. 글을 지은 사람의 분노가 구절마다 스며 있어, 읽는 사람으로 하여금 소름 돋게 할 정도다. 하지만 시마에 걸려서 그의 사주를 더이상 받지 않겠다며 강렬한 어조로 시마를 심판하는 글 자체가 이미 시마에 걸린 상태에서 나온 것은 아닐까?[12]

조선은 왜 책을 팔지 못하게 막았는가

_ 조선중기 서사 설치 논란과 어득강

조선은 왜 책을 팔지 못하게 막았는가
조선중기 서사 설치 논란과 어득강

옛 기록에 서사書肆 · 책사册肆라는 단어가 자주 등장하는데 오늘날의 서점과 같은 말이다. 중국에서는 서점이 일찍부터 발달했다. 『후한서 後漢書』「왕충전王充傳」에는 왕충이 독서를 탐한 나머지 "낙양 시사市肆에 가서 종일토록 서서 읽었는데 한 번 보면 잊지 않아 마치 글을 주머니에 넣어두는 것 같았다"고 하는 기록이 나온다. 육조나 당, 오대, 송나라 시절에도 서사가 있었다. 명 · 청대에 이르면 '췌고재萃古齋'나 '오류거五柳居' 등이 중국 서점의 대명사로 부각된다.[1] 특히나 중국 전역에서 출간된 책들이 운집하던 북경의 서점가 유리창琉璃廠의 유명세는 하늘을 찔렀다. 그 지역 전체가 하나의 거대한 서점이라는 의미에서 '창사廠肆'로 불리기도 했다.

유리창이 흥륭했던 시절에는 100여 채의 서점이 있었다. 바로 중국이 세계에서 가장 부유한 나라가 되었던 건륭연간(1736~1795)이다. 남성南城의 '융복사가隆福寺街'로부터 동성東城의 '동서패루東西牌樓'에 이르기까지 고서점이 빼곡해[2] 동서양의 문화인들을 불러 모은 화려한 관광지이자 중국의 정신사적 유산을 전시해놓은 위대한 박물관처럼 보였다. 유리창에 한번 가보기 위해 조선의 지식인들이 아는 친척을 다 동원해 사신 행렬에 줄을 대고, 어렵사리 구경하고 돌아와서는 흥분해서 글을 남기는 모습은 17세기 이후 문집의 일반화된 풍경이다. 북경의 유리창은 당대 동아시아의 지적 메카였다고 할 만하다.

그렇다면 우리나라의 경우는 어떠한가? 『고려사』에 "유생들이 시장에 가서 책을 사는 수고가 없게 한다"는 구절이 나오는 걸로 보아 이미 10세기부터 책을 사고파는 행위가 있었음은 짐작할 수 있지만 서점에 대한 구체적인 묘사는 없다. 조선후기가 시작될 때까지 책은 물물교환이나 시장 좌판의 신세를 벗어나지 못한 것으로 보인다. 필요한 책이 있으면 빌려서 직접 베끼는 문화에서 책을 사고판다는 개념 자체가 성립되기 어려웠는지도 모른다. 서사를 설치하자는 논의는 조선 중종대에 와서야 비로소 등장한다.

"전하, 제발 서점을 허가해주소서"

1542년(중종 37) 한여름이었다. 장마가 끝나가고 있었지만 하늘은

꾸물꾸물했다. 중종은 날씨도 더운데 행정적인 업무가 몰려들자 짜증이 날 지경이었다. 그날 왕에게 상소문이 하나 올려졌다. 행부사과行副司果 어득강魚得江(1470~1550)이 올린 것이었다.

"제가 서사를 설치해야 한다고 말하면 사람들이 곧바로 '나라에서 어찌 여러 책을 널리 찍어 서사에 보내겠는가'라고 합니다. 이는 오늘 서사를 열어 내일 당장 책을 채우려는 생각과 같습니다. 그러나 서사를 한번 설치해놓으면 책이 저절로 모여드는 것이 마치 온갖 물건이 시장에 몰려드는 것처럼 된다는 걸 모르는 소리입니다."(중종 37년 7월 27일)

어득강의 어조는 공격적이었다. 서사 설치에 부정적인 여론이 이와 같은 수준인데 어찌 보시냐고 묻고 있었다. 1470년에 태어난 어득강은 이미 고희를 넘긴 노인이었다. 노학자가 작심하고 올린 긴 상소문을 손에 들고 있는 중종의 미간이 찌푸려졌다. 속으로 '또 그놈의 서사 얘기인가' 했을 것이다. 왕은 이미 여러 번 서사 설치 문제로 골치가 아팠던 적이 있었다.

잠시 과거로 돌아가보자. 어득강은 13년 전인 중종 24년에도 왕에게 서사를 설치해야 한다고 주장했던 인물이다. 당시 그는 "서적을 인출하는 곳이 교서관 하나뿐이니 비록 학문에 뜻을 두는 사람이 있어도 책을 구할 수 없어 뜻을 이루지 못합니다"라며 도성 내의 큰 시장 몇 곳에 서사를 세워달라고 요청한 바 있다. 하지만 이 요청은 받아들여

어득강의 위패가 모셔져 있는 경남 고성의 갈천서원葛川書院. 고려 공민왕 때 문하시중을 지낸 이
암李嵓(1297~1364)의 향사를 받들던 금봉서원金鳳書院을 옮겨 지은 것이다. 1712년(숙종 38)에 금
봉서원을 이곳으로 옮기면서 갈천서원으로 이름을 바꾸고 이암과 함께 어득강魚得江, 노필盧㻶, 이
교李嶠 등을 모셨다.

지지 않았었다. 어득강은 포기하지 않고 7년 후 더욱 구체적인 논리를 동원해서 서점의 필요성에 대해 주장했다.

"세가世家나 대족大族들 중에는 조상 대대로 전해오는 서책이 있기도 하고 하사받은 서책이 있기도 하지만, 쓸데없이 놓여 있는 것들도 틀림없이 많을 것입니다. 만약 서점을 세운다면 팔고 싶은 사람은 팔고, 사고 싶은 사람은 살 것이므로 유생들이 한 가지 서책을 다 읽고 나서는 그 책을 팔아 다른 책을 사서 읽을 수 있게 됩니다. 조상 때부터 전해오는 서책을 어떻게 파느냐고 하는데, 그러나 묶어서 높이 쌓아두기만 하고 한 번도 펼쳐서 읽지 않아 좀만 먹는다면 무슨 유익함이 있겠습니까? (…)『대학』이나『중용』같은 책은 현재 상면포常綿布 3~4필 값을 호가하니 일반인들은 도저히 비싸서 살 수가 없습니다. 하지만 서점의 책에 값을 정해놓고 감장監掌하는 관원을 둔다면 이런 폐단이 없을 수 있습니다. 옛날에는 집이 가난한 사람이 서점에 서서 책을 읽고 성공한 사람도 있었습니다. 담당 부서로 하여금 계획을 세워 설립하게 하소서."(중종 24년 5월 25일)

이 정도 애절함이면 임금도 한번 귀를 기울였을 법하다. 특히 그의 말은 혼자만의 생각이 아니라 독서와 지식에 목마른 가난한 선비들의 마음이었다. 주머니 사정이 여의치 않은 이들이 서점에서 종일 죽치고 책을 볼 수 있을 것이라는 주장은 매력적이기까지 하다. 어득강의 제안은 그러나 또 반대에 부딪혔다. 의정부의 정승들은 "나라에서 한 번

구한말 선비가 서책을 놓고 사랑방에서 앉아 있는 모습. 책을 목숨처럼 사랑하는 것이 선비의 본
령이었지만 어득강이 보기에 당시의 권문세가들은 책을 쌓아두기만 하고 읽지 않아 좀이 먹는 실
정이라며, 이러한 책들을 시중에 유통시켜 독서 문화를 일구자고 제안했다.

도 해보지 않은 풍속"이라는 것과 "개별적으로 매매가 잘 이뤄지는데 구태여 만들 필요가 있느냐"는 이유로 반대했다.

중종도 어득강의 제안이 쉽게 현실화되리라고는 보지 않았다. 몇 년 전에도 비슷한 제안이 있어 관련 부서에서 의논하라 일렀건만 별무소식이었던 것이다. 또한 중종 14년 시독관 이희민李希閔이 "외방 향교의 유생들이 글을 읽으려 해도 서책이 매우 적습니다" 하고 아뢰자 "더 미룰 수 없으니 이번 참에 서사를 설치하자. 보급할 책이 모자랄 수 있으니 공조工曹에 보관 중인 소격서昭格署*의 구리쇠 그릇들을 녹여 글자를 주조함이 어떠할까?"라고 말했지만 결국 유야무야되었다.

"누가 『동국통감』을 구해 볼 수 있겠는가?"

대신들은 책방 설치에 소극적이었다. "매우 좋은 일이기는 하나 우리나라는 중국과 달라 여건이 어려우니 억지로 할 것은 없고 만일 하는 사람이 있다면 금할 것이 없다"는 태도를 보였다. 서사를 설치한다는 게 국운을 다투는 심각한 현안도 아니었지만 정치적으로도 부담이 없지는 않았다. 책방 하나 세우는 게 무슨 큰일이냐고 할 수도 있겠지만 당시는 성리학이 지배하던 조선시대였다.

조선은 지식이 권력이었다. 지금도 아는 것이 권력인데 하물며 문자

---

* 조선시대에 도교의 보존과 의식儀式을 위하여 설치한 예조의 속아문屬衙門.

를 독점한 사대부 지식인들이 행동과 사유의 지침까지 내리던 그 시절이야 오죽했겠는가. 이와 관련해서 어득강의 상소문을 읽어보면 눈에 띄는 대목이 나온다.

"우리나라의 사기史記로는『삼국사기』와『고려사절요』가 있습니다만 이를 읽은 이들이 드뭅니다. 근세에 서거정이 사국史局을 지휘하며『동국통감』을 찬하였던바 매우 해박합니다. 그런데 그 사론이『삼국사기』와『고려사절요』보다 많이 떨어지니, 이는 글이 서거정 밑에서 보좌하던 신진들의 손에서 나왔기 때문입니다. 만일 중국 사람이 얻어서 본다면 우리 문장을 하찮게 여길 것이 분명하니 그 사론과 문장을 다시 필삭해야 합니다. 신이『신증송원통감新增宋元通鑑』을 보았더니 옛 군현의 이름 밑에 반드시 현재의 이름을 쓰고 그 땅이 어디서 몇 리쯤 떨어진 곳이라고 쓰기를 한결같이 하여 중국의 지리가 일목요연합니다. 이를 본받아『동국통감』을 상밀詳密하게 다시 만들어 전국의 서사로 보내 우리나라의 흥망사를 모르는 자가 없게 해야 합니다."(중종 37년 7월 27일)

여기서 서거정이 편찬한『동국통감』을『소학』과 마찬가지로 각 가정에 널리 배포하자는 대목을 보자.『동국통감』이야말로 조선시대 서점 설치가 늦어진 '정치적'인 이유를 잘 보여주기 때문이다.

1485년(성종 16)에 서거정 등이 왕명을 받아 고조선부터 고려 공양왕대까지의 역사를 통시적으로 기술하고 평가한『동국통감』은 신진

『동국통감』. 활자본 56권 28책. 1485년(성종 16)에 서거정徐居正 등이 왕명을 받아 편찬하였다. 단군조선으로부터 삼한까지는 외기外紀로 다루었고, 삼국의 건국부터 신라 문무왕 9년(669)까지를 삼국기, 669년에서 고려 태조 18년(935)까지를 신라기, 935년부터 고려 말까지를 고려기로 구분하여 서술했다. 성종 자신이 적극 편찬에 개입하고 신진사림이 참여하여 성종과 사림의 역사의식이 크게 반영된 역사서이다.

사림의 역사의식이 짙게 반영된 책이다. 여기에는 역사 기록 외에 집필에 참가한 사관들이 작성한 총 382편의 사론이 실려 있다. 그중 178편은 기존 사서에서 뽑은 것이고 나머지는 새로 써넣었다. 사론의 대부분은 사실에 대한 포폄褒貶과 관련된 것인데, 중국에 대한 사대명분을 중요시하는 입장이었다. 다음으로 강상綱常윤리를 존중하는 사론이 많아 이를 잘 지킨 사람은 칭송하며, 군신 · 부자 · 남녀의 위계질서를 정립하고 현실적으로 성종과 사림의 정치적 입장을 강화하려는 의도도 내포되어 있다. 또한 공리功利를 배격하고 절의를 숭상하는 사론이 많아 종래의 인물에 대해 지절志節과 업적을 구별해서 평가했으며, 문무를 차별하고 이단을 배격하는 입장이 짙게 나타나 있다.

게다가 이 책은 조선시대에 일어난 일도 계속 추가시켜나간 미완성의 역사서였다. 이를 널리 통용시킬 경우 비판받은 조상을 둔 사람과 사관에 의해 폄하당한 이들은 곤경에 처할 수 있었다. 예를 들어 이수광의 『지봉유설』을 보면 을사사화를 일으켰던 이기李芑는 "누가 『동국통감』을 얻어 볼 수 있겠는가" 하며 자신만만해 했다는 대목이 나오고, 『연려실기술』에는 세조 때 김종서를 제거하는 데 공을 세운 홍윤성洪允成이 누가 『동국통감』을 보겠느냐며 자신의 잘못이 적힌 시정기時政記를 보고도 개의치 않았다는 기록이 있다.[3]

서점을 세워서 책이 자유롭게 유통되는 상황이라면 이런 부끄러움을 모르는 말들이 나오지는 않았을 것이다. 조선시대는 조상의 잘못을 후손에게 묻는 독특한 제도가 많았다. 과거 시험을 못 보게 하는 것이 대표적이다. 그러니 어떻게 권신들이 서점 설치를 허가해주겠는가. 또한 서점에 전시될 책들은 시장 논리에 따라 '이념'보다는 '재미'가 앞서게 될 것이었다. 훈신들은 그것이 두려웠다. 연산군 시절 중국에서 건너온 온갖 소설과 패관잡기류가 어두운 곳에 묻혀 있다가 밝은 곳으로 나오게 된다면 도덕이 설 곳을 잃어버리게 될까봐 우려했다.

조선의 관료 세력은 백성들이 책을 다양하게 읽을 필요가 없다고 여겼다. 생활에 필요한 유학서들은 이미 성종 시절 서거정이 "경사자집 經史子集이 없는 집이 없다"고 할 만큼 충분히 보급되어 있었다. 구더기가 득시글대는 여름에 구태여 장을 담글 필요가 없었다.

서점 설치를 민간 자율에 맡기자는 주장은 사실은 반대 입장이라는 점이 여기에서 명확해진다. 어득강도 이러한 권신들의 속내를 모르지 않았다. 하지만 그는 자신이 옳다고 믿는 것을 그대로 실천에 옮기는 사람이었다.

퇴계는 정말 훌륭한 스승을 두었구나

어득강의 전기를 조사해보면 가장 눈에 띄는 대목이 그가 퇴계 이황의 어릴 때 스승이라는 사실이다. 퇴계가 국사國師에 오른 뒤 가장 먼저 어릴 때 소중한 가르침을 준 스승을 찾아갔다. 당시 어득강은 곤양 군수로 재직하고 있었는데 퇴계는 어렵게 수소문해서 그가 묵고 있는 숙소로 찾아뵈었다는 얘기가 전해진다. 「곤양에서 관포 어득강 선생이 지은 동주서원 열여섯 수에 차운하다」라는 퇴계의 긴 제목의 시가 당시의 정황을 훈훈하게 들려준다. 어득강이 남긴 유일한 저서인 『관포시집』에는 퇴계의 발문이 실려 있을 정도로 둘은 사이가 좋았다.

좋은 스승이 대개 그렇듯 어득강은 사림과 훈구 어느 편에도 소속되지 않은 채 중립을 지킨 인물이었다. 실록의 사관들은 그의 성품이 부드러웠으며 경학보다는 문장을 잘 썼다고 평가하고 있다. 또한 좌중을 즐겁게 하는 소담笑談을 잘하였다고 했다. 그렇다고 그가 사변적인 문장놀이에 치우친 인물은 아니었다. 어쩌면 어득강은 유성룡 같은 인물이 아니었을까. 일상생활에서는 소박하고 물러나길 좋아하지만 대의를 존중하고 멀리 내다볼 줄 아는 인물. 만약 그렇지 않았다면 "10년이 걸리든 100년이 걸리든 서사는 반드시 설치해야 합니다"라고 줄기차게 주장하지는 않았을 것이다. 그가 서사의 설립에 집착한 이유는 그 자신이 경남 진주의 향족 출신으로 책을 구해 보기 어려운 지방 유생의 사정을 누구보다 잘 알고 있었기 때문이기도 했다.

하지만 어득강의 꿈은 생전에 실현되지 못했다. 오히려 두번째로 서사의 문제를 제기한 1524년 이 문제로 파직까지 당하게 된다. 사헌부에서 그가 대사간의 자질이 부족하다고 문제 삼았지만, 그것은 표면적인 이유일 뿐이었다.

"대사간 어득강은 전에 벼슬을 좋아하지 않아서 염퇴恬退의 절개가 있는

경남 사천시에 있는 작도정사鵲島精舍. 조선 중종 때 퇴계 이황이 국사國師가 되고 나서 스승인 관포 어득강을 수소문하니 곤양군수로 와 있다기에 천릿길도 멀다 않고 찾아뵈었다. 당시는 무관이 군수를 하였으나 문과 출신이 군수를 하기는 어득강이 처음이었다. 작도정사는 1928년에 이곳 유림들에 의해 건립되었다가 오랜 비바람을 견디지 못해 도괴된 것을 1954년 복원하여 오늘에 이르고 있다.

듯하였습니다. 때문에 상께서 발탁하여 간쟁諫諍하는 자리에 두셨습니다. 그러나 한 번도 바른 말을 해서 잘못을 도왔다는 말을 못 들었습니다. 동료 사이에 의논이 맞지 않는 일을 가지고 피혐하면서 도리어 동료들을 탄핵하였습니다. 탐오한 권적과 갑자기 벼슬길에 오른 이광식李光軾, 용렬하고 잡스러운 홍빈洪濱의 일을 의논할 때도 동료들이 자기 말에 따르지 않는 것을 분하게 여겨 공론을 배격하니 지극히 놀라운 일입니다. 그가 사사로운 마음을 품고 자신을 구제할 계책을 낸 것은, 상께서 이미 속을 환히 들여다보셨을 것이니, 빨리 파출시키소서." (중종 24년 6월 28일)

말인즉 비리를 저지른 것도 아니고 큰 실수를 한 것도 아니며 단지 동료들과 의견이 맞지 않았다는 얘기다. 이 정도의 과실로 청요직의 으뜸인 대사간을 곧바로 파직시키는 경우는 실록을 전부 들춰봐도 흔치 않다. 하지만 중종은 중재의 손길을 애초부터 거두고 곧바로 직첩을 거둔다. 1529년 6월이었다. 그날 기록 밑에 사관이 몇 마디 말로 좀 더 자세한 정황을 알려주고 있다.

"득강은 동료들이 농담한 것을 가지고 사양하고 피하다가 도리어 공격한 것처럼 되었으니, 상식적으로 이해하기 어렵다. 그는 성격이 우활한 데다가 사리와 체면을 몰라 하는 일이 모두 아이들 장난과 같았다. 사람들이 이것을 결점으로 여겼다. 그러나 염치를 숭상하여 시골집의 빈한한 사람과 다름없이 청빈했다. 공명의 득실 때문에 근심하지 않았으니, 세상을 경계시키기에 충분한 사람이다."

이 같은 발언들을 종합해보면 어득강은 관료사회에 적응하지 못한 꼿꼿한 선비적 기질과 함께 사체事體에 구속되지 않는 자유인의 기질도 지녔던 인물인 듯하다. 그의 퇴장과 더불어 중종대 서사 설치 논의는 사라지게 된다.

어득강에 이은 윤춘년의 좌절

명종대에 가서 이와 관련한 논의가 부활하기 시작했다. 1551년(명종 6) 5월 26일 사헌부 장령인 윤춘년尹春年이 서점을 설치할 것을 건의했다. 이에 대해 실록의 사관들은 "서사라는 제도는 200년간 없었던 것인데 새로 그 법을 세워서 권세를 독점하려"는 것이라며 서점 설치가 정치에 미칠 영향을 우려해 반대 입장을 분명히 했다. 중앙의 인식은 어득강 때와 조금도 달라지지 않았다. 윤춘년은 몇 번 더 기회를 엿보다가 끝내 자신의 뜻이 좌절되자, 다양한 책을 저술하고 편집해서 펴내는 것으로 위로를 삼았다. 김시습의 소설집『금오신화』나 시집『유관서관동록遊關西關東錄』『전등신화구해剪燈新話句解』와 5종의 시화詩話 및 문화文話를 간행한 것이다.[4]

그후 100여 년이 지나 영조대의 정상기鄭尙驥(1678~1752)가『농포

문답農圃問答』에서 다시 서점의 필요성을 강조한 바 있다.

"서울에 교서관을 설치하여 주자鑄字를 많이 만들었고, 삼남 및 서북도의 큰 도시와 고을에 또한 목각木刻한 책판册版이 많아서 서적을 인출하였다. 사대부 및 중서배中庶輩로서 글을 좋아하는 자는 기이한 글과 이상한 서적을 중국에서 많이 사왔으므로, 지금은 서책이 예전과 비교하면 제법 많아졌다. (…) 조정에서 이삼십 간 다락집을 종이전[紙廛] 옆에다 특설하여 서사를 만드는 것이 마땅하다."

정상기는 지방마다 책을 찍어대고 중국에서 엄청난 물량이 쏟아져 들어오는데 서점이 없어 흐르지 못하는 것에 대한 안타까움을 표현했다. 게다가 중국에서는 '기이한 글과 이상한 책', 곧 소설이 많이 넘어왔는데, 서점을 세워 이것들을 한눈에 일별하고 정리해나간다면 더 좋지 않겠냐는 뉘앙스도 담겨 있었다. 그가 20~30칸 되는 다락집 정도면 되겠다고 말한 것은, 한 칸[間]이 약 1.8미터이므로 대략 넓이가 36~54미터는 되는 큰 서점을 말한다. 그만큼 조선에 책이 넘치고 있었다는 얘기다.

그러나 당시 서사가 존재하지 않았다고 단정지을 수는 없다는 기록이 학계의 주목을 받은 바 있다. 윤춘년이 서사 설치를 주장한 지 3년이 지난 1554년(명종 9)에 어숙권魚叔權이 편찬한 『고사촬요故事撮要』에 실려 있는 「서책시준書册市準」이 일종의 서적 가격 목록이라는 점을 들

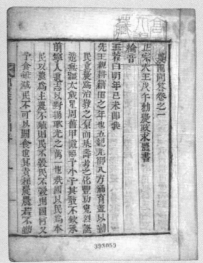

『농포문답』. 조선 영조 때의 실학파 지리학의 거장 정상기가 국정에 관한 포부를 문답식으로 기술한 책. 필사본 1권 1책이고, 연세대도서관에서 소장하고 있다. 전제田制·호구통계戶口統計·통법統法·병제兵制·민역民役·재용財用·전등田等·결폐結弊·조적糶糴·거조渠漕·과규科規·천거薦擧·치군治郡·곤수梱帥·병서兵書·축성築城·풍수風水·보계譜系·서적書籍·복제服制·법령法令 등 다각적인 항목으로 나누어 서술하였다.

어 서사가 존재했다고 보는 것이다. 또한 20여 년 후인 1576년(선조 9)에 간행된 『고사촬요』의 권말 간기刊記에 "수표교 아래 북쪽 자리 수문 입구에 있는 하한수河漢水의 가각판家刻板을 사고 싶은 사람은 찾아오라"[5]고 새겨놓은 내용에 기초해, 이때 간행된 『고사촬요』가 판매를 목적으로 한 방각본이며 주소까지 밝혀놓은 것으로 보아 출판과 판매를 겸하던 서점이 있었다는 근거라고 주장하는 이들도 있다.

그 외에 1830년경에 서점이 설립됐다고 보는 입장도 있다. 이규경이 『오주연문장전산고五洲衍文長箋散稿』에서 서점과 관련하여 기록을 남겼는데, 그 모습이 비교적 자세히 묘사되어 있어 이것을 사실로 받아들여야 한다는 것이다.

"우리나라의 풍속이 예로부터 서적을 귀하게 여길 줄 몰라서 서사가 없었다. 기축년과 경인년(1830)에 익종翼宗이 대리청정할 때에 조정에서 백성들에게 서사를 설치하기를 권장하여 도성 안 보은단동報恩緞洞에 서사를 열었는데 열자마자 곧 문을 닫고 말았다. 그 까닭을 물으니 무뢰한들이 재상집에서 왔다고 속여 모조리 가져가고 대낮에 도둑을 맞아서 지탱할 수가 없어 그만두었다고 한다."

보은단동에 이미 서점이 있었다는 것인데, 서점 운영이 순탄했던 것만은 아니었다. 그런데 깡패 같은 놈들이 권세가의 이름을 사칭해 가져가는 것이야 거짓말에 속은 것이니 어쩔 수 없다 치더라도 대낮에

도둑을 맞기까지 한 것은 이상해 보인다. 혼자 관리하기 어려울 만큼 규모가 컸던 것은 아닐까 추측해볼 수도 있겠으나 증거는 없다. 결국 보은단동에서 문을 열었던 서점은 얼마 못 가 문을 닫고 말았다.

전란이 끝난 17세기부터 민간 서점 등장

사실 서점 설치가 정말 이렇게까지 후대로 내려오는가에 대해서는 의문스러운 것이 사실이다. 유몽인의 『어우집於于集』「박고서사서」에 언급된 전라도 남원의 '박고서사博古書肆'[6], 『영조실록』에 보이는 서소문에서 중인 이인석李寅錫과 박섬朴暹이 공동으로 운영했던 '약계책사藥契冊肆', 또는 조희룡趙熙龍의 「조신선전」에 등장하는 '박도량서사朴道亮書肆' 등 개인이 운영하던 서점 이름이 보인다는 점에서 이미 17세기부터 민간 서점이 있었던 것으로 여겨진다. 양란을 거치면서 공식적으로는 아니더라도 개인적으로 흩어진 서책을 모으고 전란으로 희귀해진 서적을 구하려는 욕구가 형성되면서 서점이 생겨났을 법하다.

유몽인의 「박고서사서」는 남원에 서점을 낸 사람이 유몽인에게 글을 부탁해서 작성한 것이다. 그 글 중에 서점과 관련해 언급된 부분만을 발췌해보면 다음과 같다.

"여기 어떤 사람이 있는데, 천하 만물에 대해 소유하기를 구하지 않는 반면 많이 가지고 있는 물건은 오직 고인의 책이다. 그런데 어려운 시절을 만나 궁벽한 곳으로 오게 되어, 전에 소유한 것이 지금은 많지 않다. 선비가 책을 얻고자 함에도 얻지 못하여, 지방에 처박힌 채 천하가 다 아는 책에 대해 무지몽매하다면 가련한 일이 아니겠는가? 이렇게 생각한 그가 가진 책을 내어놓아 적막한 고을에 펼쳐놓음으로써, 없는 자로 하여금 모으지 않아도 모여들게 하고, 사지 않고도 가져갈 수 있게 하였다. (…) 만약 한 지역에 예전에 없던 서사가 지금은 있어서, 책을 구하고자 하는 사방 사람들이 저자에서 달려들 듯이 어깨를 부딪치며 문에 들어오기를 다툰다면, 남원이 아마도 이익을 독점하는 곳이 될 것이다."[7]

전란으로 인해 타지에서 남원으로 이주해온 이는 고인의 책을 좋아해 수집하던 위인이었다. 그가 지방에 처박혀 지내는 선비들을 위해 자신의 장서를 솔선수범해 내놓아 서점을 개설한 사실을 알 수 있다. 그리하여 책이 없는 자들이 앞다투어 몰려들고, 돈이 없는 자들은 빌려갈 수 있도록 했다. '박고서사'는 임란 직후에 민간 서점이 등장해 상업적 서적 유통을 추구하는 경제사회의 면모를 보여주는 근거 자료가 된다.

또한 1637년에는 민간에서 사사로이 간행된 『사서언해』가 있었는데, 이때 간행된 『맹자언해』 하권에는 "궁벽한 유생과 가난한 선비가 그 가격이 비싼 것을 병으로 여기는 까닭에 책을 간략하게 하여 간행했다"는 기록이 보인다.[8] 책값이 비싸다는 얘기로 보아 서점이 있었음을 짐작할 수 있으며, 판매를 위해 간행되었다는 점에서 방각본일 가능성이 높다.

17세기 초 이행진李行進(1597~1665)⁹이 남긴 『지암유집止菴遺集』에는 「서사에서 백설루 시집을 얻어 그 책에 쓰다書肆得白雲樓詩集題其卷面」라는 시가 수록되어 있다. 백설루 시집은 명나라의 문인 이반룡李攀龍(1514~1570)의 서실인 '백설루'에서 간행된 것을 가리키는데¹⁰, 이 책을 서점에서 구했다는 것이다. 물론 이행진이 사행원으로 북경에 간 적이 있는데, 이때 북경의 서점에서 구입한 것을 노래했을 가능성도 배제할 수는 없다.

1890년에 유본예柳本藝가 쓴 『한경지략漢京識略』에는 중종 때 서점이 존재했지만, 다만 큰 서점이 없는 것을 아쉬워하는 대목이 보인다.

"중종 13년(1518)에 중국의 예를 따라서 서사를 성내에 설치하고, 소격서에서 쓰던 유기와 없어진 사찰의 종을 모아서 공사公私의 서적을 불구하고 활자를 만들어서 책을 박아낸 것은 심히 장한 일이다. 그러나 성안에 큰 서점이 없는 것이 결점이다."¹¹

사실 여기서 말하는 서사란 서점이라기보다 인쇄소 기능을 하던 곳에 가깝다. 그런데 그가 서울에 큰 서점이 없다는 사실을 아쉬워했다는 것은 이미 어느 정도 영세한 서점이 있었음을 간접적으로 말해준다. 또한 대형 서점이 없는 것이 문제라고 지적한 것은 북경 유리창에 있는 서점들처럼 많은 양의 서적을 한꺼번에 취급할 수 있는 장소가 필요하다고 판단했기 때문일 것이다. 개화기에 쏟아져나오는 신문물·신지식을 익히고 지적 호기심을 충족시키려는 일련의 독자층이 만들어지면서 다양한 책을 모아서 볼 수 있는 서점의 필요성을 자각하게 된 결과다.

구한말의 서점가 지금의 세종로에 형성

고종대에 작성된 것으로 보이는 서울 지리서인 『동국여지비고東國興地備攷』에는 현방懸房(푸줏간), 약국藥局, 서화사書畵肆(그림 판매점), 금교세가金橋貰家* 등과 더불어 서점을 독립 항목으로 설정해 기술한 부분이 보인다. 그 기록에 따르면, 당시 서사는 정릉동 병문屛門과 지금의 세종로 및 그 일대에 해당하는 육조 앞거리, 이렇게 두 곳에 있었다. 그리고 이 두 서점에서 판매하던 책들이란 주로 사서삼경과 제자백가서였다.[12] 19세기 후반에 숫자는 많지 않지만 영리를 목적으로 책을 판매하던 서점이 존재했던 것이다.

초기 민간 서점 중에는 자체적으로 출판업을 겸한 곳도 있었다. 그 필요한 서적을 확보하거나 팔기 위해 방각본·필사본 서책, 신서를 전

---

* 종친이나 공주, 옹주의 옛 저택을 혼인을 앞둔 신부 집에 빌려주는 것을 업으로 삼은 가게.

북경 유리창 거리. 북경을 자주 다닌 북학자 홍대용의 말을 통해 당시 유리창의 모습을 상상해보
자. "유리창의 시장에는 서적과 비판碑版, 정이鼎彝 · 골동품 등 일체의 기완器玩과 잡물雜物이 많았
다. 서점은 일곱 곳이 있다. 3면의 벽마다 십몇 층의 시렁을 매었는데, 상아로 만든 책 표찰이 질서
정연하고, 모든 책은 책마다 표지가 붙어 있다. 서점 한 곳의 책은 대충 헤아려보아도 수만 권을
넘는다. 얼굴을 들고 한참 보고 있노라면, 책의 제목을 다 보기도 전에 눈이 어질어질해진다."

문적으로 취급하던 책장수들과 밀접한 관계를 맺었다. 19세기 말~20세기 초에 세워진 영창서관·박문서관·신구서림·회동서관 등 여러 서점은 언문 소설을 발행함으로써 유명해졌는데, 지방에서 올라온 장사꾼들이 여기서 소설책을 받아다가 장날이면 봇짐을 풀어놓고 팔았다.[13] 일부 서적중개상은 세력을 키우고 자본을 축적해 직접 서점을 내고 책의 유통과 판매에도 나섰다. 이성의李聖儀 같은 책쾌는 개인적으로 활동하다가 돈을 모은 후 '화산서림華山書林'이라는 서점을 차리고 경영까지 했다.

한말 대한제국의 국립출판사로 설립된 박문서관博文書館은 박태원의 『삼국지』를 비롯해 무수히 많은 고소설과 역사서 등을 펴냈고 서점도 직영으로 운영했다. 사진은 일제강점기 때 촬영한 박문서관의 모습이다.

"맛난 음식과 낮잠만으로 세월 보내기는 괴로운 일"

세책점의 등장과 대중 독서시대의 개막

세책貰冊이란 책을 빌려보는 것을 말한다. 18세기에 소설에 대한 수요가 급증하자 아쉬운 쪽은 책을 구하려는 독자들이었다. 이런 독자의 수요를 충족시키려는 움직임이 서적상들을 중심으로 재빠르게 일어났다. 19~20세기 초 세책점의 모습은 조선을 다녀간 외국인들의 눈에 종종 포착되기도 했다.

"세책가에는 대개 한글로 쓰인 이야기책과 노래책이 구비되어 있다. 이곳의 책은 서점에서 파는 것보다도 정성스럽게 종이도 상질上質로 인쇄되어 있는 일이 많다."[1]

"조선의 세책가라고 하는 것은 우리나라(=일본)의 '카시혼야貸本屋'와 비슷하며 대개 언문으로 쓰여진 이야기책이 있다. 조선인이 창작한 작품뿐만 아니라 『서유기』『수호전』『서상기』등 중국 소설을 번역한 것도 많다. 이러한 책을 빌리는 사람은 어느 정도 값어치가 있는 냄비, 솥 등을 맡기고 보고 싶은 책을 빌려온다. 책을 빌리는 요금은 한 권당 이삼

62

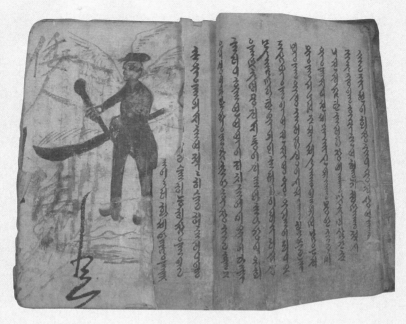

조선후기 세책 고소설. 이 손 저 손을 타며 낙서까지 되어 있는 모습.

일의 기한으로 2~3리厘 정도이다. 시정에서 파는 것처럼 조악하지 않고 폭이 넓고 세로로 긴 종이에 선명하게 붓으로 씌어 있으며, 열독하기도 대단히 편하다. 하지만 경성에만 있을 뿐이며 평양·송도와 같은 도시에는 세책가가 전혀 없다고 한다."[2]

서점보다 세책점에서 취급하는 책들이 더 정성스럽고 종이 질이 좋았다. 아무래도 서비스 차원에서 상품 가치를 높여야 지속적으로 독자를 확보하고 사후 관리를 할 수 있었을 것이다. 주목할 것은 세책점이 서울에만 있었다는 사실이다. 세책본 고소설의 인기가 대단했음에도 불구하고 지방으로까지 확산되지 않았다.

소설가 박종화朴鍾和(1901~1981)도 세책점이 서울에만 있었노라고 술회한 바 있다. 그의 증언에 따르면 도시에서는 여성 독자들이 피서를 위해 친정 나들이를 갈 때, 그리고 지방에서는 농사가 끝난 농한기에 세책업이 큰 인기를 누렸다. 또한 시골로 시집간 여성들이 친정집이 있는 서울에 와서 며칠 머무는 동안 세책 소설을 즐겨 찾았다.

"시골에는 영업적으로 하는 세책집은 없고 행세하는 이장이나 서방님 댁에서 얻어다 읽었다. 여름 한철 서울서 세책집이 흥왕한 것은 시집살이하는 새댁들이 여름이 되면 해방이 되어 친정집으로 여름 나들이를 오기 때문이다. (…) 석 달 휴가를 받고 온 새색시는 날마다 맛있는 음식과 낮잠만으로 세월을 보내기가 도리어 괴로운 일이었다. 이야기책 생각이 났다. 이리하여 심심풀이로 세책집에 사람을 보내서 이야기책을 빌려온다. 까닭에 장안의 세책집은 석 달 장마가 지기만을 바랐다. 장마가 지면 비에 막혀서 새색시가 얼른 시집으로 돌아가지 못하기 때문이다."

"시집간 왕고모나 고모들이 친정에 오면 며칠씩 묵으면서 책세집에서 이야기책을 빌려 읽고 『콩쥐팥쥐전』이나 『별주부전』의 이야기를 해주었다. 책세집은 가난한 선비들이 생계가 막연해서 궁리 끝에 호구지책으로 차린 청빈한 생활의 방편이었는데, 지진 한 축을 사서 언문 궁체로 『삼설기』 『사씨남정기』 등을 베긴 후 책을 매고 책장마다 들기름을 칠해 여러 사람이 읽어 파손되는 것을 예방했다. 책세집이 한 군데 생겼다는 소문이 동네에 퍼지면 언문을 깨친 처녀 색시와 아낙네들은 다투어가며 돈을 주고 책을 빌려다봤다. 책을 빌려오는 데 선금을 내지 아니하

돈이 궁해 부담을 느꼈던 서민층은 전당포에 물건을 맡겨놓고 책을 빌려 읽었다.

65

고 통주발이나 놋대접 한 개를 먼저 할멈이나 계집종을 시켜 보냈다."[3]

18세기 중반이나 20세기 초나 전당을 잡히고 빌려다 본 후 돌려줄 때 대여료를 내는 방식은 같았다. 또한 주된 고객은 여성이었으며 그들이 즐겨 찾던 책은 단연코 국문 소설이었다. 1910년 이후에도 구소설은 계속 발행되었지만 책값이 비싸 서민들이 서점에서 책을 사다 보기란 여간 부담스러운 일이 아니었다. 서민층에서는 책을 빌려 보는 것이 일반적이었다. 더욱이 저녁식사 후 시간을 보낼 만한 여흥이 없었기에 드라마를 시청하듯 이야기책 읽는 것으로 무료함을 달랬다.

세책점의 융성은 곧 소설의 인기와 번성을 의미함과 동시에 독자의 확대를 뜻한다. 또한 상업 출판을 목적으로 간행한 방각본 소설의 발달과도 연결된다. 방각본 소설은 서울·안성·전주 등 일부 도시에서 출판되었다.

일제 강점기의 서민들에게도 세책 문화가 일상화되어 있었다. 그 당시 발간된 소설책은 언문 한글로 되어 있고 세로로 붙여쓰기에 아래가자[ㄱ]를 섞어놓았기에 구절을 끊어 읽기 어려워 어려서부터 유식한 어른의 지도를 받으며 독서 연습을 해야 했다.[4] 또한 내용의 수준이 달랐기 때문에 『장끼전』처럼 쉽고 얇은 책을 읽은 후 점차 분량이 많고 어려운 소설책으로 나아갈 수 있었다. 당시 소설 독서와 세책업 운영에 관한 김동복의 회상에서 그러한 사정을 쉽게 찾아볼 수 있다.

"소설책은 도성 밖 전국에 골고루 보급되어 시골 장날이면 한글을 깨친 사람들이 길거리에 늘어놓은 책을 집어 첫머리를 한참씩 읽어보는 모습

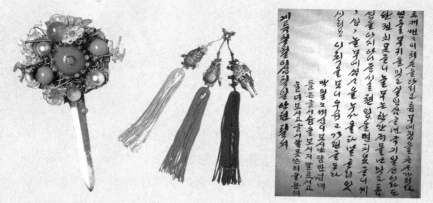
여자들은 패물 등을 갖다주고 세책을 빌려보았다. 책 사진은 세책 『흥부전』의 일부.

에, 낫 놓고 기역자도 모르는 사람들이 몹시 부러워하였다. (…) 이 무렵 장안에는 새 책방이 몇 군데 있었고 세책집도 드문드문 자리 잡고 있었으며 책세는 책값에 비례해서 싸게 받은 편이고 낙장이나 파장이 생겼을 때는 변상을 시켰다. 신간 정가 10~20전 하는 것들은 하루저녁 보는 데 1전을 받았다. 놋주발 뚜껑 1개를 담보로 하고 책을 내주면서 주소 성명을 기록하고 나서 파손시키지 말고 깨끗이 보고 반납해달라고 부탁하였다. 30~50전 미만의 책은 하루에 1전 5리를 받았는데 담보물로 주발 1개(뚜껑 제외)를 잡았고, 60~90전 미만 책은 2전을 받았으며 주발 뚜껑을 포함한 것 1개를 담보로 하였다. 책값이 1원 이상 되는 단행본일 경우 하루저녁에 3전 이상을 받았고 담보로 주발대접 1벌 또는 그 값에 상응할 만한 물건으로 통하였으며, 책 한 질이 2권 이상일 때는 셋돈을 감해주기도 했다. (…) 새 책방은 버젓이 간판을 달아놓고 장사를 했지만 헌 책을 세놓은 집은 조그마한 송판에다 '세책점'이라고 양면에 써서 처마서까래에다 대롱대롱 매달아놓은 것을 보고 찾아다녔다."[5]

위에서 보듯 신간일 경우 책값이 싸면 빌려보는 가격 또한 상대적으로 쌌다. 사정이 그렇다보니 일반 서민 독자들은 헌 책을 위주로 빌려다 보고, 새 책을 빌릴 경우에는 비교적 책값이 싼 것을 위주로 골랐다. 당시 우편엽서 1장이 1전 5리, 우표 한 장이 3전이었고, 1전이면 공중 수도에서 물 2지게(4통)를 살 수 있으며 5리 동전 한 개면 1지게를 사서 식구가 적은 가정에서는 하루생활을 충분히 할 수 있을 정도의 금액이었는데[6], 정가 10~20전 하는 책 한 권을 빌려보려면 1박 2일에 1전을 내야 했다. 이처럼 책값이 비쌀수록 빌리는 값도 비쌌기 때문에 장편소설은 주로 상류층이 많이 빌려봤다.

그런데 당시 세책 고소설을 즐겨 읽던 독자와 방각본 고소설을 즐겨 찾던 독자는 서로 달랐다. 최남선이 「조선의 가정문학」이란 글에서 당시 유행하던 많은 언문 소설을 셋으로 나눠 설명한 적이 있는데, 세책으로 유통되던 소설이 중간 수준의 것이고, 일반 민중을 대상으로 만들어진 판각본 소설이 가장 저급하며, 궁중에서 번역해 읽던 중국 소설이 가장 고급스런 것이라고 했다.[7] 이처럼 세책 소설과 판각 소설을 각각 중급·저급의 것으로 구별지어놓은 것은 세책 소설을 읽던 독자층과 방각본 소설의 독자층이 구별되었음을 의미한다.

최근에 일본 동양문고에 소장되어 있던 세책본 『홍길동전』(전3권 3책)이 발견되었는데, "신축년 11월 사직동 세책집의 세책"이라는 안내문이 붙어 있다. 『홍길동전』의 인기에 부응코자 세책점에서 작품 내용을 흥미 위주로 개작하고 필사해 세책본으로 널리 유통시킨 증거다.[8] 소설 첫머리에 독자를 위해 전편의 내용을 요약해놓은 것도 있다. 돈은 부족한데 소설의 결말을 알아야 하는 독자들이 마지막 권만 빌려서 읽는 경우도 있었음을 짐작케 한다. 아울러 세책업자들이 독자들에게 빌려준 내용을 적은 '세책 장부'도 발견되었다.[9] 장부에는 상류층 여성, 양반, 평민, 노비들이 책을 빌려본 것으로 적혀 있다. 신분 고하를 막론하고 돈만 있으면 소설책을 빌려보던 저간의 사정을 엿볼 수 있다.

실패한 저격수들, 논쟁의 불씨 키우다

– 『곤지기』『이단변정』『학부통변』

실패한 저격수들, 논쟁의 불씨 키우다

『곤지기』『이단변정』『학부통변』

일제강점기의 시인이자 저명한 문학평론가인 임화林和는(1898~1953) 월북했다. 서울에서 활동하던 그는 코민테른을 준수하는 철저한 마르크시스트였다. 그런 그가 북한에 가서는 미제스파이로 낙인찍혀 숙청당했다. 혁명은 이질적인 것을 참지 못한다. 마치 철에서 불순물을 제거하려는 담금질처럼 인간을 내려친다. 깊은 생각과 복잡한 사변은 이데올로기라는 칼날에는 어울리지 않는 장식이다. 조금이라도 거슬린다면 떼어내면 그만이다. 이것은 사람만이 아니라 책에도 해당된다. 심오한 사유를 담은 책은 시대를 타고 나면 빛을 본다. 하지만 그렇지 않으면 찢겨지고 불태워진다.

사림과 훈구의 헤게모니 다툼과 양명학 도입

조선의 역사가 막 절반을 지났을 때 서서히 국가의 틀이 완비되고 국가 이념이 단단해지기 시작했다. 세종대에 중국에 간 사신이 비싼 돈을 주고 『사서대전四書大典』이나 『성리대전性理大典』 같은 유학의 종합 교재들을 들여왔을 때 조정에 이를 이해할 수 있는 사람은 많지 않았다. 최고의 학술기관이었던 집현전의 학자들도 그 내용을 이해하지 못해 경연經筵에서 왕을 가르칠 선생을 구하지 못할 정도였다. 이런 상황은 성종대까지 이어졌다. 홍문관에서 똑똑한 사람을 뽑아 경연을 미리 준비시켰으며 강의를 훌륭하게 한 관원에게는 왕이 선물을 내리기도 했다.[1] 이러한 분위기를 타고 『성리군서性理群書』『주문공집朱文公集』『주자어류朱子語類』 등이 계속 도입되었다. 예나 지금이나 조선의 학습 속도는 무서울 정도로 빨랐다. 중국이 몇백 년에 걸쳐 구축해놓은 사유의 체계를 불과 1세기도 되지 않아 완전히 소화하고 조선에 맞는 이념 체계를 만들어나가기 시작했다. 그것이 어느 정도 완성된 모습으로 나타난 것이 성종대에 반포한 『경국대전』이다.

그러던 중 성종의 아들 연산군의 폭정으로 이 흐름이 끊어졌다. 독서금지령을 내린 연산군은 홍문관을 없애버리고 왕실에 소장한 책까지 불태우는 등 진시황이 재림한 것처럼 기세등등한 억압을 자행했다. 이때 왕실의 소중한 장서들이 횡액을 면치 못했고, 반정 이후 1514년(중종 9) 남겨진 책들을 보관해왔던 존경각尊經閣에 화재가 발생해 또

다시 상당수의 경서들이 유실되었다.[2]

조급증과 강퍅함으로 지식인들의 내면이 말라비틀어진 것은 이 무렵이다. 정치가들이 가장 무서워하는 것은 미래의 모호성이다. 조선 초기에 건국 세력들은 불교와 영혼의 전쟁을 치렀다. 사생결단의 태도로 싸워서 겨우 불교를 잠재우고 유교의 기틀을 세우기 시작했는데, 왕을 잘못 만나 도학정치의 틀이 깨졌고 화마가 덮친 것이다. 앞날이 막막해졌다. 모호함은 인간의 정치적 노력을 무의미하게 만들고 정치가를 좌절시킨다. 미래가 완전히 우연에만 지배되는 것은 아니지만, 미래와 관련하여 인간은 개연성 이외에 별다른 기준도 갖고 있지 않다.[3] 조선중기의 치열한 당쟁이 시작된 곳은 이 불안한 인간의 내면이었다. 어느 누구도 확고한 미래가 없었기에, 조율과 타협 없이 싸울 수밖에 없었던 것이다.

연산군을 몰아내고 들어선 중종의 정권에 대거 기용된 조광조趙光祖 · 김정金淨 등의 신진사류들은 상상을 초월할 정도의 강도로 왕실의 도덕적 해이를 바로잡고자 했다. 왕의 정신 교육을 다시 시킨다며 왕이 하품을 하며 눈치를 줘도 몇 시간씩 강론을 그치지 않았고, 궁중의 연회를 없애면서 기녀들을 모두 궁 밖으로 쫓아내기도 했다. 이들은 비정상적일 정도로 급진적이었다. 중종은 골치가 아팠지만 공신들이라 어찌 해볼 방법도 없이 우유부단하게 끌려다녔다. 결국 훈구 세력이 들고 일어났다. 무력을 쓴 것도 왕을 설득한 것도 아니었다. 궁궐 뒤뜰에 있는 사과에 꿀로 한자를 썼고, 벌레가 꿀 묻은 부분을 갉아먹

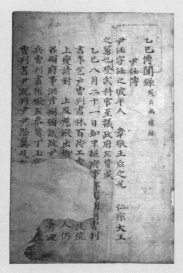

조선중기의 문신 김육金堉(1580~1658)이 기묘사화에 관련된 인물들의 전기를 정리한 『기묘제현전』(위). 유형별로 나누고, 신분의 귀천에 관계없이 관련된 인물을 망라한 점이 특색이다. 아래는 1545년(명종 즉위)에 일어났던 을사사화에서 화를 입은 여러 사람의 전기를 모은 『을사전문록』. 윤임尹任·유관柳灌 등과 그후 여기에 관련되어 유배·삭탈·처형된 사람 등 약 80명의 전기와 소윤小尹 일파의 상변서上變書, 윤원형尹元衡의 삭탈전지削奪傳旨, 제현諸賢의 신원전지伸冤傳旨 등을 수록했다.

어 '趙'라는 글자가 나타나게 했다. 그걸 들고 조씨 성을 가진 자가 왕이 될 징조라고 왕에게 일러바쳤고, 음모는 적중했다. 중종은 기묘사림들을 모두 축출하거나 죽였고 훈구파들이 다시 정권을 장악했다. 이것이 바로 기묘사화己卯士禍(1519)다.

정치판에서 사림과 훈구가 헤게모니 다툼을 할 때 그들이 손에 쥐고자 한 것은 성리학이라는 하나의 공이었다. 사림이 공을 잡으면 바람을 불어넣었고 훈척이 잡으면 바람을 빼는 차이는 있었지만, 이들이 공통으로 지향한 것이 성리학이라는 점은 변함없었다.

사림의 부활, 이단 저격수의 등장

중종의 뒤를 이은 인종이 1545년 불과 8개월 만에 죽자 12세의 나이로 명종이 왕위에 올랐다. 그러자 중종의 계비繼妃이며 명종의 어머니인 문정왕후文定王后의 수렴청정이 시작되었다. 이때 왕후의 남동생 윤원형尹元衡이 권력을 쥐고 윤임尹任 일파를 몰아냈다. 몇 년간 피비린내가 진동했으며 100명이 넘는 조정대신과 선비들이 죽거나 다쳤다. 그 무서웠던 을사사화乙巳士禍(1545)가 시작된 것이다. 사림을 탄압하는 한편 문정왕후는 독실한 불교신자로서 도첩제를 실시하여 승려를 뽑고 전국 300여 개의 절을 공인하는 등 숭유배불崇儒排佛을 무시하고 불교중흥을 도모했다. 승려 보우普雨를 봉은사奉恩寺 주지로 임명하고 봉은사 근처(정릉)로 중종의 능을 이장시키기도 했다.

하지만 명종이 18세가 되고 친정이 시작되자 사림들도 가만히 두고 보지는 않았다. 마침 문정왕후의 비호를 받고 있던 보우가 선종禪宗과 교종敎宗의 양종을 부활시킨 움직임이 있었는데, 이를 기화로 전국의 유학자들이 벌떼처럼 들고 일어났다. 적이 성리학 내부에 있는 게 아니라 밖에 있었기 때문에 유학자들의 목소리는 일치되어 나왔다. 조선 왕조가 어떤 정신에 의해 세워졌는데, 선왕들의 업적을 이렇게 허물어뜨릴 수 있느냐는 등의 성토가 이어졌다. 문정왕후와 외척들도 이러한 선비들의 반격에 주춤했다. 이때부터 사림은 불교를 이단으로 몰아붙이기 시작했다. 이제 불교는 같은 하늘 아래 있어서는 안 되는 사악한 종교였다. 일종의 이단 저격수라 할 수 있는 책들이 신하들의 압박에 굴복한 젊은 왕의 명령으로 반포되기 시작했다. 그 첫 테이프를 끊은 것이 바로 『이단변정異端辨正』이었다. 1551년(명종 6) 동지중추부사 신영申瑛이 왕에게 책을 한 권 바치면서 엎드려 아뢰었다.

"신이 중국에서 구한 이 책은 당시의 이름 있는 선비가 편집한 것으로, 오도吾道를 보위하고 사설邪說을 비판하는 선현들의 격언을 빠짐없이 모았으며 조목마다 반드시 자신의 의견을 붙였는데 그 입론이 매우 간절하고 분명하여 세상 선비들이 보기 드문 논설이 또한 많습니다. 경연에서 강독하시는 여가에 특별히 힘써서 을람乙覽⁴ 하신다면 성상의 학문에 도움이 없지 않을 것입니다."(명종 6년 3월 16일)

신영은 앞서 기묘사화 때 사약을 받고 죽은 김식金湜의 문인이다. 그는 명나라에 사신으로 갔다가 첨릉詹陵[5]이 지은『이단변정』을 구해온다. 이 책은 그 이름에서 그대로 드러나듯 유학의 얼굴을 하고 있지만 정통과는 거리가 먼, 자신의 개인적인 주장을 펼친 이단들의 학설을 조목조목 비판하고 바로잡은 책이다. 신영은 스승을 비롯한 기묘사림이 못다 이룬 과업을 이제라도 서둘러야 한다는 듯이 왕을 몰아붙였다. 사림들은 일사분란하게 움직였다. 얼마 후 문정왕후가 사망하자 보우는 장살杖殺되었고 선종과 교종, 도첩제와 승과는 모두 폐지되었다. 위축된 사림의 틈새를 비집고 일시적으로 피어올랐던 불교 재흥의 움직임은 극단적인 불교 탄압이라는 역작용으로 나타났다.

책의 오묘함이란 이런 것이다

책이라는 것의 속성은 오묘하기가 그지없다. 못 읽게 막으면 더 읽고 싶고 앎의 욕구는 조그마한 틈이라도 생기면 기어코 비집고 들어가서 미지의 세계에 닿고 싶어한다. 『이단변정』은 어떤 책인가. 첨릉은 이 책에서 철저하게 주자학을 숭상하고 있다. 오른쪽 페이지에는 정자와 주자가 쓴 불가佛家와 선학禪學에 대한 배척 이론들을 배열했고, 왼쪽에는 선禪과 선仙에 대한 자신의 관점을 정주의 논리에 입각해 정리하고 있다. 여기서 주목할 만한 특이한 사실은『이단변정』의 단 한 곳

강서성. 중국 중남부 양자강 남쪽에 있는 성. 동진東晉의 문화가 남쪽으로 이전되면서 역사적 인물이 많이 배출되었다. 대표적 이로는 동진시대의 도연명, 당송팔대가에 속하는 구양수·왕안석, 시인이며 화가인 황정견, 명나라 때 『영락대전永樂大典』의 편찬을 주관한 해진 등이 있다.

에서도 양명학을 직접적으로 비판한 흔적이 없다는 점이다. 그 이유는 이 책이 출간된 지역이 양명학의 본거지이자 성지라 할 수 있는 강서성江西省 지방이었던 까닭에 저자 첨릉이 왕양명 가문 유생들과의 마찰을 고려했기 때문인 것으로 보인다.[6] 즉 이단을 비판한다는 명분의 책이지만, 거기에는 무수히 많은 불교서, 양명학서, 기타 도교 관련 서적이 소개되어 있었고 양명학에 대한 비판은 없었다. 이 책을 널리 반포했으니 많은 지식인들이 그때까지는 몰랐던 새로운 책의 존재를 알게 되었고 이것이 은연중 앎의 욕구를 자극했다. 가령 명나라의 나흠순羅欽順이 지은 『곤지기困知記』라는 책이 1553년부터 읽히기 시작한 것도 『이단변정』과 같은 '저격수' 때문이었다.

나흠순은 명나라 철학자이지만 그리 유명하지는 않았다. 하지만 그의 저술이 조선사회에 미친 영향은 너무나 컸다. 거기에는 하필 중종대에 도입되어 읽혔다는 우연적인 요소도 있지만, 책이 갖고 있는 성격에서 비롯한 필연적인 측면도 분명히 존재했다.

『곤지기』는 양명학의 문제를 지적하기 위해 쓴 책이다. 그런데 『곤지기』를 논하기 전에 먼저 양명학을 한마디로 짚고 넘어갈 필요가 있다. 명나라의 왕양명이 주창한 양명학은 "마음이 등불"이라고 외쳤다.[7] 왕양명 이전의 주자학은 마음은 기氣이고, 도덕성 등의 이치는 이理라고 말했다. 기와 이를 구분한 것이다. 양명학은 이런 이분법에 반대해 만물일체의 입장에서 마음이 곧 이라고 주장하고 있다. 주자학에서는 사물을 바르게 보기 위해서는 사물의 이치를 끝까지 파고들어야 한다고 했지만(格物致知), 양명학에서는 먼저 마음의 눈을 열어야 그다음에 사물의 문도 열린다는 입장을 고수했다. 주자가 모든 사물의 이치를 끝까지 파고들어가면 앎에 이른다고 하는 성즉리설性卽理說을 확립했다면, 왕양명은 사람의 참다운 양지良知를 얻기 위해서는 마음을 어둡게 하는 물욕을 물리쳐야 한다고 주장해 심즉리설心卽理說을 확립했다. 전자는 지식을 강조했다고 해서 이학理學이라 불렀고, 후자는 마음을 강조했다고 해서 심학心學이라 불렀다. 단순화하자면 주자학은 공부를 하는 게 우선이지만 양명학은 백날 공부해봤자 마음이 소금밭이면 책을 덮고 도를 닦아야 한다는 주장이다. 이는 주자학이 싫어하는 불교, 특히 선불교의 수행 방법과 너무나 유사했다.

나흠순의 『곤지기』는 한마디로 말하면 양다리를 걸친 책이다. 리와 본연지성本然之性, 도심의 주재성을 어떤 경우에도 관철시키려 하거나 양명학의 양지설을 비판하는 것 등은 주자학의 측면을 보여줬지만, 주자학적 이분법을 거부하면서 리理와 기氣를 하나로 보거나 도심道心과 인심人心을 체體와 용用의 관계로 놓는 것, 욕망을 긍정하는 것 등에서는 양명학의 측면을 보여줬다.[8] 나흠순은 마음의 중요성을 인정했지만 왕양명처럼 '양지'라는 단어 하나로, 구별해야 할 도덕적 선악과 행위의 선후를 회오리처럼 삼켜버리는 게 싫어서 양명학을 비판하는 책을 썼던 것이다. 오늘날의 관점에서 보자면 받아들일 건 받아들이면서 비판한 셈이다. 충분히 반길 만한 구석이 있는 책이다. 이런 나흠순의 방식에 심취한 이는 선조 때 영의정까지 지낸 노수신盧守愼(1515∼1590)

노수신적소盧守愼謫所. 조선시대의 문신 소재蘇齋 노수신이 괴산에서 유배생활을 할 때 거처하던 곳이다. 그는 1543년 문과에 급제하여 당시 세자의 교육을 담당하던 시강원侍講阮 사서司書를 지내면서 독서당讀書堂에 뽑혀 이황과 함께 학문을 연구하였다. 그러나 1545년 을사사화와 연루되어 파직되고 순천 등에서 20여 년간 유배생활을 하였다. 노수신은 이곳에서 1565년부터 1567년 유배생활을 마감할 때까지 거처했는데 그후에도 수월정水月亭이라는 이름으로 보존해오다가 1952년 괴산댐을 만들면서 현재의 위치로 이전했다.

이다. 하지만 이황이나 기대승 같은 이들은 아주 질색을 하며 싫어했다. 특히 노수신이 팔을 걷고 나흠순을 변호하면서 이 성격 모호한 책에 기대어 그 사다리를 타고 양명학으로, 불교로, 혼미한 자아 수양의 세계로 넘어갈 수 있다는 우려가 들었다.

사림은 기묘사화와 을사사화를 겪으면서 완전히 산림에 유폐되었다. 그리고 이 모든 것을 주도한 훈신들을 사림은 마음으로부터 증오하기 시작했다. 퇴계는 도산서원으로 낙향해 출사보다는 학문 연구와 후진 양성을 택했으며, 제도의 개혁보다는 도덕적 수신과 실천을 중시하고 주자 성리학 이외의 사상에 대해 매우 비판적인 입장을 견지했다.

칼을 갈듯이 주자학의 주요 개념을 갈아댄 결과로 노수신과 이황 사이에서 인심도심人心道心 논쟁, 이황과 기대승 사이에서 사단칠정四端七情 논쟁이 벌어졌다. 초반에 이들 논쟁은 학문적 테두리 안에서 격을 갖추고 진행되었다. 상호간의 존중이 있었다. 하지만 피비린내 나는 정치의 기억은 자꾸 그 틈을 파고들어 언어를 공격적으로 몰아갔다. 결국 16세기 중엽 인심도심론에서 시작된 논쟁은 이황을 중심으로 한 주리파와 이이를 선두로 한 주기파로 완전히 갈라서서, 학파가 아닌 당파에 가까운 모습으로 200년을 넘게 대립하게 되었다.

선조의 양명학 사랑과 관련한 에피소드

양명학은 지하로 숨어들었다. 아니 마음속 깊이 파고들어 나오지 않았다. 이것은 왕이라고 해서 예외가 될 수 없었다. 명종에 이어 16세에 왕위에 오른 선조 임금이 그랬다. 선조는 젊어서부터 양명학을 접했다. 양명학에 대한 선조의 관심은 스승인 한윤명韓胤明과 한윤명이 존경한 노수신으로부터 비롯했다.[9] 어려서부터 총명하다며 명종의 칭찬을 들은 바 있는 선조는 책을 많이 보기로도 유명했다. 그런 그가 스승의 영향 아래 양명학에 빠져든 것은 어찌 보면 자연스러운 일이었다. 1573년 선조가 다스린 지 6년, 왕의 나이 22세가 되던 3월 17일 아침 강의 시간이었다. 왕과 신하 사이에 이런 일이 있었다.

정승을 비롯해 학덕이 높은 수찬修撰 유성룡, 첨지僉知 유희춘 등이 모여서 성리학 공부를 하고 이런저런 얘기를 주고받다가 왕수인(왕양명)의 이야기가 나왔다. 좌상 등이 "왕수인이 거리낌 없이 스스로 훌륭한 체하며 주자를 헐뜯자 중국의 성급한 자들이 부화뇌동했습니다. 그러자 진건陳建이 『학부통변學蔀通辨』을 지었는데 이것은 참으로 이단을 물리치는 정론이니, 교서관校書館을 시켜 전국에 배포토록 해야 합니다"라는 말에 이르렀는데 왕이 말을 끊었다.

"왕수인도 재기才氣가 있고 공업功業을 세웠다."

왕수인王守仁(1472~1528). 호는 양명陽明, 자는 백안伯安, 시호는 문성
文成이다. 명나라의 철학자로 호 양명을 따서 왕양명王陽明이라고도
한다. 원래 이름은 왕운王雲이었으나 나중에 수인으로 고쳤다. 리는
바깥세계의 사물에 있는 것이 아니라 오로지 자기 자신의 마음속에
있으며, 그런 본래 마음인 양지良知에 따르는 것이 성인에 이르는 길
이라는 양명학을 주장했다.

그러자 유희춘 등이 나아가 아뢰었다.

"왕수인은 성질이 어그러져 강퍅하고 공손하지 않아서 '오상五常은 있어도 되고 없어도 되며 없애버려도 괜찮다' 하고, 또 '진시황의 분서는 산술刪述을 금지한 뜻에 맞는다' 하고, 주자가 책을 써서 입언立言한 것을 헐뜯어 '홍수나 사나운 짐승의 재앙보다 참혹하다' 하였으니 그의 말이 사특하기가 막심합니다."

왕이 젊은 시절 양명학 공부를 깊이 했다는 걸 익히 알고 있는 신하들은 양명학에 대해 더욱 강하게 맹렬한 경보음을 울려댔다. 선조는 "사특하다고 하는 것은 지나치지 않은가?"라며 불만을 표시했지만 소용없었다.

"왕수인이 당초에는 사물이 마음을 어지럽히는 것을 싫어하여 어그러지고 치우친 말을 만들었으나 말이 이토록 바르지 않으니, 왕안석王安石이 탐욕하고 간사하지는 않더라도 흉사凶邪한 자를 이끌어 쓰고 충직한 사람을 물리쳐서 마침내 정치를 어지럽히는 소인이 된 것과 무엇이 다르겠습니까?"

며칠 뒤 유희춘은 또 왕에게 아뢰었다. 지난번 부탁드린 『학부통변』 출판 건이 잘 이뤄지지 않고 있는데 왕께서 번거로운 일이라는 지시가 있었다는 말을 들었다고 올렸다. 그러자 선조는 "서책이 많아질수록 사람은 더욱 배우지 않으므로 급하지 않다고 한 것이다"라고 대답했다. 양명학의 정신을 마음속 깊이 호흡하고 있었던 왕이었기에, 『학부통변』을 널리 배포하는 일이 마치 제 살을 베어내는 듯 아팠을 것이다. 양명학에 대한 선조의 관심은 이 일로 끊어진 것이 아니라 오히려 더욱 꾸준히 지속되었던 것으로 보인다.

선조가 임진왜란의 참담한 상황을 극복하기 위해 부심할 때 왕실 인사 중에 경안령慶安令 이요李瑤라는 사람이 있었다. 이요는 서경덕과 이황의 제자인 남언경南彦經으로부터 학문적인 영향을 받은 이로 붕당 사태에 대하여 개탄하며 왕에게 몇 차례 상소를 올린 바 있었다. 이 상소문이 붕당의 정치 논리를 심학적 관점에서 비판했는지라 선조도 자연스럽게 기억 속의 양명학을 되살려내게 되었다. 왕은 임진왜란 중에 전시 정국을 성공적으로 이끈 최측근 신하인 유성룡에게 이요와 양명학에 대해 자문을 구했다. 선조는 짐짓 "양명이 말한 양지良知를 이룬다는 것은 어떤 것인가?"라고 물었지만 유성룡은 "그 말은 거짓입니다"라며 단칼에 끊었고 "배우면 오히려 해로울 뿐입니다"라고 답했다. 그러자 선조는 "양명학을 하는 것이 전혀 배우지 않는 것보다 나을 것"이라며 못내 아쉬움을 표했다.[10]

조선의 사상계는 이처럼 후기로 갈수록 교리화되고 배척적인 측면이 강해졌다. 소위 플라톤주의자(항상 진리의 문제만을 사고하는 사람)로 변한 그들은 오직 리만이 올바른 판단을 할 수 있고, 지각이나 마음

같은 것은 주관주의일 뿐이라고 격하했다. 그런 식의 앎은 내부의 기준이 없고 한마디로 변심할 수 있는 즉자적 앎에 불과하다고 비판했다. 하지만 그러한 논리가 점점 그 체계를 갖춰갈수록 유학적 공부는 도덕적 앎에 국한되기 시작했다. 도덕적으로 옳고 그름을 따지는 것만이 진정한 앎이라는 그들의 주장은 참고 듣기가 힘들었다. 그래서 양명학의 거두 하곡 정제두는 그들을 피해 결국 강화도로 가서 은신했고, 그의 주변으로 뜻있는 선비들이 모여 강화학파를 이루었으며, 이것이 조선후기 실학의 한 지류를 이루게 된다. 도덕규범의 보편성을 확보하는 것은 앎을 즐기려는 태도가 아니라 앎을 관장하려는 태도다. 양명학을 가까이 두고 연구한 조선중기의 대문장가 장유는 이런 말을 남겼다.

"나를 노려보면서 틈만 나면 저격하려고 한다."

즐거운 학문이 어떻게 질식사했는지 이 말처럼 잘 보여주는 것은 없을 것이다.

조선시대의 추천 도서 목록은 어땠을까

홍석주와 이율곡의 권서 논리 비교

책에 세상의 모든 지혜가 들어 있다고 믿었던 조선의 선비들은 후학들을 위해 독서 경영론을 펴기도 했다. 마구잡이로 읽지 말고 체계적으로 지식을 쌓아나가길 바라는 마음에서 추천 도서 목록과 해설집을 만들기도 했다. 그 예를 19세기를 대표하는 학자요 문장가이면서 좌의정까지 역임한 연천淵泉 홍석주洪奭周(1774~1842)가 지은 『홍씨독서록洪氏讀書錄』에서 찾아볼 수 있다.

알짜배기 양서 472종 담은 추천 도서 해제집

홍석주와 그의 동생들 즉 홍길주洪吉周(1786~1841)와 홍현주洪顯周(1793~1865)는 모두 당대의 뛰어난 문재文才였다. 홍석주는 서른일곱 살이 되던 해 그동안 읽었던 전적 472종, 1만6000권에 대한 도서 해제 목록을 책으로 엮어 『홍씨독서록』을 편찬했다. 이 책은 박학다식했던 그의 독서력과 함께 당대 지식인의 도서 분류 체계나 목록 기입법, 개별 도서에 대한 구체적 서지 사항과 특징을 엿볼 수 있는 도서 안내서다.

이 책의 찬술은 홍석주의 애틋한 동생 사랑에서 비롯됐다. 그는 큰 동생 길주와는 열두 살, 작은 동생 현주와는 열아홉 살 차이가 난다. 당시로는 아버지와 아들뻘 되는 나이 차다.

그래서였을까? 『홍씨독서록』 서문에는 연천 자신이 여섯 살 때 독서를 알게 된 후 삼십여 년 동안 박학博學과 다문多聞에만 뜻을 두었을 뿐 요령 없이 읽어 뒤늦게 후회한다고 했다. 또한 동생 길주가 자만심이 지나쳐 중도에 학문을 그칠까 염려돼, 형이 읽었던 책의 장단점을 일목요연하게 정리해서 제공하게 되었다고 밝히고 있다.[1]

연천은 동생 길주의 글에 대해 "문장을 짓는 것이 거침없고 끝이 없다"고 하여 칭찬하는 듯 경계하는 뜻을 나타냈다. 마구잡이 독서의 결과로 나타날 수 있는 교만함과 허무함을 경계하고 높은 학문에 뜻을 두기를 바라는 심정이 배어 있다. 이 무렵 홍길주의 나이가 이십대 중반이었는데 저서의 분량이 엄청났다. 『수여방필睡餘放筆』 『수여연필睡餘演筆』 『수여난필睡餘瀾筆』 『수여난필속睡餘瀾筆續』 4부작 비망록을 비롯해 『현수갑고峴首甲藁』

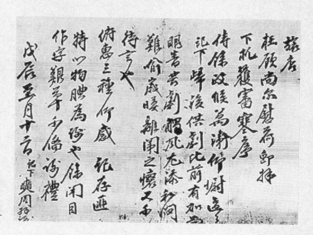

홍석주의 필적.

홍길주의 시문집인 『표롱을참表韇乙懺』(왼쪽)과 서둔수양棲遯修養 및 유희오락에 대하여 독창적으로 서술한 『숙수념』.

『표롱을참縹韇乙懺』『항해병함沆瀣丙函』 같은 방대한 문집을 펴냈다. 뿐만 아니라 난해하기로 유명한 『숙수념孰遂念』이라든가 독서에 관한 저술인 『서림일위書林日緯』 등에 실린 글들에는 생기 넘치는 사유세계와 천재성이 그대로 드러나 있다.

유가 경전 중심의 독서 방식 지양

연천이 책 제목에 '홍씨洪氏'를 노골적으로 드러낸 것은, 단지 동생 길주만을 위한 목적에서 편찬했다기보다 홍씨 집안의 후학들을 염두에 뒀기 때문이다. 경사자집經史子集의 분류 체계에 의거해 책을 나누고 각각의 책에 대한 서지 사항을 밝히고 해제를 썼는데, 그중에 특별히 자부子部 설가說家편에다 '소설가小說家'라는 항목을 설정하고, 자신의 소설관을 피력해

네 편의 중국 소설 『목천자전穆天子傳』『오월춘추吳越春秋』『세설신어世說新語』『하씨어림何氏語林』에 대한 해제를 곁들여놓은 것이 이채롭다. 그는 기본적으로 "소설이란 것이 음란한 말과 저속한 언어로 심지를 방탕케 하고 염치를 잊게 하는 면이 있지만, 부득이 그 존재를 인정하지 않을 수 없다"[2]고 하며 소설의 가치를 인정하는 선상에서 하나씩 비평을 가했다. 여기서 19세기 소설의 위상이 이전과 사뭇 달라져 있음을 엿볼 수 있다.

홍석주의 의도는 어쩌면 꽉 막혀 보일 정도로 잘 짜인 사림의 권장도서 목록의 매너리즘을 깨는 데 있었는지도 모른다.

이이의 『격몽요결擊蒙要訣』(1577)과 비교해보면 두 책의 차이가 확연하게 드러난다. 『격몽요결』은 이이가 국왕의 학문을 위해 저술한 『성학집요聖學輯要』, 관학 교육을 위해 저술한 『학교모범學校模範』에 이어 학문 초입자들을 위해 쓴 독서 가이드북이다. 홍석주의 책이 가문 내외에서 알음알음 퍼졌던 것에 비해 이이의 『격몽요결』은 국가가 널리 반포한 것으로 애초에 그 영향력은 비교 대상이 되지 못한다.

이 책의 4장은 '독서'를 다루고 있다. 여기서 이이는 독서가 도에 들어가기 위한 궁리의 전제라며, 단정한 자세로 깊이 정독할 것을 가르치고 독서의 순서를 제시했다. 먼저 『소학』을 읽어 부모·형·임금·어른·스승·친우와의 도리를, 『대학』을 읽어 이치를 탐구하고 마음을 바로 하며 자기를 수양하고 남을 다스리는 도를 얻기를, 『논어』를 읽어 인을 구함으로써 자기를 위하고 본원이 되는 바를 함양할 것을, 『맹자』를 읽어 의와 이익을 밝게 분별하여 인욕을 막고 천리를 보존할 것을, 『중용』을 읽어 성정의 덕이 미루어 극진하게 하는 공력과 바른 자리에 길러내는 오묘함을 터득할 것을, 『시경』을 읽어 성정의 그릇됨과 올바름 및 선악에 대한 드러

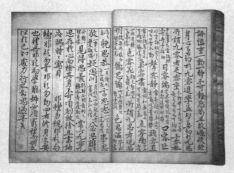

이이의 『격몽요결』.

냄과 경계함을, 『예경』을 읽어 하늘의 도를 이치에 따라 적절하게 드러내는 것과 사람이 지켜야 할 법칙의 정해진 제도를, 『서경』을 읽어 중국 고대의 요순과 우왕·탕왕·문왕이 천하를 다스린 큰 줄기와 법을, 『역경』을 읽어 길흉·존망·진퇴·소장消長의 조짐을, 『춘추』를 읽어 성인이 선을 상주고 악을 벌하며 어떤 것은 누르고 어떤 것은 높여 뜻대로 다루는 글과 뜻을 체득하여 실천하라고 했다. 위의 책들을 반복 숙독한 다음에 『근사록』 『가례』 『이정전서二程全書』 『주자대전』 『주자어류』와 기타 성리서를 읽어 의리를 몸에 익히고, 여력이 있으면 역사서를 읽어 식견을 키우되 이단과 잡류의 책은 읽지 못하게 했다.

"장자는 비록 방자하지만 문장은 역대 최고"

이에 비해 홍석주의 권장 목록에는 유가儒家 서적을 비롯한 의학, 군사, 천문, 법가, 불교 서적이 총망라돼 있다.

『동관권기東觀卷記』 『경연일기經筵日記』 등 야사 15종, 『역대명신주의』

『동현주의東賢奏議』등 패사稗史 22종, 『통전通典』 『동국문헌비고東國文獻備考』등 각종 지지誌 25종, 『제민요술濟民要術』등 농서 7종, 『황제소문黃帝素問』 『동의보감東醫寶鑑』등 의서 21종, 『악기경握奇經』등 병서 9종이 그것이다. 비록 유교 관련서가 맨 앞에 나오지만 의학 관련 저술이 21종이나 된다는 점, 농서와 병서도 10종에 육박한다는 점에서 실사구시의 실학자 도서 목록이라 할 만하다.

그 외에 고조선부터 고려시대까지의 역사를 다룬 안정복의 『동사강목東史綱目』에 대해 "아직 간행은 되지 못했으나 우리나라 역사책 중에 가장 훌륭한 책"이라고 높게 평가한 반면 『삼국유사』는 거론조차 하지 않은 점이 눈에 띄고, 『동의보감』을 "중국에서도 배우는 책"이라며 격찬한 점도 두드러진 시각이다. 노자와 장자에 대해서는 비판적인 논평을 달아놓았지만, 수용의 입장이지 배척은 아니다. 홍석주는 장자에 대해 "노자는 비록 허무를 숭상했으나 처음부터 큰 소리로 선왕의 도를 꾸짖지 않았는데 장자에 이른 후에는 멋대로 날뛰고 방자하게 언동하는 폐단이 극에 달하였다"고 하면서도, 그 문장과 조리 있는 논설만큼은 "선진 이래 가장 뛰어나다"고 평가했다.

물론 율곡 또한 불가와 도가에 대해 무조건 배척한 것은 아니다. 하지만 넓게 보는 인문학자의 시각을 키워주려는 태도는 홍석주 시대에나 와서야 가능했다.

『홍씨독서록』.

95

유학자들은 왜 '귀신'을 연구했나

_ 성리학의 귀신 논의를 해체시킨 정약용의 『**중용강의**』

유학자들은 왜 '귀신'을 연구했나
성리학의 귀신 논의를 해체시킨 정약용의 『중용강의』

조선왕조실록을 보면 왕과 신하가 귀신 문제로 옥신각신하는 장면이 자주 포착된다. 선조 6년(1576)에 궁중의 조강朝講에서 벌어진 사건이 하나의 예다. 당시 선조와 신하들은 아침 조회를 마친 후 『서경書經』을 읽고 있었다. 그때 『서경』의 소고召誥편에 "하늘에 있는 사람의 정신이 하늘과 하나가 되었다"는 말이 나왔다. 이 고도로 농축된 상징적인 표현 앞에서 생각의 끈을 놓쳐버린 선조가 낭랑하게 글을 읽고 있는 영사領事 박순朴淳을 제지하고 다음과 같이 질문했다.

"이것은 무슨 말인가? 이 말은 불교의 윤회輪回와 어떻게 다른가. 모름지기 명백하게 말하라."(선조 9년 2월 15일)

그러자 박순이 귀신의 이치가 이러이러하다고 대충 요약해서 들려
줬는데, 이것이 그만 논쟁으로 발전하고 말았다. 왕과 신하가 서로 고
전에서 전거를 끌어오면서 말을 주고받았는데 그 과정에서 최누백崔婁
伯의 죽은 아버지가 나타나 시를 읊은 이야기, 목상木像이 눈물을 흘린
이야기, 한겨울 대나무밭에 가서 울자 죽순竹筍이 돋아난 기이한 일들
이 언급되었다. 이때 김우옹金宇顒이 왕을 말리고 나섰다.

"귀신의 이치는 지극히 미묘한 것이어서 리理에 밝고 의義에 정통하지 않
고서는 명백하게 말하기가 쉽지 않습니다. 경전에서 이런 대목을 만날 경
우 평실平實하게 보아나가다보면 점차 이해가 투철해져 깨닫게 되는 것이
라고 여겨집니다. 만약 너무 깊게 따져가면서 본다면 괴이怪異한 병통이
생기게 될까 우려됩니다."

선조는 이러한 유학자들의 태도가 예전부터 못마땅했는지 따지듯이
다시 물었다.

"독서를 할 때 문자의 뜻을 이해하지 못한 것이 없어야만 알기 어려운 의
리를 찾아낼 수 있는 것이다. 따지지 않고 건성으로 보아 넘기는 것이 학
자들의 병통인 것이다."

그러자 김우옹이 길게 변명하면서 아뢰었다.

"이해하자는 것이 부당하다는 뜻이 아니라 먼저 평이한 것부터 알고 점차 정미精微한 데로 들어가야 한다는 것이니, 배울 때 등급을 뛰어넘지 않아야 한다는 뜻으로 말씀드린 것입니다. 또한 학문은 의리를 밝혀 그것을 실행하려는 데 의의가 있는 것입니다. 그렇지 않고 문자의 뜻만 깨달아 아는 것이라면 경서를 통째로 왼들 이것이 무슨 이익이 있겠습니까? 군주는 모름지기 공부해야 할 것을 알아야 하는 것인데 '빨리 덕을 공경하라'는 것이 그 요점인 것입니다."

왕께서는 아직 공부가 설익었으니 어려운 걸 한 번에 이해하려 하지 말고 계속 반복해서 보다보면 어느 날 깨칠 때가 온다는 얘기였다. 말은 비단이다. 못마땅한 선조가 "경敬은 지금의 노유老儒들이 늘 하는 이야기다"라고 퉁을 놓자, 우옹도 지지 않고 "늘 하는 이야기 외에 다른 방법이 없는 것입니다"라고 맞받아쳤다.

성리학, 귀신 현상에 무능함을 드러내다

왕과 신하가 서로 얼굴을 붉히게 만든 귀신 이야기는 조선시대의 도처에서 넘쳐났다. 중국 전기문학에 등장하는 요괴 이야기나 죽은 혼령과의 남녀간 사랑 이야기, 지괴담志怪談 등이 김시습의 『금오신화』나 전기소설 그리고 각종 원귀설화, 시애설화, 명혼설화 등에서 심심치 않게

무녀. 무당이라고도 하며, 원래는 귀신의 요구에 따라 재물을 바치고 춤과 노래로 귀신을 위로하여 퇴치하는 것을 업으로 삼았다. 조선시대 무당은 한 마을의 생사고락을 예견하고 진단하고 치유하는 하나의 살아 있는 제도로 운영되었다.

등장하기도 한다. 그 시기에는 왜 이렇게 귀신 이야기가 많았을까.

근대 이전의 세계는 지금보다 여백이 많았다. 사람과 자연 사이에 빈 공간이 많아서 멀찍이 있어도 항상 직접 대면하는 것과 마찬가지였다. 지금은 인간과 자연이 격리되어 있다. 간혹 자연과 어울리더라도 토막 난 자연을 체험함으로써 갖게 되는 여운은 인간의 몸에 뿌리내리지 못하고 흩어진다. 근대 이전에는 빛보다는 어둠이 많았다. 지금보다 훨씬 넓은 공간에 내린 어둠. 그 어둠 속에서 낮에 보였던 것들이 없어지고 눈에 보이지 않는 것들의 기운이 되살아났다. 이것이 조선의 자연이었고, 조선시대 사람들이 체험하는 바깥세계의 일상적인 모습이었다.

귀신은 조선 사람들과 한 몸으로 살고 있는 존재였다. 무속이 번성하는 것을 아무도 막지 못한 이유는 귀신의 존재감이 매우 강했기 때문이다. 조상신에게 제사를 지내는 풍습이 예교의 으뜸으로 자리한 것도 귀신에 대한 확고한 사회적 믿음이 있었기에 가능했다.

눈에 보이지 않는 것을 철학을 통해 설명해온 것은 동양적 사유가 서양적 사유와 구별되는 지점임이 분명하지만, 순수하게 자발적인 앎의 욕구가 작동된 것은 아니었다. 서양은 일찍이 종교가 발달해 귀신의 존재를 종교가 껴안고 유일신으로 수렴해나갔다. 이에 비해 조선에서는 불교가 배척되고 현세적인 성리학이 삶과 죽음을 모두 관장하고 있었다. 특히 유령에게 음식을 올리는 제사 문화가 큰 자리를 차지하고 있었기 때문에 유령과 사람이 어떻게 교감하고 영향을 주고받는지의 문제를 설명할 필요성이 생겨났다.

성리학은 '리理'를 숭배하는 종교다. 허나 귀신은 공자나 주자, 『주역』이나 『중용』 등에서 기氣에 속하는 움직임으로 풀이되고 있었다. 말하자면 본질적으로 추구할 만한 것은 아니라는 얘기다. 유령을 인정하면서도 그것을 삶 속에 깊숙이 끌어들이지 않는 것, 그저 애매모호한 기의 움직임의 상태로 놓아두는 것, 이것이 귀신에 대한 유학자들의 일반적인 태도였다.

성리학자들은 이 귀신 때문에 골머리를 톡톡히 앓았다. 눈에 보이지 않고 감각되지 않는 것이기 때문에 예를 들어 설명할 수 없으니 추상적 이론으로만 승부를 봐야 했고, 그러다보니 논의가 복잡해지고 어려워졌다. 설령 현실에서 목격된 귀신 현상이 있더라도 그저 아득한 뜬소문으로 여겼지, 이론 속에 받아들이지는 않았다. 조선의 귀신학은 경전의 자구를 좇는 철저한 고증학의 방향으로 전개되었다.

귀신에 대해서 학자들은 저마다 한마디씩을 했다. 정도전, 김시습, 남효온, 서경덕, 서거정, 이익, 정약용 등이 대표적이다. 따로 저술을 하지는 않았지만 개인 문집에 「귀신론」 「생사귀신책」 「귀신사생론」 등의 철학적 에세이를 수록하는 경우가 많았다. 가장 일찍 본격적인 귀신론을 남긴 이는 15세기 후반기를 살았던 남효온南孝溫(1454~1492)이다. 그는 『추강집秋江集』에 실린 글에서 "기가 모이면 사람이요, 흩어지면 귀신이다"라고 말하고 있다. 이것은 당대 통용되던 귀신에 대한 일반론이라 할 수 있다. 사람이 죽으면 기가 흩어져서 귀신이 된다는

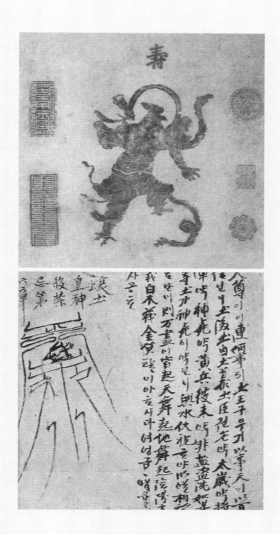

조선시대에는 병이 들면 이를 방지하기 위해 대문이나 문지
방 등에 부적을 붙여놓았다. 부적의 형태에는 동물이나 글씨
등 여러 형태가 있다. 병이 번지는 이유가 귀신이 날뛰는 탓
이라고 여겼기 때문이다.

것이다. 물론 귀신은 사람에게만 해당되는 개념은 아니었다. 선조들은 우리 주변에 흩어져서 존재하는 무수한 기의 흐름이 있다고 믿었다. 천신天神은 하늘의 기이며, 지신地神은 땅의 기다. 오곡을 주관하는 곡신穀神은 쌀과 보리의 신령스러운 기운인 셈이다.

성리학자들은 이런 바르고 정상적인 귀신 말고 요사妖邪와 여귀厲鬼에 대해서도 의견을 표명했다. 아니 합리적인 설명을 제시해야 했다. 요귀가 가장 많이 거론되는 경우는 죽은 사람이 산 사람을 해코지하는 경우다. 남효온은 이에 대해 "사람은 죽어 무無로 돌아가는 것이 맞지만, 갑작스럽게 비명에 쓰러지면 혼백이 순조롭게 흩어지지 못하고 죽는 순간의 마음 그 상태로 머물러 요사한 일을 일으킨다"고 설명했다.[1]

요귀에 대해서는 귀신에 일가견이 있었던 문종의 다음과 같은 일화도 소개할 만하다. 1451년 문종은 승지를 은밀히 불러서 지난밤에 직접 작성한 글을 읽어주었다. 당시 조선 황해도 일대에서는 전염병이 번져서 사람들이 죽어나가고 있었다. 문종은 이것이 귀신이 날뛰는 탓이라고 여겼다.

"생각하건대 무릇 산악山嶽이란 하나의 많이 모아진 흙더미이지만 산악을 이루면 곧 신神이 있게 되고, 한 모금의 물(勺水)도 강과 바다를 이루면 또한 신이 있게 마련이다. 그렇기 때문에 귀신은 모든 물체에 기탁하며 떼어놓을 수 없다. 물체가 있으면 반드시 신이 있다. 그렇기에 물체가 크면 신도 크고, 물체가 존귀하면 신도 존귀하며, 물체가 선하면 신도 선하고, 물체가 악하면 신도 악한 법인데, 이제 이른바 악병이란 물건이 살인을 이미 많이 하고도 또 천 리에 만연하니 이 어찌 귀신이 없겠는가? 만약 전장에서 죽은 원혼들 때문이라고 한다면 반드시 그렇다고 하기 어려우나, 이것이 여귀의 소행이라고 한다면 의심할 여지가 없다. 그렇기 때문에 사람을 보내어 여귀에 제사하는 것도 유익함이 없지 않으리라고 생각한다. 대개 훌륭한 의사가 병을 치료할 때는 환자의 마음부터 다스리는 것을 우선으로 삼는다. 무릇 인심은 곧 천지의 마음이다. 천지의 마음은 실상 조화의 근원인 것이다. 그러한 까닭에 인심이 기쁘면 천지의 마음도 기쁘고, 천지의 마음이 기쁘면 여기癘氣가 자연 해산되고 화기가 돌게 된다. 지금 불법佛法이 사람들의 이목에 깊숙이 들어가 마치 취한 것같이 되어 있어 수륙재水陸齋의 설시가 그곳 인심을 반드시 기쁘게 하고 편케 할 것이다."(문종 1년 9월 5일)

문종과 마찬가지로 남효온을 비롯한 성리학자들도 무슨 일이 있을 때 무당에게 점을 보는 것을 당연한 일로 여겼다. 다만 남효온은 청하는 내용이 진실될 경우에만 신이 답을 내린다고 믿었다. 이처럼 무격巫覡 · 복서卜筮 · 풍수風水에 대한 성리학의 태도는 열려 있었다. 조선후기의 양반 이준李濬(1686~1740)의 『도재일기導哉日記』를 보면 집 안에 승려들이 와서 하루 종일 염불을 외는 바람에 뒷방 마루에 피신해 유교 경전을 읽었다는 구절이 눈에 들어온다.[2] 이론에서는 성리학 우위였지만 실제 생활에서는 유불선이 회통하던 것이 조선의 실상이었다.

리기 논쟁, 그리고 귀신의 딜레마

남효온 이후로 귀신에 대한 논의는 이것이 기氣에 속하느냐 리理에 속하느냐의 문제로 협소화되었다. 화담花潭 서경덕徐敬德은 『화담집』에 실린 「귀신사생론」이라는 글에서 기의 영원성을 주장했다. 인간과 귀신은 하나는 삶에 속하고 하나는 죽음에 속하지만 이 둘은 별개가 아니라 하나로 이어져 있고, 그것을 가능하게 하는 것은 사람이 죽고도 그 기가 흩어지지 않고 계속 남아 있기 때문이라고 주장했다. 서경덕은 기 속에 리가 포함된다고 본 기일원론자의 대표 주자였다. 그는 자신의 이론이 "변화하는 것 속에 변화하지 않는 것이 엄존한다"는 정호程顥와 주희朱熹의 가르침을 가장 잘 소화한 것이라고 자부했다. 그러나 이 이론은 극단적으로 해석할 경우 삶과 죽음의 의미가 무의미해지는 이른바 도 닦는 소리가 되기 쉬웠다. 서경덕의 귀신론은 곧바로 퇴계 이황에 의해 반박당했다.

이황은 기와 리를 엄격하게 구분하고, 기의 활동을 절대 진리인 리에 종속시키는 이론을 발전시켜왔기 때문에 당연히 서경덕에 비판적일 수밖에 없었다. 그는 화담의 설이 불가의 윤회설과 다르지 않다고 공박했다. 퇴계의 경우 사람이 죽어 귀신이 되지만 그 기운은 곧 흩어져 소멸하는 것이기 때문에 굳이 그것에 집착하고 연구할 필요가 없다는 입장이었다. 따라서 귀신에 대한 퇴계의 입장은 하나의 독립된 글로 발표된 바가 없고, 대부분 제자가 묻는 것에 답변하는 편지 속에나

조선시대 승려들의 모습. 귀신을 물리치거나 집안에 든 우환을 쫓아내는 데 승려의 힘을 빌리기도
했다.

드러날 뿐이었다.

하지만 여기서 조선사회가 겪었던 '귀신의 딜레마'가 시작된다. 그 딜레마란 이런 것이다. 귀신이라는 존재가 화담의 경우에서 보듯 너무 강조되면 자칫 불교의 윤회설로 흐를 수 있고, 그렇다고 단순히 소멸되는 기운氣運으로만 치부하면 매일 제사 지내는 조상님들이나 천지신명님들의 지위가 불안해지는 것이다. 이 엄연한 논리적인 허점을 방어하기 위해서 "귀신의 기는 본질적으로 흩어지는 게 맞지만 제사 지낼 때는 후손들의 성심으로 인해 일시적으로 기가 다시 모인다"는 식으로 설명해봤자 더 궁색해질 따름이다. 그렇다고 제사를 작파할 수도 없으니 이황 이후의 성리학자들은 이에 대한 나름의 대안을 모색하게 되었다.

그런데 대안이라고 나온 게 비슷한 논리다. 그것은 귀신에게는 기적인 측면만이 아니라 리의 측면도 함께 존재한다는 주장이다. 조선후기의 학자 임성주任聖周(1711~1788)는 귀신은 변하고 움직이는 것이기 때문에 형이하학적 존재이고 기에 속하지만, 그러한 물질적 활동을 불러일으킨 자연적 원리를 배후에 지니기 때문에 그 원리를 리라고 불러도 무방하다고 주장했다. 결국 기는 그릇이고 리는 내용이라는 결론인 셈인데, 대다수의 학자들이 이와 유사한 입장을 보였다.

이 와중에 모든 논의의 틀을 깨고 가장 독자적이면서도 개성적인 귀신론을 펼친 사람이 있었으니, 다방면으로 뛰어난 업적을 남긴 다산 정약용이다. 그는 멀게는 장자와 주자로부터 가깝게는 이황과 이이에게까지 동일하게 이어져온 귀신론의 틀을 완전히 부정하면서 전혀 새로운 논의를 보여주고 있다. 이러한 그의 귀신론이 담긴 저서가 저 유명한 『중용강의中庸講義』다. 정약용이 앞선 이들과 어떤 점에서 얼마나 다른지 이해하기 위해서는 성리학이라는 철학 체계의 가장 기본적인 원리를 먼저 이해할 필요가 있다.

다산의 상제론, '귀신을 두려워하라'

유학은 크게 우주의 근원적인 존재와 만물의 생성 과정을 탐구하는 본체론本體論과 인간의 심성과 정신 작용, 도덕적 실천 문제를 다루는 인성론人性論으로 구분된다. 태극도를 붙들고 씨름하는 것은 본체론을 탐구하자는 것이고, 『근사록』을 아침에 눈 뜨거나 저녁에 발 씻고 들어가 정자세로 들여다보는 것은 인성론에 대한 탐구의 일환이다. 반면 귀신론이란 이 둘 중 어디에도 속하지 않는다. 그것은 존재의 본질에 관한 논의도 아니고 인간에 대한 논의도 아니다. 삶과 죽음, 보이는 것과 보이지 않는 것의 경계에 놓이는 것을 탐구하는 이론이다. 따라서 귀신론은 사람과 귀신, 현세와 내세에 놓인 침묵을 깨우고 없애는 가교적인 역할을 하도록 되어 있다. 성리학자들은 귀신 개념을 본체(죽음이라는 절대적인 사실)와 현상(사람이 죽고 제사를 지내는 행위) 간의 관계를 설명하는 도구로 썼던 것이다. 정약용이 비판하고 부정한 것은 바로 이런 식으로 사유하는 방법 그 자체였다. 정약용의 귀신론은 그만큼 급진적인 이론이었다.

정약용은 귀신이라는 개념을 어떻게 이해했을까. 그는 이것을 인간의 도덕성을 지켜줄 최후의 보루로 선택했다.[3] 19세기 초반 조선의 선비들은 끝도 없이 타락해갔다. 말로는 도를 논하면서도 뒤에서는 가렴주구苛斂誅求하기에 정신이 없었다. 앞으로 청렴해야 뒤로 더 많이 챙길 수 있다고 믿는 사람도 있었다. 이를 지켜본 정약용은 "죽을 때까지 남을 속여도 세상에서 명성을 잃지 않고, 제멋대로 악을 행해도 후세의 우러름을 받는 경우가 이 세상에는 너무나 많다"라고 탄식한다.[4] 성리학에서는 인간 내면에 본래부터 인의예지와 같은 도덕 원리가 있어서 그것의 자발적인 발현으로 도덕이 실현된다고 했지만, 정약용은 이를 믿지 않았다. 그는 주변의 그악스럽게 살아가는 사람들을 투명한 눈으로 관찰했다. 정약용이 사람들의 삶을 얼마나 세밀하고 정확하게 관찰했는지는 엄청난 분량으로 남겨진 그의 시문선을 살펴보면 알 수 있다.

당대 최고의 리얼리스트인 다산은 성선설과 성악설을 모두 수용해 인간은 도덕적으로 올바르게 행동하려는 본능과 함께 아무 곳에서나 누워서 자고 마음먹은 대로 하고 싶어하는 생리적인 특성을 함께 가지고 태어났다고 여겼다. 바르게 살려면 이 생리 특성을 절제하고 도덕적 성향을 잘 계발해야 하는데 법과 윤리로는 한계가 있다는 게 다산의 생각이었다. 아무도 보지 않는 곳에서 벌어지는 온갖 나쁜 생각과 행동들이 문제였다. 그리하여 다산은 항상 인간의 옆에 붙어서 '도덕의 감시자' 역할을 해줄 무언가를 찾게 되었고, 그 존재를 바로 귀신이라고 규정했다. 이것이 바로 다산의 유명한 '상제上帝' 이론이다. 인간 도덕의 근원은 원래 내재하는 것이 아니라 보이지 않는 상제가 끊임없이 감시하고 다그침으로써 유지될 수 있다는 독특한 수양론인 것이다.

다산은 "마치 무덤 옆을 지나가는 사람이 도깨비가 있음을 두려워하듯, 방 안에 서책을 펴고 앉은 선비도 그를 지켜보는 초월적인 상제를 느끼고 몸가짐을 바르게 해야 한다"고 주장했다. 사람들이 두려워했던 초현실적인 존재, 즉 귀신과 같은 존재를 도덕의 감시자로 상정할 경우 사람들이 그것에 대한 두려움으로 도덕에서 이탈하지 않을 수 있으리라는 것이 바로 정약용의 귀신론에 깔린 의도인 것이다.[5]

지금 이 자리에서 성리학자들과 그들을 비판한 정약용의 귀신론을 두고 어느 것이 맞다 그르다 논할 필요는 없을 것이다. 다만 분명한 것은 본체와 현상의 관계를 규명하려던 성리학자들의 논변이 갈수록 추상화되고 모호해진 것과는 달리, 정약용의 논의는 비교적 뚜렷한 현실적인 목적하에 귀신에 대한 이론을 펼쳤기 때문에 알아듣기도 쉬울뿐더러 호감을 준다는 점이다. 그것은 단지 정약용의 투철한 현실 논리 때문일까. 물론 그런 이유도 있겠지만 더욱 근본적으로는 정약용이 귀신의 문제를 리와 기로 앞뒤가 꽉 막힌 철학 체계에서 끄집어내고 종교적인 영역으로 옮겨서 논의했기 때문일 것이다.

일찍이 천주교의 세례를 받은 바 있었던 정약용은 표면적으로는 그

초의선사가 그린 다산 정약용의 초상. 초의선사는 전남 무안군 출생으로 16세에 나주 운
흥사에서 출가, 해남 대흥사에서 주석했다. 강진에서 유배생활을 하고 있던 다산에게 다
도茶道를 알려주었으며 유학과 시학을 배우며 두터운 교분을 쌓았다.

영향을 감추고 있었지만, 절대적인 신과 한시적인 인간이라는 구도를 변형시켜서 성리학 체계 내로 수용한 것으로 보인다. 철학이 해결할 수 없는 것은 종교가 해결해줘야 철학이 스스로 할 수 있고 현실에도 도움이 될 만한 주제들을 찾아 나설 것이라는 생각을 정약용은 분명 가졌을 것이다. 이 모든 논의가 담긴 『중용강의』는 비록 평범한 제목을 달고 있긴 하지만, 조선 유학이 처한 딜레마의 한 측면을 정확히 가격한 의미 있는 철학적 음성을 낸 저작이었다.

사무라이에 대한 공포가 | 탄생시킨 | 병법서들

_ 『무예제보』에서 『연병지남』까지

사무라이에 대한 공포가 탄생시킨 병법서들

『무예제보』에서 『연병지남』까지

실사구시의 정신을 임진왜란 이후 조선사회에 적용시켜보자. 무엇이
먼저 떠오르는가. 조선은 왜구가 쳐들어오자마자 전 국토가 유린당했
다. 짧은 칼을 들고 적진에 침투해 백병전을 벌이는 왜병의 무예를 조
선의 군사들은 전혀 감당하지 못했다. 조선은 기병 중심의 전술을 고
수해왔다. 적을 만나면 화차火車 사격을 퍼붓고 수많은 기병이 말을 달
리면서 활을 당겼으며, 초반의 공격으로 적병이 흩어져 퇴각하면 이를
쫓아가서 15척 길이의 긴 창을 이용해 공격하는 것이 일반적이었다.
남방에 출몰하는 소규모의 왜구를 다스리기에는 꽤 적합한 전술 체계
였다.

하지만 1592년(선조 25) 바다를 건너온 일본의 군함단에는 16세기
중반 포르투갈로부터 입수한 신형 화승총인 조총이 무장되어 있었다.

충을 쏘고 달려드는 일본 앞에서 조선의 화포는 한없이 무기력했다. 화력이 밀리자 조선의 진영이 먼저 흩어졌고 이 안을 파고든 전통 사무라이의 칼질은 살육의 향연을 벌였다.

우리나라는 활만 쏠 줄 알지 칼과 창은 갖춰두기만 하고 사용할 줄은 모른다. 비록 무과 시험장에서는 창을 쓰지만 그 방도를 상세히 갖추지 못해 칼과 창이 버려진 무기가 된 지 오래다. 그러므로 왜군이 죽기를 각오하고 돌진하면 우리 군사는 칼을 칼집에서 뽑을 겨를도 없이 속수무책으로 적의 칼날에 꺾여버린다. 이 모든 게 창술과 검술이 전하지 않기 때문이다.[1]

선조 때의 성리학자이자 병법학자 한교韓嶠(1556~1627)가 왜병에 속수무책인 조국의 풍전등화와 같은 상황 앞에서 탄식하며 내뱉은 말이다. 그의 말인즉 지푸라기처럼 잘려나가는 허수아비 병사들이 아니라 전쟁에서 적과 맞서 싸울 수 있는 병사들을 제대로 육성하기 위한 병법서兵法書가 필요하다는 것이다.

『기효신서』로 이름을 알리다

한교는 한국사에서 낯선 이름이다. 선조 때부터 인조 때까지 조선 최고의 병법가로 활약한 그는 수많은 병법 관련 저술을 남겼다. 그의 이름이 실록에 처음 등장하는 것은 임진왜란이 발발한 지 2년이 지난 1594년(선조 27)이다. 전쟁 초반 20일 만에 서울을 함락당하고 왕이 평양으로 피란을 떠나는 등 패색이 짙었던 조선은 이순신의 활약으로 해상권을 장악하게 됐다. 왜군이 추가적으로 보급되지 않고, 의병의 봉기 및 명나라의 원군 도착으로 다시 서울을 찾고 상황을 추스르게 됐다. 1593년 행주대첩의 패배로 일본군이 더이상 공격하지 않고 물러나자 선조는 일본의 재침략에 대비해 군사들을 훈련시키기 시작했는데, 문제는 적합한 교재가 없다는 것이었다.

> "습진習陣의 일에 있어서는 정호신鄭虎臣과 이대남李大男은 포수초관砲手哨官, 강혜姜譓와 송안정宋安廷 등은 살수초관殺手哨官으로서 날마다 학습에 임하고 있고, 낭청郎廳 한교는 처음부터 『기효신서紀效新書』에 관한 질문을 맡고 있으며, 신현申晛은 살수 군색殺手軍色이 되어 모두 다 습진하는데 참여하여 성의를 다하고 있습니다."(선조 27년 4월 15일)

위에서 보듯 한교는 당시 『기효신서』에 관한 질문을 맡고 있었다. 『기효신서』는 중국 명나라 장군 척계광戚繼光이 지은 총 18책으로 이뤄진 병서로, 1560년 척계광이 절강현浙江縣 참장參將으로 있을 때 왜구를 소탕하기 위하여 편찬했다. 당시 왜구는 주로 명나라의 해안선을 따라 습지가 많은 절강 지방 등을 노략질했는데 종래 북방 유목민족을 소탕하기 위해 편제된 군제軍制와 무기 및 전술이 적합하지 않았다. 이에 척계광은 명확한 지휘 편제와 연대 책임을 강조하는 속오법束伍法을 채택하고, 조총鳥銃·등패藤牌·낭선狼筅·장창長槍·권법拳法 등 다양한 무기와 전술을 구사하는 것이 특징인 이 책을 편찬한 것이다. 적과 근접한 상태에서 효과적으로 싸우는 기술을 담은 이것을 절강병법이라 불렀는데, 조선은 명나라 원군이 평양성 전투에서 이 병법을 사용해 왜구를 효과적으로 무찌르는 것을 직접 목격한 후 더욱 관심을 갖게 되었다. 『기효신서』는 1593년 9월 25일에 조선 국왕의 명으로 공식적으로 들여오게 되었다.

> "척계광이 지은 『기효신서』를 몇 부 사오게 하라. 그러나 이 책은 자세한 것과 소략한 것이 있으니 되도록이면 왕세정王世貞이 서문을 쓴 것으로 사오게 하라. 또 중국에는 바닷물을 졸여서 염초焰硝를 만드는 법이 있다는데, 그 일행에게 효유하여 그 법을 배워가지고 오는 자에게는 크게 포상한다고 하라. 사인士人일 경우는 당상堂上을 시켜줄 것이다. 이 뜻을 동지사冬至使 허진許晉에게도 파발마를 보내어 하서하도록 하라."(선조 26년 9월 25일)

조선이 얼마나 급하게 재무장을 서둘렀는지 선조의 어투에 그대로 배어 있다. 들여온 『기효신서』는 한눈에 봐도 매우 훌륭했다. 당시 책을 받아본 훈련도감 제조가 아뢰기를 "훈련절목訓鍊節目은 『기효신서』

에 지극히 자세하고도 세밀하게 기재되어 있으니 지금 일체를 그대로 본떠야 합니다. 다만 그 책의 글과 기계器械의 명칭에 알기 어려운 데가 있으니 이번에 중국군이 돌아가기 전에 총민한 사람으로 하여금 다방면으로 따지고 질문하게 하여 환히 의심스러운 데가 없게 된 다음에야 훈련하여 익히게 할 수 있을 것입니다"라고 말할 정도였다.

훈련법 외에도 이 책에는 왜구가 어떤 전술을 구사하는가에 대해 상세히 나와 있다. 1593년 10월 22일 유성룡이 왕에게 "왜적이 용산창龍山倉에 포루를 설치했었는데 대체로 연대烟臺의 제도와 같았고, 또『기효신서』에도 기록되어 있습니다. 성 밖의 둘레에 양마장羊馬墻처럼 담을 쌓되 상부에는 대총통大銃筒의 구멍을 뚫고 하부에는 소총통의 구멍을 뚫는데 천 보步에 하나씩 설치하여 적이 가까이 범해오면 일시에 모두 발사하게 합니다"라고 보고한 것이 그 실례이다.

하지만 조선에서는 이 책을 제대로 읽어낼 수 있는 자가 많지 않았다. 아니 거의 없었다고 해도 과언이 아니다. 그때 나타난 이가 바로 한교였다. 한교는 임진왜란이 일어나자 향병을 모아 일본군에 대항함으로써 여러 차례 전공을 세우고 조정에 이름을 알렸다. 이 의병활동으로 당시 한교는 사재감 참봉에 제수되어 있는 상태였다. 그런데 그가 성리학뿐만 아니라 천문·지리·복서·병학에 두루 능통하다는 얘기를 유성룡에게 전해들은 선조는 급하게 그를 불러 낭청에 임명하고『기효신서』의 해석과 번역을 담당하게 했다. 한교는 이 책에서 의문나는 부분을 명나라 장수에게 물어서 이해했고, 훈련도감 군사들은 훈

『기효신서』에 실린 삽화들로 칼과 창 쓰는 법을 설명하고 있다.(뒤로부터 시계 방향)

-사행세: 똑바로 오는 것을 옆으로 받는 법으로, 편보하며 세찬 기룡보를 하여 왼쪽으로 나아간다.

-선인지로세: 간관하는 법이라. 요보로 똑바로 나아가고, 똑바로 물러나며, 모든 세로 변한다.

-기수세: 조고관하니 횡행 직진하며, 모든 세로 변할 수 있고, 훌쩍 몸을 비켜 피한다.

-곤패세: 이 세는 따라 곤진하는 것으로, 사람의 우측으로 엄습하여 먼저 칼이 나가고 후에 패가 나가니, 빠르기가 바람과 같음이 묘가 되노라.

련을 하다가 궁금한 것이 생기면 한교를 찾아와서 물어보는 식으로 훈련은 진행됐다. 그런 과정을 거쳐 1594년 4월경에 훈련도감은 조총병인 포수砲手 5초와 근접전 전문 군사인 살수殺手 4초로 이뤄진 정예군대로 모습을 갖출 수 있었다.[2]

"어찌 한 세勢라도 버릴 수 있겠습니까"

이 중요한 때에 한교에게 급한 일이 벌어졌다. 부모상을 당한 것이다. 효를 중시한 조선의 예교에 따르면 한교는 당장 업무를 중단하고 고향에 가서 삼년상을 치러야 했다. 하지만 선조는 이를 허락하지 않고 그에게 월급을 올려주며 계속 군대 교육을 맡아달라고 특별히 부탁했다. 의병까지 일으켜 왜구에 맞섰던 한교로서는 이러한 왕의 부탁과 조국의 현실을 모른 체할 수 없었다. 선조는 한교를 훈련도감 계청啓請으로 정식 발령하고 병서 번역 및 편찬 사업을 맡겼는데, 이 과정에서 나온 것이 『기효신서』의 내용을 요약하고 조선의 군대와 지형에 맞게 변형시킨 『기효신서절요紀效新書節要』『무예제보武藝諸譜』『조련도식操鍊圖式』이다. 이중에서 『무예제보』는 우리나라 최초의 무술 서적으로 절강병법을 익히는 데 필요한 곤棍 · 등패藤牌 · 낭선狼筅 · 장창長槍 · 당파鐺鈀 · 검 등 여섯 가지 단병 무기와 무예를 정리하고 있다. 한교는 이 책을 명나라 유격장군 허국위許國威에게 물어가며 1598년(선조 31) 완

〈부산진순절도釜山鎭殉節圖〉, 보물 제391호, 96×145cm, 육군박
물관 소장. 선조 25년(1592) 4월 13~14일 이틀 동안 부산진에서
벌어진 왜군과의 전투 장면을 그린 것이다. 높은 곳에서 전투
장면을 내려다보듯 묘사하였는데, 그림 오른쪽 중간에 부산진
성곽이 배치되어 있고 그 주변을 왜병 및 왜선이 빈틈없이 에워
싼 모습은 아군과 적군의 심한 전력의 격차를 보여준다.

성했다.

주목할 만한 점은 『무예제보』가 정조대에 편찬한 『무예도보통지武藝圖譜通志』의 원형을 이룬다는 점이다.[3] 『무예도보통지』에는 한교가 선조대에 훈련도감에서 일한 경위와 훈련 도중에 그가 내뱉었던 여러 가지 무예에 관한 지식이 실려 있었고, 무엇보다 한교가 명나라 장수 허국위와 나눈 무예 대담인 「기예질의」를 서문으로 싣고 있다. 이를 보면 한교가 『기효신서』를 이해하기 위해 얼마나 간절하게 허국위에게 질문을 던졌는지 잘 알 수 있다. 하지만 안타깝게도 명나라로 돌아갈 날만 손꼽아 기다리던 허국위는 한교를 귀찮게 여기며 "강무講武할 마음이 없다" "하루 이틀 배워서 될 게 아니라 오랜 기간 몸에 쌓여야 한다"는 원론만 되풀이할 뿐이었다. 그래도 한교는 끈질기게 물었다.

한교: "척자戚子척계광가 『기효신서』를 쓸 때 장창에는 24세勢를 두었습니다. 적을 막아서 적을 죽일 때까지 스스로 그칠 수 없는 세이니 하나라도 빠뜨릴 수 없을 듯합니다. 그런데 오늘날 교사가 전하는 것을 보면 다만 12세로, 반이 빠져버린 것은 어째서입니까?"

허국위: 24세는 1세가 변한 것일 따름이고, 미루어본다면 100세에도 이를 수 있으니 어찌 24세에 그치겠는가? 요약하면 나아가고[進] 물러남[退], 굳셈[剛]과 부드러움[柔]인데 1세로도 다할 수 있으니 12세를 잇는 것 또한 많으니라.

한교: "주역의 64괘 또한 1괘가 변한 것일 따름입니다. 성인이 그것을 64

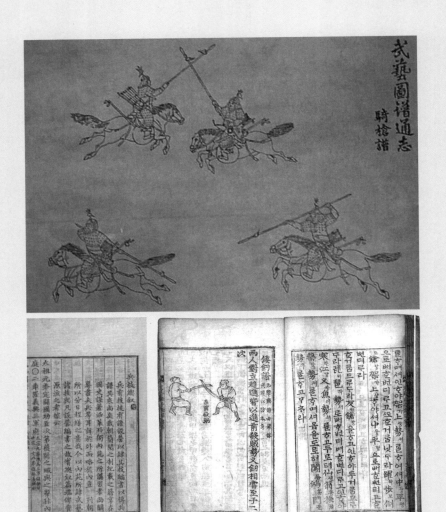

『무예도보통지』와 그 안에 실린 삽화들. 정조가 직접 편찬의 방향을 잡은 후 규장각 검서관 이덕무·박제가와 장용영 장교 백동수白東修 등에게 작업하게 했으며 1790년(정조 14)에 간행되었다. 1598년(선조 31) 한교가 편찬한 『무예제보』와 1759년(영조 35) 간행된 『무예신보』의 내용을 합하고 새로운 훈련 종목을 더한 후 이용에 편리한 체제로 편집하여 간행하였다.

괘로 정했다면 1괘라도 줄일 수는 없는 것입니다. 척자가 역대로 유래된 창세를 모아, 그 가운데 번잡한 것을 깎아내고 24세로 정리한 데에는 그 뜻을 둔 것이 있을 것인데 어찌 쉽게 버릴 수가 있겠습니까? 그런 까닭에 소생小生은 일찍이 교사가 전수하는 12세 이외에 그 나머지 12세도 별보別譜를 만들어 익혔습니다. 그러한 후에야 척자가 정한 창세槍勢를 비로소 빠짐없이 보게 되었습니다. 가르쳐 준 바의 12세도 많다고 하신 것은 알 겠습니다만, 다만 척자가 그린 그림은 분명 24세에 이르렀으니, 이어서 익혀도 무방하지 않을까 싶습니다만, 함부로 추측해서 너무 지리支離하게 한 것은 아닌지 모르겠습니다."

허국위: "지리하지는 않으니라."[4]

즉, 허국위는 한교에게 따로 무예를 가르쳐줄 마음은 없었지만 한교 가 추측하고 궁리하는 방향이나 방법이 잘못되지 않았다는 것을 인정 하고 있었다.

성혼을 이어 박학으로 현실을 직시하다

과연 한교는 어떤 인물이었을까. 그는 본관이 청주로 한명회의 5대 손이다. 직장直長 벼슬을 했던 한수운韓秀雲이 그의 아버지다. 아버지가 서얼 출신이어서 한교는 엘리트 코스를 밟을 수 없었지만, 성리학 이

외에 다양한 서적을 자유롭게 섭렵할 수 있었다. 어려서부터 뛰어난 자질을 드러낸 한교는 율곡 이이와 우계 성혼에게 학문을 배웠다. 1572년부터 율곡과 우계가 사단칠정에 대해 논쟁할 때 그는 성혼을 지지하며 이귀李貴·정엽鄭曄 등과 함께 성혼 문하로 들어가게 된다.

한교는 성혼의 학설을 가장 정통으로 이어받은 제자였다. 율곡의 수제자였던 김장생과 사단칠정에 대한 논쟁을 여러 차례 벌인 사람이 바로 한교라는 점이 이를 증명한다. 임진년에 전쟁이 발발하자 이런 일이 있었다. 왜군이 우후죽순으로 밀려오자 선조가 서쪽으로 피란을 결심하고 이동하기 시작했다. 임금의 거동은 적에게 노출되면 안 되었기에 무척 비밀스럽게 진행되었다. 아침에 도성문을 나와 저녁에 임진강을 지났는데 왕이 이 근방이 우계 성혼이 거처하는 곳이라는 사실을 떠올리고 주변에 물었다. 그런데 당시 왕을 모시던 이는 우계의 반대편에 있던 이홍로李弘老였다. 그가 강 건너 마을을 가리키며 "저것이 우계의 집입니다"라고 고했다. 왕이 "그런데 왜 나와서 배알하지 않는가" 하자 이홍로는 "이때를 당하여 어찌 와서 배알하고 싶겠습니까"라고 했다. 이 문답을 듣고 있던 수라 감관水刺監官 남응시南應時는 이홍로가 거짓을 말하고 있음을 알았다. 성혼의 집은 강 건너 마을이 아니라 그곳에서 무려 20여 리나 떨어져 있었기 때문이다. 남응시는 조용히 듣고 있다가 이 사실을 나중에 한교에게 말해주었다.

한교는 눈물을 머금고 스승이 탄핵당하는 모습을 지켜보았다. 환도한 뒤에 선조가 여러 번 이 일을 거론하며 성혼에 대한 섭섭함을 드러냈던 것이다. 또한 성혼에 대한 임금의 감정이 좋지 않다는 것을 빌미로 유영경柳永慶 등이 없는 죄를 덮어씌우려고 한 적도 있었는데, 당시 영의정이던 유성룡이 극력 저지하여 성혼은 관직만 삭탈당하는 정도에서 화를 면할 수 있었다. 이런 일련의 일들은 임금과 신하의 주종관계를 철저히 지키던 모범적인 성리학자 성혼에게는 큰 상처가 되었다. 성혼은 죽을 때 자식들에게 장례 절차를 지극히 박하게 하라는 유언을 남길 정도였다. 저승에 가서도 임금에 대한 죗값을 치르겠다는 의미였다.

광해군대에 이르러 한교는 서북 지방의 방비 상태를 조사하라는 왕의 명을 받고 떠났다가 돌아와 보고서를 올리며 성혼에 대해 있었던 반대파의 음해와 조작에 대해 통분의 상서를 함께 첨부했다. 길고 긴 한교의 상소문을 모두 읽어본 광해군은 "알겠다. 내가 보니 그 내용이 알 만한데 성혼의 일은 함부로 처리할 수 없는 것이니 대신들과 상의하겠다"라며 소극적으로 대처했다. 이에 대해 사관이 다음과 같이 적고 있다는 것은 당시 한교의 상소가 얼마나 용감한 행위였는지를 잘 보여준다.

"사신은 논한다. 대개 한교는 일찍이 성혼의 문하에서 유학했기 때문에 성혼의 일에 대해 매우 자세히 알고 있었다. 아, 성혼은 세상에 흔하지 않은 명유名儒로 학문에는 연원이 있고 행실은 순정하여 학자들의 존중을 받았다. 그러나 불행히 불우한 때를 만나 살아서는 배운 것을 펴서 이 세상을 윤택하게 하지 못하였고 화망의 더함이 지하에까지 미쳤으니 어찌 마음이 아프지 않겠는가. 한교와 같은 하류는 세상에서 본디 사군자로 대해준 적이 없는 사람이다. 그런데도 이러한 말을 하였는데 묘당과 대각에서는 적적하게 말 한마디 하는 자가 없었다. 말하는 자가 없었을 뿐만 아니라 도리어 떠들어대어 음흉하고 교활한 자들을 돕는 자들이 빈번하게 있었으니, 진실로 분통이 터질 만하다."(광해군 3년 3월 29일)

성리학, 그중에서도 특히 예학에 매우 능통해 『가례보주家禮補註』『홍범연의洪範衍義』『사칠도설변의四七圖說辯義』『소학속편小學續編』『심의고深衣考』등을 저술한 한교는 그 신분이 서얼이어서 양반 중의 하류下流로 분류됐으나, 그 의리와 박학과 현실을 직시하는 눈은 당대의 으뜸에 오는 인물이었음이 분명했다.

임진년에 전쟁이 발발하자 그의 진면목이 제대로 드러나기 시작했다. 오직 경전밖에 몰랐던 그의 친구나 선후배와는 달리 그는 현실에 직접 응용할 수 있는 기본 지식의 범위가 매우 넓었던 것이다. 병서 간행이 끝나자 한교는 곧바로 경기도 광주시 퇴촌退村으로 물러나 부모의 복상을 마쳤다. 국가의 필요에 몸을 바쳐 응하고 뒤늦게나마 부모에 대한 도리를 다한 것이다. 예학을 중시해온 그로서는 뒤늦은 시묘살이가 뼈아픈 경험이었을 것이다.

〈평양성탈환도〉. 임진왜란 때 조선과 명나라의 연합군이 평양성을 탈환하는 장면.

조선의 병서 『연병지남』의 좌절

한교는 복상을 마치고 1600년(선조 33) 벼슬에 복귀했다. 임진왜란이 끝난 직후인 선조 후반에는 새로이 대두하고 있던 여진족의 동향이 심상치 않았다. 임금의 명으로 10여 년 서북 지방을 출입하면서 한교는 이들을 효과적으로 제압하기 위한 새로운 병법의 개발이 절실함을 느꼈다. 근접전을 기반으로 한 절강병법으로는 한계가 있어 보였기 때문이다. 그는 척계광이 저술한 또다른 병서인 『연병실기鍊兵實紀』에 제시된 전차를 이용한 전법에 주목했다.[5] 여진족을 겨냥해 만들어진 병서이기 때문에 효용성이 매우 높다고 판단한 것이다. 1604년 실록에는 훈련도감에서 다음과 같이 아뢴 기록이 나온다.

"경기·충청·전라·경상 4도는 『기효신서』의 법으로 가르치고, 강원·황해·평안·함경 4도는 『연병실기』의 법으로 가르쳐서, 일체 중국에서 남북을 방비하는 제도와 똑같이 하는 것이 또한 마땅하겠기에, 도감이 현재 한교로 하여금 거車·기騎·보步의 조련하는 규목規目을 찬정하도록 하였습니다." (선조 37년 12월 16일)

한교는 도체찰사부 서북교련관으로 있으면서 『연병실기』를 깊이 연구해 조선의 상황에 맞게 변형시킨 『연병지남鍊兵指南』으로 발전시킨다. 이에 따르면 조총, 승자총통, 화전, 대포, 궁시 등을 연달아 발사한 후 전차를 중심으로 적 기병의 돌격을 여러 단병기를 든 보병들이 협동해서 저지하고 후진에 있던 기병이 좌우에서 나와 적군의 측면을 공격한다. 한교의 이 책은 『연병실기』를 단순히 요약하고 모방한 것이 아니었다. 총수와 함께 살수와 궁수를 배치한 것은 『연병실기』에는 없는 독특한 편제로 조선의 전통적인 장기인 궁시弓矢를 적극 활용한 것이었다. 또한 전차를 운전하는 거병車兵을 따로 뽑지 않고 총수대 내에 2명의 타공舵工을 둬서 전차를 운영하도록 한 점, 살수대에 길이 3~4척의 칼날을 7척 자루에 꽂은 협도곤夾刀棍을 사용하는 도곤수를 둔 점은 한교가 새롭게 생각해낸 것이었다. 협도곤은 주로 보병이 적의 기병과 대적할 때 적이 타고 있던 말의 다리를 먼저 찔러 공격하고 떨어진 기병을 베는 무기였는데, 이 도곤수의 존재가 『연병지남』이 여진족에 대항하기 위해 만든 병서라는 점을 알려준다.

하지만 이 많은 장점에도 불구하고 『연병지남』은 산악 지형인 조선에 알맞지 않다는 반론에 부딪혀 현실화되지 못했다. 한교는 궁수弓手 중심의 보병과 마병을 근간으로 한 조선 육군의 기본 편제가 총병銃兵 중심으로 바뀌어야 한다는 것을 누구보다 먼저 간파하고 추진했으나, 벼슬이 미천하고 궁중에 파벌이 없어서 좌절되고 말았던 것이다. 또한 명나라와 청나라 사이에서 균형을 유지하는 유연한 대외 정책을 폈던 광해군 정권의 성격상 한교의 주장은 받아들여지기 어려운 면이 있었다.

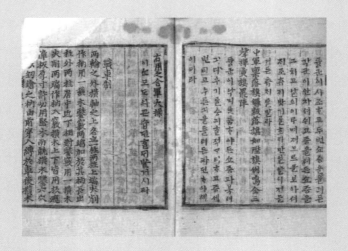

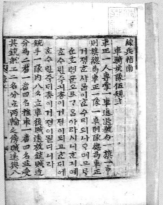

한교의 『연병지남』. 1612년(광해군 4)에 간행되었다. 군사 조련의 지침이 되는
거·기·보·대오 규식車騎步隊伍規式 등을 논술하고 전차제戰車制도 함께 수록
했다. 이 책에서 다루고 있는 군사 조련은 중앙이나 지방 각 진영의 정규군이
아닌 각 군아郡衙에서 병농兵農 일치의 원칙 아래 수령이 농병農兵을 조련하는
데 필요한 것들이다. 규식은 조항마다 한글을 붙여 읽기 쉽게 했다.

200년이 지나서야 빛을 발하다

하지만 이것은 조선의 불행이었다. 한교의 의견을 받아들여 화차를 이용한 전술을 발전시켰다면 이후 정묘호란과 병자호란이 발발했을 때 조선이 그렇게 힘없이 무너지지는 않았을 것이다. 조선은 한교의 선견지명이 있었던 지 50년 후에 병자호란이 터져 일주일 만에 서울을 함락당하자 그때야 부랴부랴 『연병지남』을 수용해서 화차를 대거 도입하기 시작했다.

『연병지남』으로 조선 군대의 체질 개선을 꾀했다가 좌절한 이후 한교의 삶은 급격하게 기울고 만다. 먼저 1613년(광해군 5) 이이첨, 정인홍 등의 대북파大北派가 영창대군永昌大君과 반대파인 서인西人 세력을 제거하기 위해 일으킨 계축옥사癸丑獄事 때 탄핵을 맞았다.

그해 봄 서인의 거두인 박순의 서자 박응서朴應犀 등 소양강가에 무륜당을 지어놓고 술 마시는 것으로 소일하던 한량들의 그룹이 일망타진된 일이 있었다. 이들은 허균·이재영 등 중앙 관료들과의 끈을 이용해 벼슬에 나서려고 무던히 애를 썼으나 결국 실패하고 재물을 모아 큰일을 해보고자 해주에서 소금장수를 하다가 사람을 죽이고, 왕의 사신을 사칭해 부호 이승순의 집을 터는 등 악행을 일삼다가 붙잡힌 것이다. 그런데 포도대장 한희길 등은 이들을 문초할 때 일부러 지연작전을 펴면서 박응서를 꾀어냈다.[6] "시키는 대로만 하면 죽음을 면할 뿐 아니라 큰 공을 세울 수 있으니 영창대군의 장인 김제남과 함께 영창

대군을 왕으로 삼으려 했다"고 거짓 진술을 유도한 것이다.[7]

대대적인 피바람이 불었는데 관련자를 잡아들이는 과정에서 사헌부가 서인에 속한 한교를 고발한 것이다. 죄목은 그가 과거 시험에서 아버지의 이름을 허위로 기재했다는 것이었다.

> "전 현감 한교는 서얼의 아들로서 마음 씀씀이가 형편없고 행동이 괴상망측하기만 한데 시험에 응시하는 것을 급하게 여긴 나머지 자기 아비의 이름까지 멋대로 바꿨으므로 이 말을 듣고 놀라지 않는 자가 없으니 나국을 명하소서."(광해군 5년 4월 28일)

그러나 이것은 사실이 아니었다. 이미 죽은 한교의 아버지는 살아생전에 이름을 바꾸었는데 대북파가 이것을 한교를 옭아매는 데 이용한 것이다. 이것은 그해 8월 비변사가 한교를 급히 써야 하니 풀어달라고 왕에게 장계를 올리는 장면에서 확인할 수 있다.

> "신들이 생각건대, 애초 왜를 방어하는 절강병법을 전포하는 한 가지 일을 전적으로 한교에게 맡겼던 데다 한교는 또 『기효신서』를 잘 알았기 때문에, 도감과 남북의 조련하는 일은 대부분 이 사람이 주도했습니다. 이 사람 외에는 서울 안에 구율을 아는 다른 사람이 없기 때문에 이전에도 역시 조련의 일로 인하여 의흥현감義興縣監에 차임하여 보냈는데, 경상도 연병차사원이 되어 왜를 방어하는 법을 수립하는 데 있어 자못 두서가 있

었습니다. 그 당시 헌부가 한교를 아비의 이름을 멋대로 고쳤다는 이유로 사판에서 삭탈했었는데, 그의 아비가 생시에 스스로 자기 이름을 고친 것을 잘못 한교의 죄로 삼았으므로 매우 애매한 일이기 때문에 을사년에 선왕의 은명을 입어 이미 죄과가 탕척되었습니다. 지금 또 아비의 이름을 멋대로 고쳤다는 이유로 갇혀 있는데 이미 대사면령이 있었습니다. 만약 교회관敎誨官이라는 호칭으로 내려 보내기를 몇 해 전 양계에 보냈던 것처럼 해 효과를 내도록 책임지운다면 보탬이 있을 듯합니다." (광해군 5년 8월 18일)

하지만 왕은 비변사에게 대신들과 의논하여 처리하라고 미뤄버렸다. 결국 한교는 풀려나지 못하고 전라도 순천 땅으로 귀양을 가서 2년의 시간을 보내게 된다. 아버지의 이름을 허위로 기재한 죄명은 표면적인 이유였고 그보다는 그가 병법에 매우 능한 서인으로 대북 세력에 위험한 인물이었기 때문에 사전에 조치했다고 보는 것이 옳다. 조선의 약점을 너무나 잘 알고 있었기 때문에, 또한 조선이 나아가야 할 방향을 너무나 잘 알고 있었기 때문에 한교는 탄핵을 당한 것이다. 그것은 쓸모없이 번다해진 문文을 버리고 무武를 보강해야 한다는 것이었고, 이러한 정책이 문신들에게 불리하게 작용할 것은 너무나 명확했다.

한교는 1623년 인조반정에 이귀·최명길 등과 함께 주도적으로 참여해 그 공을 인정받아 다시 정치의 전면에 나서게 되지만 이듬해 일

조선시대 무관들. 조선시대는 개국 초부터 문관인 동반과 무관인 서반의 관계官階를 법제화하여 이를 『경국대전』에 명시했다. 동반의 최고 품계가 종1품인 데 반하여 서반의 최고 품계는 정3품에 머물러 문과 무를 차별하였다.

어난 이괄의 난에 출전했다가 패전한 이후로는 백의종군하게 되었다. 그는 1625년(인조 3) 11월 고성군수에 제수되었으나, 이듬해 다시 아버지의 이름을 허위로 기재했다는 옛날의 논란이 불거지면서 파직되었고 그 이후로는 몸에 병이 들어 광나루 근처에 집을 짓고 두문불출하는 삶을 이어나갔다. 그러다가 병이 깊었음에도 불구하고 왕에게 후금後金(청나라)의 침입에 미리 대비할 것을 건의하는 상소를 올렸으나 받아들여지지 않았다. 한교는 결국 1627년(인조 5) 쓸쓸하게 생을 마감한다. 그가 사망한 그해에 바로 정묘호란이 일어나자 사람들은 한교의 선견지명에 탄복했다.

비록 한교의 삶은 고된 일은 도맡아 하면서 제대로 그 공과를 인정받지 못한 쓸쓸한 것이었지만 그의 그림자는 200년 뒤 정조대에 조선의 병학兵學이 집대성되는 과정에서 다시 그 빛을 반짝였다. 조선이 겪었던 임진왜란과 병자호란, 남쪽의 침입과 북쪽의 침입 그 각각의 경우에 어떻게 대비해야 할 것인지에 대한 경험적 지식이 『연병지남』에서 『무예제보』로 이어지는 한교의 저술에 고스란히 녹아 있었기 때문이다. 내부의 싸움 때문에 외부의 공격에 취약해 늘 무너지기 바빴던 조선의 문약文弱한 전통에서 한교가 활약했던 16~17세기는 그나마 활기가 느껴지는 시기라고 할 수 있다.

허균의 애장서는 어디로 사라졌을까
삼치설의 유행과 조선의 책 인심

예로부터 삼치三痴라 하여, 바보에는 세 유형이 있다는 말이 전해온다. 책을 빌려달라는 사람도 바보지만 빌려주는 사람도 바보요, 빌려보고 돌려주는 사람도 바보라는 의미다. 조선시대 독서가나 장서인들 사이에 떠돌면서 일종의 불문율로 받아들여지고 정착된 단어다. 왜 이런 말이 생겼을까? 아무래도 인간의 영원한 물욕物慾, 그중에서도 책에 대한 집착만큼 고집스럽고 병적인 것도 없기 때문일 것이다.

삼치설은 중국에서 비롯되었다. 중국에서는 일찍부터 책을 빌릴 때 술을 사들고 가고, 다 보고 돌려줄 때도 술병을 들고 가던 풍속이 있었다. 이 때문에 빌리며 한 병, 돌려주며 한 병[借書一瓻, 還書一瓻]이라고 했다. 그런데 여기서 정의情誼가 물씬 배인 말 '술 단지 치瓻'가 그만 '어리석을 치痴' 자와 글자 모양이 비슷해 잘못 사용되면서 뜻이 와전되었다. 책을 빌리는 것도 바보, 돌려주는 것도 바보라는 의미로 완전히 변질되고 만 것이다.

사실 책을 빌리는 입장에서는 책 주인한테 답례하는 것은 자연스런 일이다. 그런데 언제부턴가 얌체처럼 필사한 것을 돌려준다거나 차일피일 버티다가 자기 것으로 가로채고는 입 다물고 마는 이들이 생겨나면서 책을 내돌리는 일은 금기시되고 말았다.

"애장서의 정조를 더럽힐 수 없다"

시인 변영로卞榮魯의 친형이자 법률가였던 변영만卞榮晩은 평소에 남에게 장서를 빌려주는 일이 없었다. 그는 "사랑하는 여인을 남에게 빌려줄 수 없듯이 애장하는 책을 남에게 빌려줘 정조를 더럽힐 수는 없다"는 말을 입버릇처럼 되뇌곤 했다. 그렇다고 하더라도 중국의 우참정虞參政에 이르면 변영만의 소신은 비길 바가 못 된다. 그는 몇만 권의 책을 연못 한가운데 만든 다락[樓]에 보관해놓았다. 그리고는 혼자만 드나들 요량으로 외나무다리를 걸쳐놓았다가 밤이 되면 이를 철거하곤 했다. 그런데 그것도 모자랐는지 문에다가 "다락엔 손님이 들어올 수 없고, 책은 다른 사람에게 안 빌려줍니다[樓不延客 書不借人]"라고 떡하니 써 붙여놓기까지 했다. 이쯤 되면 기벽奇癖의 경지다.

사실 책이 귀했던 옛날에는 발간된 책 부수 자체가 적었다. 그렇기에 관공서나 소수 특정인만이 책을 접할 수 있었으며, 출판된 책들은 곧바로 희귀 도서가 돼버리는 웃지 못할 상황이 벌어졌다. 출판활동이 융성했던 세종대에 단행본으로 100부 이상 간행된 책은 10종에 불과했다.[1] 1900년에 러시아 대장성에서 펴낸 『한국지ОПИСАНИЕ КОРЕИ』에서도 조선에서 발행되는 책 중에는 9~10부 찍고 마는 책들이 많다고 했다. 소설처럼 인기 있는 경우가 아니면 100여 년 전만 해도 책을 직접 소유하기란 쉽지 않았다. 도서관도 없던 시절 정승 집에나 가야 감지덕지 훔쳐 보던 책을 남에게서라도 빌려 보게 되면 감격에 겨웠고 설레었다.

〈설중방우도〉(부분), 조영석, 종이에 담채, 115×57cm, 개인소장. 두 선비가 예의를 갖추고 마주앉아 이야기를 나누고 있는데, 방 한 켠에는 책이 가득 쌓여 있다.

선교사 헐버트 "조선인은 지독한 구두쇠"

특히 개화기에 조선을 찾았던 외국인들 눈에는 책을 빌려주거나 보여주지 않는 정도가 꽤나 심했다고 여겨진 듯하다. 선교사 헐버트Hulbert는 사대부들이 장서를 보여주려고도 하지 않는 이유를 이해할 수 없다며 "지독한 구두쇠"라고 평하고 있다.

조선의 양반들은 돈에 대해서는 상당히 관대하지만, 일반적으로 말하면 책과 관련된 일에 대해서는 극히 구두쇠다. 나는 개인적으로 서울 내의 풍부한 서적을 보유한 개인 소유의 도서관을 여러 곳 알고 있다. 그러나

한 번 보는 것만도 완전히 불가능하다. 그 주인은 책을 빌려주지도 않고 아주 특별한 경우가 아니면 손님에게 절대로 책을 보여주지 않는다. 그들로서는 빌려주고 싶지 않으면 그만이겠지만, 왜 책을 그렇게 보여주지도 않으려는 것인지 그러한 조선인의 관습을 설명하기 힘들다.[2]

"『사강』을 빌려드린 지가 10년이 되어갑니다"

허균許筠은 유명한 장서가였다. 그가 당대의 유학자 한강寒岡 정구鄭逑 (1543~1620)에게 책을 빌려준 적이 있었는데 이것이 돌아올 줄을 몰랐다. 기어이 허균은 정구에게 다음과 같은 편지를 보냈다.

옛 사람은 책을 빌려주면 항상 돌아오는 것이 더디다고 했다지요. 더디다는 것은 1년이나 2년을 가리키는 것입니다. 『사강史綱』을 빌려드린 지가 10년이 다 되어갑니다. 돌려주시면 고맙겠습니다. 저 또한 벼슬길에 뜻을 끊고 강릉으로 돌아가, 이것을 읽으며 무료함을 달래려 합니다. 감히 여쭤봅니다.

정구는 방대한 저술을 남겨놓은 학자다. 그의 학문은 가히 전방위적인 데가 있어 성리서, 지리서, 의학서, 문학서를 종횡무진했다. 그는 서적 편찬이 평생의 과업인 듯 매달렸다. 그러자면 백과전서적인 참고 문헌을 구비해야 하는 것은 당연한 일이었고, 출판물이 귀하니 알음알음 빌리기도 했던 것이다. 위에서 보듯 책을 돌려받지 못한 것은 비단 허균만은 아닐 것이다.

하지만 허균이 10년이나 기다려준 것에는 이유가 있었다. 임진왜란이 일어나 군무軍務로 대단히 바쁜 시기에 정구는 조금의 여가라도 있으면 관동 지방의 지지地誌를 만들었다. 그의 제자 최현崔晛이 이유를 묻자 "완급은 진실로 다르지만 마땅히 해야 할 일을 겨를이 없다고 해서 놓아두고 지나칠 수는 없다. 지금 서적이 거의 다 흩어져 없어졌으니, 만약 보고 들은 것을 수습해두지 않는다면 장차 후세에 보일 만한 것이 없을 것이다"라고 하였다. 군사 업무와 지방지 편찬이 그 완급의 차이가 있지만, 전쟁으로 흩어지고 있는 자료들을 수집·정리해두지 않으면 훗날 그 지방을 다스리는 데 많은 문제가 발생한다는 것이다. 그가 가장 심혈을 기울였던 부분은 역사서와 지방지였다. 1580년 창녕현감을 시작으로 동북현감, 함안군수, 통천군수 등 여러 지역의 지방관으로 부임하게 되는데, 그는 가는 곳마다 그 지방의 문화를 정리해 7권이나 되는 지방지를 남겼다. 이 가운데 지금까지 남아 있는 것은 1587년 함안군수로 재직하면서 오운吳澐 등과 함께 편찬한 『함주지咸州志』가 유일하다.[3]

허균이 편지에서 "감히 여쭤봅니다"라고 한 것은 정구가 연배가 높아서이기도 했지만, 이런 높고 긴요한 뜻을 널리 짐작했기 때문이 아닐까. 하지만 허균으로서는 애장서와 10년간 생이별을 했을 터이니 그 차서일치借書一痴의 씁쓸한 경험이 크게 와닿는다.

신숙주의 고문선은 벽지 신세가 되고

김수온金守溫(1410~1481)과 신숙주申叔舟(1417~1475)는 둘 다 당대에 내로라하던 문인이자 학자였으며 세종대 집현전에서 함께 일하고 있었다. 김

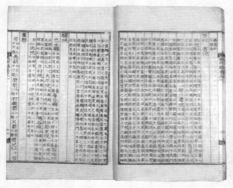

한강 정구의 『함주지』.

수온은 집 안에 틀어박혀 책만 읽던 책벌레로 유명했다. 책만 읽던 그가 불가피한 일로 집밖에 나가게 되어 나뭇잎이 떨어지는 계절인 것을 알아 차리고는 '어느새 가을인가?'라며 시 한 편을 떠올렸다는 일화가 전해질 정도다. 어디 그뿐인가? 김수온은 성균관에 공부하러 갔다 오는 도중에 하루에 한 장씩 책을 뜯어 소매 속에 넣고 다니면서 읽는 버릇이 있었다. 그렇기에 그를 아는 지인들은 한 장씩 뜯어 읽고 한 권의 책이 다 없어지면 그것이 바로 그의 머릿속으로 들어간 것이라고들 말했다. 그런데 이러한 김수온의 독서 버릇을 모르고 있던 신숙주가 임금으로부터 하사받아 아끼던 『고문선古文選』이라는 책을 간청에 못 이겨 빌려주고 말았다. 이후 시간이 꽤 지났는데도 책을 돌려주지 않자 하는 수 없이 김수온의 집을 찾아갔다. 그런데 아니나 다를까. 그 귀한 책이 한 장 한 장 찢긴 채 방 벽에 덕지덕지 발라져 있는 게 아닌가. 하도 기가 막혀 말문이 막힌 신숙주가 이유라도 알아볼 작정으로 물었더니, 김수온이 태연하게 대답하기를 "내가

김수온(왼쪽)과 신숙주의 초상.

누워서 외느라 그랬네"라고 하는 게 아닌가. 김수온의 호는 괴애乖崖 또는
식우拭疣인데 '식우'란 고름을 닦는다는 뜻으로 그의 목에 혹이 나서 글을
지으려면 반드시 손으로 혹을 쓰다듬는 버릇이 있어 붙여진 것이라 한다.
얼마나 소리 내어 책을 읽었으면 목에 혹이 생겼을까. 이 노력파 책벌레에
게 그후로 신숙주가 다시는 책을 빌려주지 않은 것은 너무나 당연한 일이
었다.

장서 문화에 대한 지식인들의 비판

조선후기에 오면 이러한 장서 문화에 대한 비판적 시각도 생겨나기 시
작한다. 걸어다니는 백과사전이라 불리던 이덕무는 「세정석담歲精惜譚」이

라는 글에서 장서의 폐단을 언급하며 삼치설을 부정이라도 하듯 책을 읽
고자 빌리는 사람이 부끄러운 것이 아니라 책을 꽁꽁 묶어두고 빌려주지
도 않고 읽지도 않고 관리도 제대로 하지 못하는 사람이 정녕 어질지도 지
혜롭지도 부지런하지도 못하다며 직격탄을 날렸다.

> 만일 만 권의 책을 저장해놓고도 빌려주지도 않고 읽지도 않고 햇볕을
> 쏘이지도 않는 사람이 있다면, 빌려주지 않는 것은 인仁하지 못함이요,
> 읽지 않는 것은 지혜롭지 못함이요, 햇빛을 쏘이지 않는 것은 부지런하
> 지 못함이다. 사군자가 글을 읽자면 남에게 책을 빌려서도 읽는 법인데,
> 책을 꽁꽁 묶어놓기만 하는 것은 부끄러운 일이다.[4]

서파庶派의 후손이라 벼슬길이 막혔던 이덕무에게 할 수 있는 일은 오직
책 읽는 일이었다. 그에게 책은 없어서 못 읽는 것이었지, 쌓아두고 올라
가는 키에 눈금놀이를 하는 물건이 전혀 아니었다. 그는 재상의 자제들이
"밀랍을 먹인 종이로 바른 창문에 화려하고 높은 책상을 두고, 그 옆에 비
단으로 장정한 서책들을 빽빽하게 진열해놓고서, 자신은 머리에 복건幅巾
을 쓰고 흰 담요 위에 비스듬히 누운 채 아무짝에도 쓸데없는 이야기를 지
껄이고 기침이나 캉캉 뱉다가 한 해가 다 가도록 한 글자도 읽지 않는 것"
을 보고 참을 수 없는 비애를 느껴야 했다.[5]
어떤 면에서 영국의 유명한 수집가인 조셉 세일러가 1912년에 간행한
『책의 매혹』이라는 저서에서 리처드 헤버의 말을 인용해 "책을 수집하는
사람은 같은 책을 세 권씩 수집해야 한다"고 한 말이 정답일지 모른다. 세
일러는 책을 최소 세 권씩 구해놓아야 하는 이유로 불가피하게 타인에게

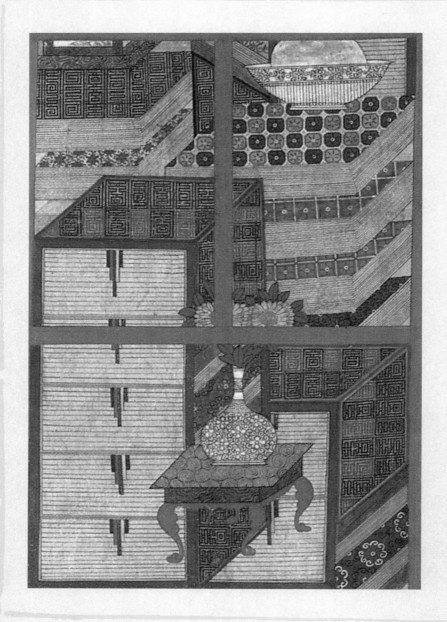

'빌려주거나to lend' '자신이 직접 활용하거나own use' 또는 책장에 '꽂아두고 보기 위해서show copy' 라고 했다.⁶ 그러나 이것은 이상적인 생각일 뿐이다.

요즘처럼 책이 범람하는 시절에는 오히려 가끔씩 삼치三痴라는 놀림을 받고 싶어질 때가 있다. 박학다식의 대명사 이덕무가 스스로 간서치看書痴라고 별명 짓고 '책만 읽는 바보'를 운운하던 그 시절의 품격과 낭만을 찾아볼 수 없게 된 것 같아서이다. 책은 그릇과 같아서 내돌리면 부서지게 마련이라고 했던가? 남에게 책을 빌리거나 빌려주는 것을 고민하기 전에 내 밥그릇이나 제대로 챙기고 있는지 돌아볼 일이다.

한 영명한 왕자를 | 죽음에 | 이르게 한 책

_ 위험한 변화를 기록한 『심양장계』

한 영명한 왕자를 죽음에 이르게 한 책
위험한 변화를 기록한 『심양장계』

상상력의 소산이든 현실의 기록이든 실용 지식을 모은 것이든 간에 모든 책은 사유의 결과물이다. 그 사유의 종류와 빛깔, 농도에 따라서 책은 평가를 받는다. 때론 그 평가가 너무 따갑고 아파서 책은 핏빛으로 물들기도 한다. 어쩔 수 없다. 불온한 사유는 그에 따른 책임을 져야 한다. 그것이 합당한 것이든 아니든 상관없이 그러하다. 하지만 어떤 책에는 사유보다는 운명이 앞서 있는 경우가 있다. 조선의 가장 굴욕스러운 기록 『심양장계瀋陽狀啓』가 그러하다. 이 책은 그 몸통을 감고 있는 신산스럽고 통탄스러운 운명의 낙인으로 인해 우리에게 쓰라림을 안겨준다. 지울 수 없는 아픔을 떠올리게 하는 책. 이것이 이 책을 특징짓는 가장 지배적인 역사적 정조情調다.

치명적이면서도 위대한 변화가 담긴 책

『심양장계』는 병자호란 이후 청나라에 볼모로 잡혀간 소현세자昭顯世子와 봉림대군鳳林大君 등 왕세자 일행이 수도 심양瀋陽에 8년간 머물면서 보고 듣고 생활한 일을 기록한 책이다. 세자 일행은 그날그날의 중요한 사항을 편지 형식으로 적어 조선의 조정에 보고했고 이것이 모여 두툼한 책을 이루었다. 조선의 역사상 이십대 중반의 다 큰 세자가 200명에 달하는 식솔을 이끌고 적국에 끌려간 것도 처음이지만, 무려 8년이라는 시간을 억류돼 있으면서 치욕을 곱씹었던 것도 유례가 없는 일이었다. 바로 그 기간의 삶에 대한 사실적인 기록이니 『심양장계』의 문헌적 중요성은 여기서 이미 자명해진다.

자유가 구속된 상태의 심경을, 그리고 낯선 풍물을 기록했다는 점에서 『심양장계』는 유배 일기와 상통하는 면이 있으면서 그것과 확연히 다른 측면도 지닌다. 장계는 천 리 밖 고국에 있는 왕과 신료들을 청중으로 한 편지이기 때문이다. 외로움을 달래고 낯선 현실을 내 육체와 생활의 일부로 받아들이는 것이 보통 유배 일기가 작성되는 동기다. 반면 장계는 나의 내면을 검열하거나 감추는 대신 외부의 정황을 왕에게 중계하듯이 들려준 기록이다.

또한 장계는 여타의 편지 장르와도 구분된다. 퇴계 이황과 고봉 기대승이 성리학 논쟁을 펼치며 주고받은 편지 묶음을 보면 철저히 텍스트의 교환을 기반으로 한다는 점을 알 수 있다. 그것은 기본적으로 질

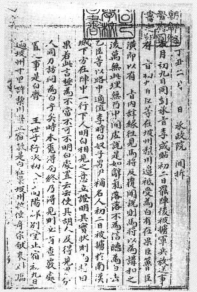

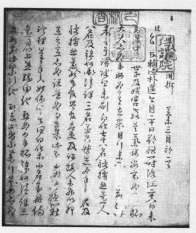

『심양장계』. 날짜를 쓰고 승정원에서 열어보라고 표기되어 있는 게 보인다. 『심양장계』는 먼 곳에서 때론 급박하게 중요한 내용을 추려 왕에게 보고하는 것이 목적이었기 때문에 문장을 다듬지 못한 경우가 많았다. 또한 이두식 표기가 많아 중세 국어 연구에도 좋은 사료로 쓰이고 있다.

문과 대답이며, 뜯어볼 때의 떨림과 읽었을 때의 교감이 서간집을 관통하는 문맥이다. 장계는 이런 것과는 거리가 멀다. 8년간 소현세자 일행은 왕에게 일방적으로 보고만 올렸다. 청나라 황제가 사냥을 가는데 자꾸 세자를 대동시킨다든지, 고기와 술을 내렸다든지, 명나라 선박의 출몰과 조선의 내통을 의심한다든지, 청나라 국경을 침범해 인삼을 캐는 조선의 민초들 때문에 괴롭힘을 당한다든지, 황제가 내린 땅에서 농사를 지어 소출을 올리는데 노동력이 부족하다든지 하는 내용을 끊임없이 이어나가는 형식이다.

서로 접촉하거나 안부를 물을 수 없고 속마음을 터놓고 얘기를 나눌 수 없는 상황에서 이러한 이야기들이 한쪽 방향에서만 흘러들어간다는 것은 무엇을 의미할까. 공간적인 격리가 시간이 지나면서 심리적인 격리감으로 확장되는 과정, 바로 이것이 『심양장계』를 지금의 모양으로 빚어나간 도공의 손길인 것이다.

그러나 이 정도 선에서 그쳤다면 『심양장계』는 운명적인 역사 기록이 될 수 없었을 것이다. 이 책 속엔 치명적이면서도 위대한 변화가 담겨 있다. 비록 사유의 형태로 직접적으로 기술된 것은 아니지만, 이 책의 주인공인 소현세자의 세계관과 처지가 달라지는 과정이 리얼하게 드러나 있다. 소현세자가 8년간의 볼모생활을 마치고 귀국했을 때 불과 두 달 만에 학질에 걸려 죽었다는 것은 널리 알려진 사실이다. 하지만 얼굴이 시커멓게 탔고 일곱 구멍에서 피를 쏟은 모습이 알려주듯이 소현세자는 실제로는 아버지 인조에 의해 독살당했을 가능성이 높다는 것도 어느 정도 알려졌다. 『심양장계』에는 생사를 기약할 수 없는 오랑캐의 수도로 아들을 보낸 아버지의 미안해하는 마음이 점점 냉정한 의심과 질시로 바뀌게 만든 무엇이 담겨 있다. 역대 조선의 어떤 왕과 비교해봐도 뒤지지 않는 영명함과 인품을 가진 세자를 죽음으로 내몰았던 그 무엇이 말이다. 그래서 『심양장계』는 볼모가 된 왕세자 일행이 청나라에서의 업무를 왕에게 보고하는 행정 문서의 성격을 넘어 한 왕세자의 운명적 죽음을 간직한 비밀의 문서이자 호란 이후 조선이 거센 당쟁과 왕들의 잇따른 독살로 혼탁하게 흘러가게 된 비극의 서막이 된다. 『심양장계』를 주목하는 이유가 바로 여기에 있다.

"적에게 죽는다 해도 무슨 유감이 있겠는가"

인조가 남한산성에 유폐된 채 버티다가 항복 결정을 했을 때 청 태종은 한 가지 조건을 내세웠다. 1637년(인조 15) 1월 21일 20만의 군대가 성을 겹겹이 에워싸고 있는 가운데 청나라 장수 용골대龍骨大가 서문 밑에 와서 급히 사신을 청했다. 청 태종이 항복을 받아들이는 조건으로 세자를 원한다는 내용이었다. 김상헌 등의 주전파 대신들은 있을 수 없는 일이라며 반대했다. 인조도 어찌 할지 갈피를 잡지 못하는 상황에서 중간파 신하들은 세자가 병이 중하다는 핑계를 대자고 왕을 설득했다. 하지만 이것은 미봉책에도 못 미치는 하나마나한 소리였다.

조선의 가장 치욕스러운 역사가 깃든 남한산성의 모습. 소현세자는 스스로 이 문을 열고 나와 청나라에 볼모로 끌려감으로써 왕과 신하들의 마음 부담을 덜어주었다.

이미 치욕의 길을 걷기로 했다면 고통을 감수하고 한 발을 내디뎌야 했지만 세자를 빼앗기는 일을 두고 나서서 하자는 신하는 없었다. 이때 소현세자는 사태를 방관하지 않고 스스로 매듭을 풀었다. 세자는 다음날 봉서封書를 비국에 내렸다.

> "태산泰山이 이미 새알[鳥卵] 위에 드리워졌는데, 국가의 운명을 누가 경돌[磬石]처럼 굳건히 하겠는가. 일이 너무도 급박해졌다. 나에게는 일단 동생이 있고 또 아들도 하나 있으니, 역시 종사宗社를 받들 수 있다. 내가 적에게 죽는다 하더라도 무슨 유감이 있겠는가. 내가 성에서 나가겠다는 뜻을 말하라."(인조 15년 1월 22일)

세자는 모든 이들의 시선이 자신에게 쏠리는 것을 느꼈다. 동생도 아들도 있으니 비록 세자의 몸이지만 끌려간들 큰 문제는 아니라고 스스로 볼모를 자청한 것이다. 23일 세자가 인마人馬를 정돈하여 오랑캐 진영에 나가도록 준비하라고 하자 이를 모셔야 할 묘당이 "신자로서 차마 듣지 못할 일이기에 감히 영을 받들지 못하겠습니다"라며 버텼다. 또한 왕에게 집의 채유후蔡裕後, 사간 이명웅李命雄, 장령 황일호黃一皓·이후원李厚源, 지평 임담林墰, 헌납 김경여金慶餘, 정언 김중일金重鎰·이시우李時雨 등이 몰려와서 아뢰었다.

> "듣건대 왕세자가 망극한 심정으로 궁관宮官과 사부師傅·제신諸臣에게 영

을 내렸다고 하는데, 신들이 듣고서 가슴이 찢어지는 듯합니다. 세자의 지정至情에서 발로된 것이라 하더라도 어떻게 갑자기 이렇게 차마 듣지 못할 영을 내린단 말입니까. 옛날부터 국가가 망할 때에 이와 같은 행동으로 위급함을 구제하여 온전함을 얻었다는 말은 듣지 못하였습니다. 성에 가득한 신민으로 누가 세자를 위하여 죽지 않겠습니까. 차라리 나라가 망할지언정 어떻게 이런 일을 차마 할 수 있겠습니까. 교활한 오랑캐가 갖가지로 속이고 있습니다. 앞으로 사신이 왕래하면서 설령 뜻밖의 말이 있다 하더라도 사신이 명백하고 통렬하게 배척하며 죽음으로 항거하지 못할 경우에는, 임금을 업신여긴 율로 다스리소서."(인조 15년 1월 23일)

하지만 필연적으로 떠나야 할 길이었다. 역사적으로 볼 때 정복국가가 피정복국가의 왕자와 공주를 볼모로 데려가는 것은 교과서적인 수순이었다.

결국 소현세자와 세자빈 강씨, 세자의 아우인 봉림대군과 세자를 곁에서 가르치고 모시던 시강원侍講院 신하 일행은 그해 2월 5일 청나라로 떠났다. 세자가 왕에게 하직을 고하고 떠나니 신하들이 길가에서 통곡하며 전송했는데, 그중에 격정을 못 이긴 자가 재갈을 잡고 당기며 울부짖자 세자가 말을 멈추고 한참 동안 그대로 있었다. 청나라 정명수鄭命壽가 이를 보고 채찍을 휘두르며 모욕적인 말로 재촉했는데 재신宰臣 남이웅南以雄, 좌부빈객 박황朴潢, 문학 이시해李時楷, 사서 정뇌경鄭雷卿, 설서 이회李禬 및 익위사翊衛司의 관원 3명이 옆에서 경악하지 않

〈연행도〉, 작가미상, 1760. 조선의 연행사들이 말을 타고 북경성을 향해 가는 모습.

는 이가 없을 정도였다.

청 황제에게 머리를 조아리다

서울을 떠난 세자 일행이 추위와 맞서 압록강을 건너고 드넓은 만주 벌판을 지나 심양에 도착한 때는 석달 뒤인 4월이었다. 그동안 "콧마루가 시큰거리고 근골이 부들부들 떨린 채로 달리고 또 달리는데, 용하龍河에는 얼음이 굳게 얼고 낭산狼山에는 눈이 그득 쌓여 건너느라"[1] 온갖 고생을 다했다. 『심양장계』의 기록에 따르면 2월 19일 세자 일행은 장파곶長坡串에 이르러 하룻밤을 묵고, 다음날 황해도 봉산鳳山 창탄倉灘에 이르렀는데 장파곶 숙소에서 하인이 주방에 큰불을 내는 바람에 세자의 숙소에까지 불이 옮겨 붙어 자칫 큰일을 치를 뻔했다. 열흘 뒤인 이달 28일에는 말들이 지쳐 쓰러지기 시작했다. "청나라 사람들이 산기슭과 골짜기를 거쳐서 가는지라 조금이나마 힘이 있는 말이라도 대부분 힘이 빠지고 만다"고 장계는 적고 있다.[2] 드디어 3월 19일에는 일행 중에 죽는 이가 생겼다. 세자를 수행하던 도정都正 신해申垓가 평양에서 병을 얻었다가 죽은 것이다. 세자 일행은 "여기다가 임시 무덤을 만들려고 해도 몽골 사람들이 파갈까 걱정이 되어 부득이 시신을 본도 감사에게 말해서 평양으로 보내어 임시로 장례를 지내도록 했습니다"[3]라고 적고 있다.

청 태종 황태극皇太極. 청나라의 제2대 황제(재위 1626~1643)로 내몽
골을 평정하여 대원전국大元傳國의 옥새를 얻고 국호를 대청大淸이라
고쳤다. 문관·육부의 설치 등 조직 정비에 힘썼고, 청나라의 기초 확립
에 공적이 컸다.

청나라 건국 초기의 황궁이었던 심양고궁. 정면 멀리 대정전이 보인다. 대정전은 청나라 건국 초기, 황제가 십왕들과 공식 행사를 가졌던 곳이다. 소현세자도 이곳에서 자주 청 황제를 만났다.

이런 고난의 여정을 거쳐 4월 일행이 도착한 곳은 심양 궁궐 근처의 임시 숙소였다. 아직 이들이 머물 심양관瀋陽館*이 완공되지 않았기 때문이었다. 5월 20일 완공된 관사로 이동한 세자 일행은 도착한 지 한 달이 지나서야 청나라 황제를 '배알'하게 된다.

> "당초에 왕세자께서 들어오신 후 황제께서는 오랫동안 만나주지 않고 말을 전하기를, 천연두 때문에 곧장 만나지 못해서 미안하다고 하셨습니다. 윤4월 5일에야 비로소 황제 침실 앞 별전으로 불러서 만나게 되었는데, 여러 왕들을 모으고 잔치를 벌여 반갑게 대접하고 조용히 마쳤습니다."4

『심양장계』는 청나라 왕을 꼬박꼬박 황제라 부르는 등 극존칭을 사용하고 있다. 조선에 보내는 편지가 이들의 검열에서 자유롭지 못했기 때문이다. 황제를 배알한 이후 세자 일행은 8년 동안의 길고 긴 심양에서의 공식적인 일정을 수행하게 된다. 일단 황제가 반갑게 맞아주었다 하나 일행의 목숨이 어떻게 될지는 아무도 몰랐다. 당시는 청나라가 중국을 통일하지 못하고 남쪽의 명나라와 대치하는 정국이었기 때문에, 조선이 명나라 군대와 내통하는 일이 발각되기라도 하는 날에는 볼모로 잡혀온 이들에게 큰 화가 닥칠지도 모르는 일이었다. 황제와 세자 일행 사이에는 청나라 장수 용골대가 있었다. 그는 병자호란에서

---

* 현재 심양시 아동도서관 자리.

조선을 함락시키는 총지휘관으로 활약했고 청에 돌아와서도 왕세자 일행을 감시하고 황제의 명을 전하는 일을 담당했다. 『심양장계』를 보면 세자 일행은 이 용골대에게 수시로 괴롭힘을 당하는데 주로 명나라와의 전쟁에 조선의 파병을 요청하는 문제, 청과의 전쟁 때 항쟁을 주장한 조선의 관료들을 처리하는 문제 등을 두고 양자가 줄다리기를 하는 장면이 많이 나온다.

소현세자, 탁월한 외교관이 되다

인조는 삼전도에서 청 태종에게 세 번 절하고 아홉 번 머리를 조아리면서 신하를 자처하는 예를 행하는 치욕을 당하면서 청나라의 일이라면 껄끄러워서라도 나서지 못했다. 명과의 전쟁에 군사를 파병하는 외교적인 문제는 소현세자에게 전적으로 일임했기 때문에 세자가 머물던 심양관은 1637년 이후로 비공식적인 주청駐淸 대사관이나 마찬가지였다. 여기서 세자는 청나라와 직접 상대하기를 꺼리는 인조를 대신해 많은 일을 수행했다. 청나라의 파병 요구에 응하고 반청활동을 하다 끌려와 재판 받는 김상헌 같은 대신들을 보호하는 것도 큰일이었다.

소현세자가 풀어야 할 외교 현안은 바로 조선 군대의 파병이었다. 당시 청은 요동 일대를 장악하고 나서 명나라 본토를 공격했는데, 조선이 배후에서 명을 지원하지 않을까 우려했다. 조선의 입장에서 볼 때 명나라는 임진왜란으로 위기에 몰렸을 때 구원병을 파견해준 고마운 나라였기 때문이다. 용골대는 소현세자를 수시로 찾아와 군대와 병선, 군수 물자를 보내라고 압력을 넣었다. 세자는 이런 요구가 있을 때마다 조선에 전달했고 조정은 마지못해 군대를 파견했지만, 전투에는 소극적이었다. 1638년 7월 11일자 장계에는 용골대가 세자를 찾아와 "당초 서로 약속할 때는 수만의 병사를 파견해달라고 했으나 이는 지키기 어렵고 황제께서 조선의 형편을 헤아려 5천으로 줄여서 몹시 약소합니다. 그런데도 이마저 어기려 하니 도대체 무슨 의도입니까"라고 따지고 있다. 용골대가 이렇게 윽박지른 것은 한두 번이 아니었다. 하지만 그때마다 세자는 잘 피해나갔다. "모든 일에 제가 관여하는 바가 아닌데 하물며 조정의 일에 제가 어찌 감히 그 사이에서 옳다 그르다 하겠습니까?"라고 빠져나가는 식이었다.

그해 9월 파병한 군대의 도착이 늦어지자 용골대는 황제의 명이라며 "지난 무오년(1618) 명나라에서 불렀을 때는 산과 계곡을 뚫어 밤낮을 가리지 않고 전장에 나아가서 우리를 죽였다. 이번에 우리가 불렀을 때는 온갖 핑계를 대며 지금까지 보내지 않고 있다. 어찌 괘씸하지 않겠는가? 군병이 이미 시기를 놓쳤으니 비록 온다고 해도 다시 쓸 곳이 없다. 그러므로 마부대가 내일 봉황성에 나가서 들어오는 군병을 모두 쫓아 보낼 것이다"라고 격하게 전했다. 세자는 태연하게 "무오년은 나라가 온전하던 때여서 병사를 모으기가 쉬웠지만 지금은 큰 난리를 겪은 나머지 백성들이 모두 흩어졌는데 어찌 그전과 비교하여 말씀

청나라 무사의 모습. 청나라는 여진족이 일으킨 나라로 수렵생활을 했기 때문에 무사들이 기마騎馬와 궁사弓射에 능했다.

을 하십니까?"라며 차분하게 대처하기도 했다.

"부왕의 대신에게 자식 된 도리로 심문할 수 없다"

조선의 조정과 장군들은 이런 세자의 고군분투와는 상관없이 청 군대의 동향을 명나라에 알려주는 등 첩보활동을 벌여 결국 용골대에게 발각되고 말았다. 1640년 안주목사安州牧使 임경업이 청나라의 요청에 따라 주사상장舟師上將으로 명나라를 공격하기 위해 출병했다가 명군과 내통하여 청군에 대항하려 했다. 이 사실이 탐지되어 체포되었으나 금교역金郊驛에서 탈출해 1643년 명나라에 망명, 명군의 총병總兵이 되어 청나라를 공격했다. 청은 강력하게 항의하며 임경업을 잡아들이라고 난리를 쳤고, 이와 연루되었다고 지목된 조선의 대신들이 속속 붙들려와서 고문을 받자 소현세자는 중간에서 곤혹스러운 처지에 놓였다. 특히 척화파 대신 김상헌을 조선에 두면 계속 이런 일이 있을 것이라고 본 청나라는 1순위로 그를 압송했다. 병자호란이 일어나자 예조판서로 인조를 호종해 남한산성으로 들어가 선전후화론先戰後和論을 주장한 김상헌은 대세가 기울어 항복하는 쪽으로 굳어지자 최명길崔鳴吉이 작성한 항복 문서를 찢고 통곡하였다. 항복 이후 식음을 전폐하고 자결을 기도하다가 실패한 뒤 안동의 학가산鶴駕山에 들어가, 와신상담해서 치욕을 씻고 명나라와의 의리를 유지해야 한다는 내용의 상소를 올린 뒤 두문불출했다. 청나라는 이 김상헌을 임경업을 배후에서 조종한 수괴로 보았던 것이다.

『심양장계』 1641년 1월 10일자는 이렇게 기록하고 있다. 김상헌 등 끌려온 네 사람은 목에 쇠사슬을 걸고 양 소매를 묶은 채 먼저 형부 문 밖 길가에 방치되었다. 조선의 재상이 이런 꼴을 당하는 걸 지켜봐야 했던 세자의 심정은 어땠을까. 그러나 청나라 관원으로부터 심문받는 김상헌은 조금도 굽히는 기색이 없었다. 청의 관원이 "수군을 징발할 때 사리에 어긋난 의견을 상소한 것은 무엇 때문인가?"라고 묻자 김상헌은 "군신 사이는 부자 사이와 같으니 무릇 품은 생각이 있으면 말하지 않을 수 없다"라고 답했다. 이를 받아 "늙고 병들어 벼슬살이도 못 한다면서 상소는 어떻게 할 수 있었는가?"라고 묻자 다시 "벼슬살이에야 근력이 미치지 못하지만 마음속의 생각이야 어찌 말하지 못하겠는가?"라고 계속 뻗대었다. 이 기개 앞에서 차마 청나라는 김상헌을 베지 못했다. 그는 무려 4년을 청나라에 잡혀 있으면서 수시로 조사를 받았는데 나중에는 허리가 아프다는 이유로 뜰에 드러누워 일어나지 않기도 했다. 소현세자는 이런 그를 보호하느라 진땀을 빼야 했다.

청 조정에서는 김상헌이 너무 뻔뻔하게 나오자 영의정 최명길이 임경업에게 명을 내렸을 것이라면서 그를 불러들였다. 노구를 이끌고 다시 청나라에 온 최명길은 청 태종으로부터 심하게 심문을 당했다. 그런데 이때 황제가 최명길의 심문 자리에 세자도 참석하라는 명을 내렸다. 그러나 부드러운 어조와 합리적인 근거로 용장을 대하던 소현세자

임경업과 임경업의 글씨. 조선중기의 명장. 이괄의 난을 평정하는 데 공을 세워 진무원종공신 1등이 되었다. 청북방어사 겸 영변부사로 백마산성과 의주성을 수축했으며, 공유덕 등 명나라의 반도를 토벌, 명나라로부터 총병 벼슬을 받기도 했다. 1640년 안주목사 때 청나라의 요청에 따라 주사상장舟師上將으로 명나라를 공격하기 위해 출병, 다시 명군과 내통하여 청군에 대항하려다가 탐지되어 체포되었으나 탈출했다. 1643년 명나라에 망명, 명군의 총병總兵이 되어 청나라를 공격하다가 포로가 되었다.

가 정색을 하며 목에 핏대가 설 만큼 강경한 목소리로 거절했다.

"이것이 무슨 말인가. 영의정은 일인지하 만인지상이다. 또한 사부의 높으심을 겸하여 내가 배움을 받은 분이시니, 그 어찌 감히 앉아서 심문하겠는가. 하물며 세자의 직무는 학문을 배우고 음식 올리는 것을 볼 따름으로, 본래부터 국정의 법도에는 간여하지 않을 뿐 아니라 무릇 죄인을 국문하는 법은 명을 어긴 자를 다스리는 것보다 더 엄한 것이 없고, 대신을 담당관에게 맡기면 세자는 감히 간여할 수 없다. 당초에 최명길이 붙잡혀온 것이 비록 부득이함으로이나, 부왕의 대신에 대하여 자식 된 도리로서 단연코 심문할 수 없으니 여기에는 결코 참여할 수 없다. 무릇 사람이 죽고 사는 것은 명에 달렸으니, 이것이 비록 황제의 명이라 할지라도 명을 어기는 죄를 감수할지언정, 어찌 죽고 사는 것을 근심하겠는가."[5]

죽어도 그 자리에는 나갈 수 없다는 얘기다. 그러자 옆에서 듣고 있던 용골대가 딱하다는 듯이 "어찌 그리도 답답하십니까"라고 재차 청했으나 세자는 "내 뜻은 이미 앞서의 말에서 다 하였다. 이외에는 다시 답할 것이 없다"라며 강하게 뿌리쳤다.

김상헌 묘소. 김상헌은 선조대에 벼슬에 나와 정언正言·교리校里·직제학直提學 등을 역임했으며, 1636년(인조 14) 병자호란이 일어나자 예조판서로 척화를 주장하여 이듬해 강화가 이루어지자 파직되고, 1639년(인조 17) 명을 공격하기 위한 청의 출병 요구를 반대하는 상소를 올려 이듬해 청나라에 압송되었다가 6년 후에 귀국했다. 1649년 효종이 즉위한 후 대현大賢으로 추대받아 좌의정에 임명되었다.

17세기 동아시아의 큰 삶을 보여주는 사료

청 황제와 용장을 대하면서 세자는 외교에서의 강약 조절법을 터득해나갔다. 그것은 청나라 지도자들에게 세자에 대한 좋은 인식을 심어주었다. 포식자는 무기력한 먹잇감보다는 살아 펄떡이는 사냥감을 더 좋아한다. 청나라도 인정한 세자의 수완은 조선인 포로의 송환 문제에서도 유감없이 발휘되었다. 병자호란을 전후해서 청은 조선인 수십만 명을 잡아갔는데, 주로 거액의 보상금을 노린 일이었다. 심양에는 포로를 판매하는 시장까지 생겼는데, 몸값이 싸면 1인당 은화 수십 냥 정도였지만 신분이 높으면 수백 냥까지 치솟았다. 이 때문에 가족을 데려가려는 조선인이 현지에서 급전을 빌리는 경우가 많았고, 돈을 떼인 채무자들은 심양관에 와서 독촉을 했다. 게다가 풀려나지 못한 조선인까지 심양관으로 몰려와 살려줄 것을 호소하자, 세자는 한 명이라도 더 구하기 위해 백방으로 노력했다.[6]

『심양장계』는 이처럼 소현세자 일행과 청의 다양한 교섭 양상을 통해 미묘한 외교관계를 증언하는 동시에 명·청 교체기의 중국 정치·사회·문화 상황 등을 풍부하게 담고 있어 17세기 중국사 연구에도 중요한 자료를 제공한다. 특히 청나라를 일으킨 핵심 군사 제도인 팔기군八旗軍의 정체가 소상하게 설명되어 있고, 소현세자가 청 황제와 사냥터와 전쟁터를 다니며 목격한 청나라의 습속들이 상세하게 묘사돼 있다. 또한 청의 수도 심양에서 벌어지는 일들뿐 아니라 당시 몽골과 일본의 풍속까지 전하고 있어 한마디로 17세기 동아시아라는 스케일이 큰 삶의 영역을 잘 보여주는 사료라고 할 수 있다.

소현세자가 이런 정치적 일에 몰두하는 동안 세자빈 강씨는 심양관의 경제 문제를 해결하는 일에 집중했다. 당시 심양관에 정착한 조선인 일행은 192명이었는데 조그마한 마을을 이룰 정도로 큰 식구들의 식생활을 해결하는 것이 문제였다. 청 황제가 내려주는 음식이나 조선의 조정에서 부쳐주는 돈으로 사 먹는 것으로는 한계가 있었다. 청나라도 점점 의식주를 직접 해결하라고 압박해왔는데 채소밭을 떼어주며 직접 경작해서 먹으라고 했으나 심양관의 신하들이 "사람 살 돈도 없고 관리도 어렵다"는 이유로 반대했다가 다투는 장면도 나온다.

이때 강빈에게 기회가 찾아왔다. 인조 17년에 심양의 팔왕八王[7]이 은밀히 은자銀子 500냥을 보내 면포綿布 · 표범가죽豹皮 · 수달피[水獺皮] · 꿀 등을 무역할 것을 요구해왔던 것이다. 당시 청나라는 물품 부족에 시달렸다. 명나라와 전쟁 중이어서 물자가 모여드는 심양에서도 물건이 귀했다. 강씨는 청나라 지배층의 두둑한 지갑을 조선의 질 좋은 물품과 연결시키면 큰돈이 된다는 사실을 깨달았다. 면포 · 표범가죽뿐만 아니라 종이와 홰나무꽃[槐花] 등 약재와 생강도 좋은 무역품이었다. 특히 생강은 청나라 고위층에서 많이 찾아 용골대가 수시로 찾아와 생강을 더 실어오라고 독촉할 정도였다. 담배는 청나라에서 공식적으로는 금지되어 있던 기호품이라 내놓고 무역하지는 못했지만, 은밀하게 거래하여 많은 수익을 올릴 수 있는 품목이었다.

하지만 돈이 들어갈 곳은 많았다. 또한 당시 심양의 조선인 포로 시장에서는 매일 매매가 이뤄졌는데 돈만 있으면 이들은 조선으로 속환될 수 있었다. 이때의 사정을 적은 『심양장계』 인조 15년 5월조는 속환가가 수백 또는 수천 냥이나 되어 희망을 잃고 울부짖는 백성들이 도로에 가득 찼다고 기록하고 있다. 조선인에게 돈을 떼인 청나라 사람들 중에는 심양관을 찾아와서 대신 물어내라고 하는 이들도 많았다. 이런 데 들어가는 돈이 만만치 않았다. 강빈은 돈이 더 필요하다는 점을 인정하지 않을 수 없었다.

세자는 지식을 쌓고 세자빈은 경영을 하다

그러던 중 1642년(인조 20) 청나라에서 농토를 제공하면서 직접 농사를 지을 것을 권유해왔다. 야리강野里江 동남 왕부촌王富村과 노가촌魯哥村 두 곳에 각각 150일 갈이와 사하보沙河堡 근처의 150일 갈이, 사을고士乙古 근처 중 150일 갈이를 농토로 제공했는데 하루갈이는 장정 한명이 하루에 경작할 수 있는 면적의 농토였다. 심양관의 신하들은 농사를 짓게 되면 영원히 조선에 돌아가지 못할 것을 우려해 처음에는 거절했다. 하지만 이와 달리 강빈의 생각은 적극적이었다.

그렇다 해도 농사가 만만한 일은 아니었다. 경작할 땅만 허락했을 뿐 전문 노동력과 종자와 농기구 등은 심양관이 알아서 조달해야 하는

벼를 거두어 타작하는 모습. 심양에 끌려간 조선인들은 강빈의 주도 아래 농사를 짓기 시작했는데
처음엔 씨를 살 돈도 없어 고생했으나, 한인과 조선인 포로를 일꾼으로 고용하고 조선의 뛰어난
농법을 적용하자 소출이 급상승해서 심양관의 경제적 기반을 마련할 수 있었다.

처지였다. 또한 논밭이 한곳에 모여 있는 것이 아니라 십 리 이상 떨어져 있어 오가면서 농사를 지어야 하는 고통도 무시할 수 없었다.

강빈은 처음에는 한인漢人 노예들과 소를 사서 농사를 지었다. 첫해에 한인 노예 남자 46명, 여자 20명을 샀는데 값은 은 25~30냥 정도였고 16마리의 소값은 한 마리에 15~18냥이었다. 처음엔 이 비용을 부담하기 어려워 조선 조정에 손을 내밀었다. 『심양장계』에는 이와 관련한 대목이 나온다.

"이번에 보내온 돈은 5천 냥인데 농사지을 사람, 농사지을 소, 농사짓는 데 쓸 천막, 기구 등을 사서 갖추는 비용이 매우 많이 들 뿐 아니라 애초에 정역관이 '씨앗은 마땅히 아문에서 구해줄 것이다' 하더니, 지금에 와서는 아무런 말도 없고 구해줄 뜻이 없는 듯하니 할 수 없이 여러 가지 씨앗들을 또한 사야 합니다. 이곳에는 지금 큰 흉년이 들어 곡식은 귀하고 물건 값은 날로 뛰어올라 씨앗, 농사 때의 양식, 소 먹일 콩 등을 한꺼번에 사들이자면 5천 냥이나 되는 돈을 거의 다 쓰게 될 것이니, 앞서 말한 수많은 비용들을 다 무엇으로 대야 하는지 지극히 딱한 노릇입니다."[8]

다행히 어찌어찌 씨를 뿌리고 농사를 시작한 그해에는 풍년이 들었다. 『심양장계』에서는 '별단別單'으로 그해의 수확을 자세히 기록해 보고하고 있다. 노가새 둔소에서 25섬 13말의 씨앗을 뿌려 932섬 4말 2되를 수확하는 등 총 4군데의 농지에서 3286섬의 수확을 올린 것이다.

큰 성공이었다. 강빈은 점차 한족 농사꾼을 노예 시장에서 속환한 조선인으로 바꾸었다. 죽을 고비에서 살아난 조선인들이 고향으로 돌아갈 일념하에 더욱 열심히 일했고 이 덕에 수확물은 더욱 많아졌다. 또한 발달한 조선의 농법을 적용해 청나라에서는 질 좋은 쌀을 생산하고 구하기 힘든 구황식품을 재배해서 만주 귀족들에게 팔았는데 이것이 큰 인기를 끌면서 비싼 값으로 매매되었다. 무역만 하던 단일 체제에서 생산과 무역을 겸하는 복합 체제로 발전한 것이다.

강빈의 경영수완 덕에 인질생활 초기 울며 호소하는 조선인들로 가득 찼던 심양관 앞 거리는 무역하는 인파로 북적거렸다. 인조실록 23년 6월조는 "포로로 잡혀간 조선 사람들을 모집하여 둔전屯田을 경작해서 곡식을 쌓아두고는 그것으로 진기한 물품과 무역을 하느라 관소館所의 문이 마치 시장 같았다"라고 기록하고 있다.

강빈은 인질생활에 좌절하는 대신 대규모 영농과 국제 무역을 주도하는 경영가로 변신했다. 위기를 기회로 바꾼 선택이었다. 강빈이 이렇듯 경제를 일으키는 가운데 명나라는 청나라에게 완전히 패망하고 말았다. 청은 수도를 심양에서 명의 수도였던 북경으로 옮길 준비를 한다. 당시 청나라는 태종 황태극皇太極이 병으로 죽고 여섯 살 난 아들 순치제가 황제의 자리를 물려받았다. 그가 너무 어린 관계로 나라의 중요한 일은 태종의 동생이자 최대 실력자인 예친왕睿親王 다이곤多爾袞이 맡고 있었다. 이 다이곤은 소현세자를 매우 친밀하게 대했다. 그는 세자를 북경으로 데리고 가서 머물게 하며 신문물을 구경하게 해주었는데 여기서 세자와 천주교 신부 아담 샬Adam Schall의 운명적인 만남이 이뤄진다. 북경에서의 세자의 숙소가 아담 샬의 성당과 매우 가까워 세자는 오가다 성당에 들려 그와 환담을 나누었고, 아담 샬은 조선의 예비 국왕이 자처해서 천주교의 교리를 배우겠다고 하니 이것보다 큰 기회는 없다는 마음으로 열심이었다.[9] 이 과정에서 세자는 천주교를 비롯해 천문학과 지리서 등을 많이 접했다.

세자는 청의 이마두가 세계의 지리를 모두 한자로 번역해서 만든 『곤여만국전도坤輿萬國全圖』를 통해 세계에 대한 인식을 새롭게 했고, 서광계의 『농정전서農政全書』로 과학적인 영농법을 배웠으며 엠마누엘 디아즈의 『천문략天文略』, 마테오 리치의 『명리탐名理探』으로 천문학과 논리학이란 걸 배웠다. 특히 세자를 사로잡았던 서학서는 청나라의 고관 이지조李之藻가 편역한 『천학초함天學初函』이었다.[10] 가톨릭교가 중국에 전래된 비교적 초기의 예수회 신부들이 한문으로 저술한 글을 모은 책으로 이편理篇과 기편器篇으로 나누어져 있다. 이편은 알레니의 『서학범西學凡』, 마테오 리치의 『기인畸人』『교우론交友論』『변학유독辨學遺牘』『이십오언二十五言』『천주실의天主實義』 등의 저서들, 판토자의 『칠극七克』, 삼비아시의 『영언여작靈言蠡勺』, 알레니의 『직방외기職方外記』 등을 모았다. 기편은 울시스의 『태서수법泰西水法』, 마테오 리치의 『혼개통헌도설渾蓋通憲圖說』『기하원본幾何原本』『동문산지同文算指』, 울시스의 『표도설表度說』『간평의설簡平儀說』, 디아즈의 『천문략天問略』 등을 비롯해 『환용교의圜容較義』『측량법의測量法義』 등의 자연과학적 지식, 삶을 더욱 윤택하게 변화시켜줄 환상적인 기술서들이 망라되어 있었다. 청나라에 와서 외교관으로 활동하고 전쟁의 참상을 목격했으며 향후 동아시아의 외교적 질서가 어떻게 흘러갈 것인지에 대해 생각해왔던 소현세자는 이런 다양한 지식을 적극 수용해 조선이 거듭나야 한다는 것을 확신하게 된다. 그것은 조선이라는 나라에게는 큰 기회였다. 만약 소현세자가 귀국해서 왕위를 제대로 물려받았다면 조선은 명치유신의 일본보다 무려 200년이나 앞서서 서양 문물을 받아들일 수 있었을 것이다.

30대 중반의 어엿한 군주의 모습으로

소현세자 일행이 죽지 못해 심양으로 끌려온 지 8년 만에 많은 변화가 있었다. 외부적인 변화로는 명나라가 망했고 청나라가 통일을 이루었다. 대업을 이룬 후 청 태종이 죽었고 한 세대가 마감되면서 수도가 북경으로 바뀌었으며 이를 근거지로 청나라 고위층과 천주교 신부들의 교류가 확산돼 개방의 물결이 일었다. 명나라에 군사를 파견하는 문제, 조선인 포로를 속환하는 문제, 국경을 조율하는 문제, 청나라에 바칠 조선의 조공 제도를 만들어나가는 문제 등 민감한 외교적 현안을 다루면서 소현세자는 실제로는 조선을 대표하는 사람, 즉 왕과 다름없는 비중으로 위상이 격상되었다. 『심양장계』 인조 19년 9월 25일의 기사를 보면 만주의 팔왕이 세자에게 극진하게 예우하는 모습이 나오는데, 장계에는 이와 같은 대목이 많이 등장한다. 황제가 세자를 위해 물품을 내리거나 마음을 쓰는 모습도 자주 등장한다.

눈에 자주 띄는 장면 중에 '백성들을 염려하는 세자의 모습' 또한 간과할 수 없다. 심양에 거주하는 조선인이나 국경 근처에 사는 백성들이나 조선에서 생강이나 토산품을 싣고 오는 사람들에게 겨울에는 얼어 죽지 않을까, 굶지는 않을까 세자가 일일이 신경을 쓰고 배려하는 모습이 그것이다. 만약 조선 땅이었다면 세자라는 이는 왕궁 속에 깊숙이 숨겨진 신비로운 존재였을 테지만, 먼 곳 타국에서 직접 정무를 지휘하는 그는 신비의 휘장을 걷고 직접 백성을 상대하는 군주의 모습이 될 수밖에 없었다.

『심양장계』에는 20대 중반의 세자가 30대 중반의 어엿한 군주로 성장해가는 모습이 매우 드라마틱하게 기록되어 있다. 이것이 과연 아버지 인조에게는 어떻게 비쳤을까. 비록 그가 청나라와 직접 대면하기 싫다는 이유로 외교 업무를 세자에게 맡기기는 했지만, 이것이 운신을 편안하게 해주는 것을 넘어 국왕의 지위와 위상을 위태롭게 하는 계기가 될 수 있다고 생각했다. 즉, 인조는 이것을 불길한 징조로 받아들였다.

사실 인조의 이런 불안함은 전혀 이해하지 못할 만한 것도 아니다. 어떤 왕조이든 간에 그 구조는 곧 물러날 왕과 왕위에 오를 세자의 구도로 되어 있다. 왕권이 강할 때는 왕이 아무리 오래 살더라도 세자에

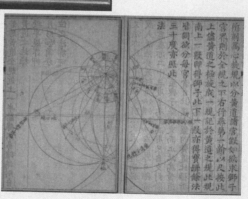

마테오 리치와 그의 저술. 이탈리아의 예수회 선교사로 중국에 최초로 선교한 인물이다. 중국에서 전교하기 위해서 서양의 학술을 중국어로 번역했다. 또 저서인『천주실의』는 한국의 천주교 성립에 결정적인 영향을 끼쳤다.

게 이목이 집중될 이유가 없다. 하지만 인조는 반정을 통해 왕위를 찬탈한 국왕이다. 그가 왕이 될 때의 명분은 광해군이 명나라 몰래 후금(청)과 교역하는 이중외교의 비윤리성을 척결하겠다는 것이었다. 하지만 이 명분이 병자호란으로 무너졌다. 아무리 강제적인 것이었다고 할지라도 조선은 청나라의 신하가 되었고 반정의 의미는 퇴색했다. 인조로서는 그 명분을 상징적으로라도 지키기 위해서 청 태종과 말을 섞지 않고 피해왔다. 그런데 청나라로 건너간 세자가 기대 이상의 활약을 펼쳐 청나라와의 관계가 눈에 띄게 호전된 것이다. 누가 봐도 청국의 대화 파트너는 인조가 아니라 세자였다. 이것을 인조는 견딜 수 없었던 것이다. 이런 불안감을 더욱 증폭시킨 것은 청이 강제로 자신을 폐위시키고 세자를 왕위에 앉힐지도 모른다고 생각한 인조의 상상력이다.

"한번 상처를 받은 새는 의심이 없을 수 없다"

1643년 명나라가 망한 이후 조선이 더이상 명과 내통할 우려가 없다고 판단한 청은 세자를 귀국시키기로 결정한다. 조정의 신하와 백성들은 세자가 국난에서 나라를 구하기 위해 스스로 내렸던 결정을 똑똑히 기억하고 그를 환영할 만반의 준비가 되어 있었다. 세자의 도움으로 속환된 포로들이 고향으로 돌아와 입에 침이 마를 정도로 그 덕을 찬

양했음은 말할 필요도 없다. 하지만 인조는 이러한 청의 결정이 내려지자 적잖이 의아하다는 태도를 드러낸다. 누구도 예상하지 못한 반응이었다. 실록에 실린 내용을 중심으로 인조의 반응을 살펴보자.

> "청인이 나에게 입조入朝하라고 요구한 것은 전한前汗 때부터 그러하였으나 내가 병이 들었다는 것으로 이해시켰기 때문에 저들이 강요하지 못하였다. 그런데 이제 들건대 구왕은 나이가 젊고 강퍅하다고 하니 그 뜻을 어찌 헤아릴 수 있겠는가. 전일에는 세자에 대한 대우를 지나치게 박하게 하다가 이제는 오히려 지나치게 후하게 한다 하니, 나는 의심이 없을 수 없다. 저들이 만약 좋은 뜻으로 내보낸다면 세자와 대군을 다 돌려보낼 것인데, 중한 것을 포기하고 가벼운 것을 취하는 것[11]은 무슨 뜻인가?"(인조 21년 10월 11일)

청에서 세자를 보내겠다고 한 것에 대해 어떻게 응답할 것인가를 논의하는 자리였다. 인조의 어투에서는 세자가 돌아오는 것을 내켜하지 않는 마음이 물이 끓어 넘치는 것처럼 격정적으로 표출되어 있다. '의심'이 없을 수 없다는 건 병을 핑계로 청과 거리를 두는 왕 대신 세자를 왕으로 삼지 않겠느냐는 질문인 것이다. 여기서 구왕은 어린 황제를 대신해서 국정을 맡고 있던 청의 예친왕 다이곤이다. 다이곤은 세자에게 유난히 친밀하게 대해줬던 사람이다. 신하들은 왕의 속내를 훤히 들여다보고 있었으나 조심스러웠다. 영의정 심열沈悅은 "성상의 분부가 이러하시니 신하가 어찌 감히 우러러 청하겠습니까"라며 인조의 비위를 맞추었고, 우의정 김자점은 "구왕은 아직도 우리나라를 의심하여 불안하게 생각하고 있으니 반드시 이런 조치를 하지 않을 것입니다. 이는 우리나라에 환심을 사기 위한 것에 지나지 않습니다"라면서 실제로 돌려보내지 않고 떠보려는 제스처일 수도 있다고 말했다. 좌의정 심기원沈器遠과 이경증李景曾, 정태화鄭太和 등은 "받아들이자"고 계속 아뢰었다. 하지만 인조는 "저쪽에서 내보내면 그만인데 우리의 말을 기다릴 게 뭐가 있겠는가. 이와 같이 변수가 많으니 아무리 좋은 말을 들어도 도리어 의혹이 생긴다. 활에 한번 상처를 받은 새는 으레 이런 법이다"라면서 계속 의심을 버리지 않았다.

조선이 머뭇거리는 사이 청에서는 세자의 귀국이 더욱 구체화되어 진행됐고 드디어 1643년 12월 15일로 귀국일까지 정해졌다. 이때부터 세자에 대한 인조의 적대감은 더욱 노골화된다. 그해 11월 3일에는 "세자가 아무리 빨리 돌아오고 싶더라도 반드시 우리나라의 인마人馬가 들어간 뒤에야 나올 수 있을 것"인데 청나라에서 너무 서두르는 것 같다고 말했고, 1월 9일 세자의 일행이 거의 서울에 다다랐을 때 궁료宮僚들이 중로中路에 나가서 세자를 마중하겠다고 청했지만 인조는 인마의 폐해가 있다는 이유로 벽제碧蹄까지만 가서 마중하게 했다. 당시에는 조선의 인마가 청나라로 너무 많이 넘어가는 것을 우려해 국경을 넘을 때 인마의 수효를 헤아리게 했는데, 세자 귀국을 반기는 일행에게 이러한 율을 적용한다는 것은 상식적으로 납득하기 어려운 조치였다.

소현세자가 북경에 갔을 당시 묵었던 문연각文淵閣의 모습. 자금성 안에 있는 문연각은 사고전서를 수장하기 위해 지은 건물이다. 그 많은 책에 둘러싸여 소현세자는 과연 무슨 생각을 했을까.

인조의 행동은 단순히 세자의 귀국을 내켜하지 않는 수준을 넘어서기 시작했다. 세자빈 강씨가 심양에 있을 때 모친이 돌아가셨지만 만리타향에 묶인 몸이라 임종을 지키지 못했다. 그래서 귀국한 후 찾아뵈려 했지만 인조는 가지 못하게 막았다. 이에 영의정 등 백관이 부당하다고 상소문을 올렸다. "세자께서 당초에 빈궁과 함께 돌아가겠다고 청할 때 부친은 죽고 모친은 병중에 있다는 것을 아울러 거론하여 그 이유로 내걸었는데, 이제 찾아가 곡하는 절차가 없으면 저쪽 나라가 의아해할 것입니다"라고 조문을 허락해달라고 했으나 인조는 "과인이 지금 재변이 참혹하고 민심이 안정되지 않은 것을 걱정하느라 법 밖의 예나 외람한 거조는 생각이 미칠 틈이 없다"는 이유로 거절했다. 효를 중시하는 나라의 신료들은 이러한 왕의 결정은 부당하다고 여겼다. 그리하여 공동 사직서를 써서 올렸지만 인조는 흔들리지 않았고 결국 강빈은 궁 밖으로 나가지 못했다.

『심양장계』, 비극으로 끝난 희망

이후에 벌어진 일들은 너무나 참혹한 비극이다. 세자와 세자빈은 잠깐 청나라에 건너갔다가 그 이듬해 2월 영구 귀국했는데 인조는 세자를 정치에서 철저히 배제시켰다. 청나라에서의 행실이 나쁘다는 것을 이유로 차디차게 냉대했다. 또한 그해 4월 23일 세자가 병이 났는데 학질이었다. 만주의 거친 풍토에서도 건강하게 8년이나 살다온 삼십대 중반의 어른이 귀국한 뒤 갑자기 학질에 걸린 것이다. 그리고 이틀 뒤인 4월 26일 세자는 죽었다. 약도 제대로 써보지 않고 어의 이형익李馨益이 이틀간 침으로 가료하던 중 사망한 것이다.

　그러나 소현세자의 죽음은 그 원인이 학질이 아니었다. 왕실의 가족으로 시체의 염습에 참여했던 진원군 이세완의 부인이 "세자의 온몸이 전부 검은빛이었고 얼굴의 일곱 구멍에서는 모두 선혈이 흘러나오므로, 검은 멱목*으로 얼굴 반쪽만 덮어놓았으나 곁에 있는 사람도 그 얼굴빛을 분간할 수 없어서 마치 약물에 중독돼 죽은 사람과 같았다"라고 증언한 것이 실록에 그대로 실려 있다. 즉 세자의 죽은 모습은 독살된 모습이었다. 세자의 죽음은 의혹투성이였고, 사간원에서 어의 이형익을 국문할 것을 요청했으나 왕은 허락하지 않았다. 그렇게 세자의 죽음은 쉬쉬 하며 지나갔다. 인조는 세자의 무덤에 왕과 왕비의 무덤에 붙이는 '릉陵'이라는 말을 쓰지 못하게 하고 '원園'을 쓰게 했다.

　소현세자의 뒤를 잇는 것은 당연히 맏아들 석철이어야 했지만 세자의 아우인 봉림대군이 종통을 이어 나중에 효종에 오른다. 봉림대군은 심양에 머물 당시 세자와는 다르게 청나라에 대한 적의감과 복수설치復讎雪恥의 태도를 키워왔다. 이는 인조의 반정정권이 내세운 명분과 합치하는 것이었다. 효종 또한 자신을 왕으로 세운 조선의 논리가 무엇

---

* 소렴 때 시체의 얼굴을 싸는 검은 헝겊.

인지를 알았기에 즉위 후 무리하게 북벌을 추진할 수밖에 없었다.

죽음은 죽음을 낳는다고 세자의 부인 강빈도 목숨이 위태로웠다. 그녀의 친인척들이 잇따라 파직당하고 귀양을 갔으며, 대사헌 김광현은 강빈의 오라비인 강문명姜文明의 장인이라는 이유로 지독하게 미움을 받았다. 결국 인조는 그녀가 전복구이에 독을 넣어 왕을 독살시키려 했다는 누명을 씌워 사약을 내린다.

세자의 세 아들은 제주도로 귀양 보내졌다. 세자가 죽자 청나라 장수 용골대가 원손을 데려가 키우겠다고 말한 것이 화근이었다. 인조는 혹시라도 청에서 자신을 폐하고 원손을 세울까봐 두려워 이 같은 조치를 단행한 것이다. 인조는 당시 제주도에 위리안치되어 있던 사대부들을 전부 다른 섬으로 이배시킨 다음 세 손자를 섬에 가두었다. 그리고 얼마 지나지 않아 사약을 내려 죽였는데, 당시 네 살이던 셋째 아들 석견은 나이가 너무 어렸기에 신하들의 반대가 거세 차마 죽일 수 없었다.

이로써 아들과 며느리와 손자는 아버지와 시아버지와 할아버지에 의해 모조리 처형되었다. 소현세자 일가의 이러한 비극적 죽음은 지금껏 많은 이들에게 안타까움과 동정을 불러일으켜왔다. "명분 대신 실리를 취한 대가가 죽음"이었다는 얘기에서부터 무능하고 악독한 조선 최악의 군주로 인조를 지목하기도 한다.

『심양장계』는 꽃봉오리 상태로 죽음을 맞이한 소현세자의 삶을 은유하고 있는 생생한 역사 기록물이다. 조선중기의 대문장가인 택당 이식李植은 소현세자의 비지문碑誌文을 지으면서 "타고난 성품이 효성스럽고 우애가 있으며, 학식과 도량이 영명하고 의연하였다"고 말했다. 『심양장계』를 읽어보면 이 같은 택당의 평가는 빙산의 일각에 불과함을 알 수 있다. 적국인 청나라를 인품으로 감동시킨 짧지만 강렬했던 소현세자의 섭정기는 효성과 우애를 넘어서는 군주학의 어떤 핵심을 드러내고 있기 때문이다. 『심양장계』는 이 실현될 수 없었던 탁월한 리더십이 단단하게 만들어지는 과정을 잘 보여준다. 비극으로 끝난 희망. 그것을 읽는 것만큼 가슴 벅찬 고통은 없을 것이다.

동방의 보물 같은 책은 | 왜 백성을 | 구하지 못했는가

_ 『동의보감』에서 『마과회통』까지

동방의 보물 같은 책은 왜 백성을 구하지 못했는가

『동의보감』에서 『마과회통』까지

임진왜란과 병자호란을 겪은 후 조선의 국가 재정은 파탄 상태에 직면하게 된다. 국가가 관료들에게 주던 월급을 10분의 1로 줄여버렸다는 사실만 봐도 얼마나 어려웠는지 짐작할 수 있다.[1] 이로써 저마다 스스로 살길을 도모했는데 평민이나 천속뿐 아니라 양반도 예외가 될 수 없었다. 권력을 등에 업은 지방관들의 학정虐政은 갈수록 도를 더해갔고 도탄에 빠진 백성들은 신음을 거듭했다. 왕실은 한없이 무기력했다. 임진왜란 직후에 다음과 같은 상소가 올라오는 것은 조선의 중추신경이 망가졌다는 점을 시사한다.

"의녀醫女를 서울 안에서 징집한 것은 의술을 가르쳐 장차 국가에서 쓰기
위한 것인데, 기강이 해이해져 사치하는 풍조가 만연하자 여염의 크고 작

은 술잔치에 의녀를 불러 모으지 않은 적이 없습니다. 이 때문에 모든 상급 기관에서 그들을 붙잡아 보내는 것을 평시 기생의 규례처럼 끝없이 하였습니다. 나이 젊은 기생은 일정한 수가 있는데 이름을 써놓고서 붙잡아 가는 것은 날이 갈수록 많아집니다. 해당 관원이 열심히 명령을 수행하는 데도 여기저기서 모욕당하는 것을 면치 못하는데, 어느 겨를에 의녀의 얼굴을 대하고 가르칠 수 있겠습니까. 신들은 항상 놀라고 탄식하였지만 또한 어떻게 할 수가 없습니다."(선조 38년 4월 10일)

조선시대 국립병원이라 할 수 있는 혜민서惠民署의 관리 두 명이 올린 탄원서다. 혜민서에서 매년 일정하게 뽑아 가르치는 의녀들이 간호 수업을 받기보다는 잔칫집에 불려다니는 기생 신세를 면치 못하고 있음을 통탄하는 내용이다. 혜민서와 활인원活人院 등 조선초기의 구휼기관은 조선중후기로 넘어오면서 점점 원래의 기능을 잃어갔는데, 임진왜란 때 관리가 해이해졌고 한번 흐트러진 기강은 전쟁이 끝난 후 100년이 지나도 바로잡히지 않았다.

"혜민서를 설치한 것은 본래 백성들을 구활하기 위한 것인데, 지금 전염병이 크게 일어나 죽는 자가 줄을 이었습니다. 이번에 의사醫司로 하여금 약물을 가지고 치료하라고 해당 관서에 전달하였으나 그대로 거행하지 않아 죽어 쓰러지는 참혹함이 갈수록 심해지니, 직분을 태만하게 버리고 명령을 소홀히 하는 형상이 진실로 매우 놀랍습니다. 청컨대 본서本署의 제조提調를 중벌로 다스리고, 해당 의관은 죄주게 하소서. 또한 활인서活人署도 마찬가지로 근래에 병에 전염되어 막幕에 나와 있는 사람들을 치지도외置之度外하고 돌아봄이 없어 죽는 사람이 계속 이어지게 하니, 관을 설치하고 직분을 나누는 뜻이 과연 어디에 있겠습니까? 청컨대 관원들을 태거汰去시키고 서원書員과 고직庫直을 구속시켜 죄를 다스리소서."(숙종 24년 12월 10일)

숙종 24년 겨울, 전염병이 창궐해 병들고 얼어 죽는 사람이 산더미처럼 쌓였으나 관리들이 돌아보지 않아 상황이 더욱 악화된다는 내용이다. 하지만 이러한 탄원이 올라오고 조치가 취해져도 상황은 나아지지 않았다. 활인원은 결국 1709년(숙종 35)에 혜민서로 이속되었으며, 1743년(영조 19)에는 완전히 폐쇄되었다.

조선인들을 옭아맨 성리학

성리학 이념을 떠받든 조선은 점점 수족이 말을 듣지 않는 경직된 사회로 변해갔다. 국가가 장려하는 학문은 실제 삶에서는 도통 그 쓰임을 알 수 없는 추상적인 내용뿐이어서 생활을 옭아매는 역할만 더해 나갈 뿐이었다.

특히 조선을 괴롭힌 전염병과 각종 질병에 대처하는 방식에서 큰 하

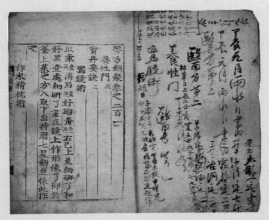

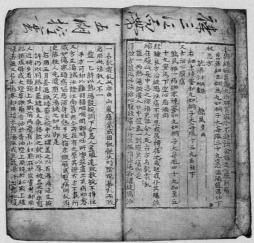

『향약집성방』. 1431년(세종 13)에 권채權採·유효통兪孝通·노중례盧重禮 등이 재래의 여러 의서를 참고하여 편찬, 1433년에 간행했다. 모든 질병을 57대강문大綱門으로 분류하고 다시 그것을 959조 의 소목으로 나누어 각 강문과 조목에 해당되는 병론病論과 방약方藥을 출전과 함께 일일이 논거하고 있다.

자가 발생했다. 전염병은 이미 세종대부터 잊을 만하면 찾아왔다. 농업이 국가 기반 산업이니 전염병으로 인한 노동력의 상실은 크나큰 문제가 아닐 수 없었다. 하지만 이를 해결하기 위한 노력은 미흡했다. 전염병은 주로 가뭄과 홍수로 인한 기근을 동반하면서 창궐했지만, 그보다 더 근본적인 원인은 조선에 '위생衛生'에 대한 관념이 존재하지 않았다는 사실이다. 조선에는 질병이 세균에 의해 감염된다는 자연과학적 지식이 없었다. 세균 감염을 우려하지 않았으니 특별히 위생에 신경 쓸 필요가 없었을지도 모른다. 하지만 1433년(세종 15) 발간된, 한漢·당唐·송宋·원元 등의 의방서醫方書와 고려 때부터 내려오던 민간의 치료법들을 모은 『향약집성방鄕藥集成方』만이라도 충분히 민간에 반포되고 교육되었다면 상황은 달라졌을 것이다. 오늘날로 따지면 『향약집성방』은 양장본 고급 도서이기 때문에 이를 보급판으로 만들어 반포하지 않는 이상 구해 볼 도리가 없었다. 이런 의서들을 활용해 병을 치료해주는 의료기관이 지방 곳곳에 있지도 않았고, 허울만 남은 서울의 몇몇 의료기관도 잔칫집 기생을 대주는 기묘한 성격으로 전락한 지 오래였다.

선조는 전염병과의 전쟁을 선포했다. 임진왜란이 막바지에 도달한 1596년(선조 29) 왕은 처참해진 백성들의 삶을 회복시킬 수 있는 거대한 국가 프로젝트를 추진한다. 지금까지 이 땅에서 알려진 모든 질병의 치료법을 상세히 기록한 의서醫書를 발간하는 일이었다. 선조는 허준과 몇몇 학자들을 불러들였고 그렇게 17년에 걸쳐 의학백과 편찬이 시작되었다. 『동의보감東醫寶鑑』(1611)이 세상의 빛을 보게 된 것이다. 1597년 정유재란으로 2~3년간 중단된 것을 제외하면 14~15년간의 집필 기간이었고, 투입된 비용은 천문학적인 규모로 인쇄비까지 합치면 오늘날 금액으로 300억 원 이상이 들었을 거라고 전문가들은 추산한다.[2]

동쪽 나라 의사가 지은 보물 같은 책

이전에 조선 의관들은 조선전기에 쓰여진 『의방유취醫方類聚』나 『향약집성방』에 주로 의존하거나 원나라와 명나라 시대에 나온 중국 의서들을 원용하여 병을 치료해왔다. 당연히 불편함이 많았고 조선의 실정에 꼭 들어맞는 것도 아니었다. 『동의보감』의 이름을 풀어서 번역해보면 동쪽 나라 의사가 지은 보물과 같은 책이라는 뜻인데, 프로젝트의 총책임자 허준은 그만큼 이 책에 강한 자신감을 보였다.

『동의보감』은 기존의 조선 의학서들과 많은 차별점이 있었다. 우선 최신 의서들을 망라하고 취사선택해서 고급하고 적실한 내용을 찾아냈다는 점이다. 허준이 참고하고 있는 중국 의서들을 볼 때 원나라 이전의 것들은 25종에 그치지만, 원나라 이후의 책들은 36종이나 된다. 그만큼 최신 한의학 이론을 망라했다는 말이다.

조선의 약물학 지식도 총동원되었다. 중국의 한의학 지식이 몽땅 동원됐으므로 따로 추가될 이론이나 지침이 있을 것 같지 않다고 추측할지 모르나 사실은 전혀 그렇지 않았다. 고려 말 이래 조선은 사승師承 관계에 의해 향약鄕藥에 관한 지식을 꾸준히 축적해왔다. 그것은 철저한 경험방經驗方으로 몸의 생로병사와 자연의 치유력을 맨몸으로 맞대어 얻어낸 실증주의 자연학의 귀결이었다. 『동의보감』은 내경편 · 외형편 · 잡병편 · 탕액편 · 침구편으로 나뉘는데, 여기서 탕액편 3권에는 당시 조선에서 널리 사용되던 약물 1천여 종의 효능과 이를 적용해야 하는 증세가 무엇인지, 약초를 채취하는 방법과 산지, 가공 방법 등을 자세하게 밝혀놓았다. 그리고 약물 이름 밑에 민간에서 부를 때 쓰는 향명鄕名을 덧붙여놓았다.

허준은 여기서 더 나아가 『동의보감』을 자연과 인간을 분류하고 이론화하는 철학으로 승화시켰다. 동양의 전통적인 자연관, 즉 하늘과 땅과 인간의 우주론을 인간의 몸속에 상징화한 것이다.[3] 책의 앞부분에 실린 '신형장부도身形臟腑圖'가 바로 하늘을 상징하는 머리와 몸, 그리고 이 둘을 인체의 척추가 연결하여 하늘과 땅의 선천 기운과 인체의 후천 기운을 소통 · 순환시킨 모습이다.[4]

한 가지 주목할 점은 허준의 철학적 의학서 『동의보감』은 도가적 양생술의 전통에 크게 기대고 있다는 점이다. 허준은 "도가는 정정한 마음을 기르는 수양을 근본으로 삼고, 의학은 약물과 식이요법 및 침구요법을 치료의 방법으로 삼는다"는 입장을 취하고 있었다.[5] 이것은 도가 사상의 심신일체 양생설과 일맥상통하는 측면이 있다. 이럴 때 "병

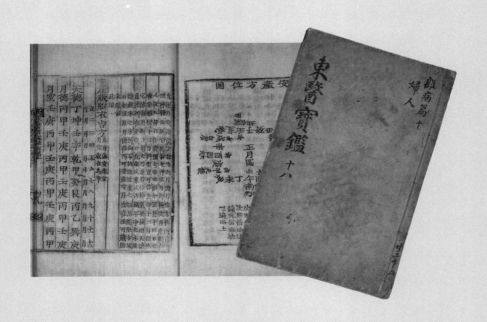

『동의보감』, 허준, 31.8×20.5cm, 1613년경, 국립중앙박물관 소장. 실사구시의 자세와 명민한 관찰력 그리고 고전에 대한 해박한 학식을 토대로, 풍부한 임상 경험을 살려 기본 학리가 임상에 직결되기까지 일관하여 보다 체계적이고 실용적인 의술의 구체화를 이룩했다고 평가받는 『동의보감』은 중국과 일본에도 수출돼 호평을 받았다.

의 원인은 모두 마음에서 비롯되는 것"[6]이 되기 때문에 음식, 의복, 목욕, 술과 차 등 일상생활 속에서 마음을 다스리는 법이『동의보감』에 자연스럽게 녹아들 수밖에 없다.

이 대목에서야 왜 체계적인 의서의 편찬이 조선전기 이후 맥이 끊겼다가 선조대에 발등에 불이 떨어지고서야 재개되었는지 이해가 된다. 말하자면 의술의 본질이 몸의 돌봄에 있는 한 그것은 도가적 양생술의 형태로 재야에서 추구될 수밖에 없었고 성리학을 국시로 삼은 조선의 학자들은 이것을 학문의 한 방편으로 받아들일 수 없었던 것이다. 허준이 서얼 출신이라는 점, 조선중기 양명학의 대가인 노수신盧守愼의 후손으로 가학의 전통을 이어받았다는 점 등은 이런 정황을 좀더 분명히 납득하게 해준다. 성리학자들은 허준이『동의보감』을 펴내 안팎으로 인정을 받자 이를 경계하려는 듯 끊임없이 상소를 올려 허준의 약점을 찾고자 노력했다.『동의보감』이 그나마 이런 규모로 완성될 수 있었던 것은 조선의 이념적 경직성이 본격적으로 가동되기 이전, 16세기 중후반 서울과 한강 이북의 경기도 일대에 조성된 유불선 삼교 회통의 철학적 분위기가 존재하고 있었기 때문이다.

『동의보감』은 한의학의 본토 중국으로 역수출되고 난학蘭學이 성립하기 전 일본의 의학 체계에도 큰 영향을 미쳤다. 18세기 후반 홍대용이 북경에 다녀오면서 서점에서『동의보감』을 팔고 있는 것을 보고 흐뭇해한 기록이 있고, 1748년 조선통신사 일행의 목격담도 전한다. 통신사 일행이 일본 낭화浪華라는 곳에 도달했을 때 일행 중에 병이 나서 일본인 의사에게 치료를 받게 되었다. 이때 통신사 일행이 일본 의술을 믿을 수 있느냐고 의심하자 의사가 자신의 의술은 『동의보감』을 기준으로 삼았는데 무슨 의심을 하느냐고 반문할 정도로 그의 영향력은 크고 높았다.

"쓸모없는 책이 될까 염려스럽습니다"

하지만 『동의보감』은 질병의 정복이라는 의학 내부의 강령과 하늘과 땅과 그 사이에 존재하는 인간의 몸을 균형적으로 이해하려는 형이상학적 시도를 결합시키고 있었기 때문에 충분히 실용적이지는 못했다. 25권 25책에 달해 너무 거질巨帙의 책이었고 비싸서 일반인들은 구해 볼 수도 없었다.

"『동의보감』을 남쪽 삼도三道에 나누어 보내서 간행하라고 공문을 발송한 지 벌써 오래되었습니다. 하지만 책 수가 매우 많고 공사가 적지 않기 때문에 각처에서 어려움을 호소합니다. 게다가 이 책은 다른 책과 달라서 두 줄로 소주小註를 써놓아서 글자가 작아 새기기가 매우 어려우며, 약명藥名과 처방은 조금이라도 착오가 있으면 사람의 목숨에 관계가 되는데 애초에 본책本册이 없고 필사본으로 한 부를 간행했을 뿐이므로 다시 의거할 길이 없습니다. 만약 외방에만 맡겨두면 시일이 지연되고 착오와 오

류가 생겨서 결국 쓸모없는 책이 되어버릴까 염려스럽습니다."(광해군 2
년 11월 21일)

이렇게 어려움 끝에 각처에 보급된 『동의보감』은 결정적으로 17~18
세기에 크게 창궐했던 홍역과 두창을 다스리는 데 실패했다. 그것은 기
본적으로 『동의보감』의 의도가 백성들의 몸을 성리학적 질서 속으로
의식화儀識化하려는 데 있었기 때문이다.[7] 홍역과 두창은 개인의 양생술
로 해결될 성질의 전염병이 아니었다. 이에 효과적으로 대처하기 위해
서는 거기에 맞는 사회적 행동이 필요했다. 청결한 격리 수용 시설이
있어야 했고, 제때 도착하는 보급품과 약품, 이를 총지휘할 긴급 의료
체계가 갖추어져야 했다. 하지만 조선에는 이런 것이 전무했다. 17세
기 중반 조선사회를 관찰한 하멜의 다음과 같은 기록을 보면 당시의 피
폐한 상황이 짐작된다.

"조선 사람들은 질병, 특히 전염병에 대해 대단한 혐오감을 갖고 있다. 병
에 걸리면 환자들은 동네 바깥에 있는 들판의 작은 초막으로 옮겨져서 혼
자 살게 된다. 간호하는 사람 외에는 아무도 그 환자에게 접근하지 않으
며, 말도 걸지 않는다. 그 부근을 지나가는 사람은 환자의 앞쪽에 있는 땅
에 침을 뱉는다. 간호해줄 친구가 없는 환자는 그대로 죽게 된다. 전염병
이 발생한 집이나 마을은 소나무 가지로 거리를 가로막고, 모든 사람들이
알 수 있도록 환자의 집 지붕을 가시나무로 덮어버린다."[8]

삼눈 치료법. 주술 가운데 특히 병을 치료하기 위한 목적으로 행해지는 것을 주의呪醫라 한다. 흔히 민가에서 삼눈이라는 눈병이 생기면 '삼눈을 잡는다' 하여 물 대접에 녹두나 팥을 담가서 낟알에 물방울이 생기면 젓가락으로 물방울을 뗀다. 또 벽에다 사람의 얼굴을 그려놓고 삼눈이 선 쪽의 눈알에 송곳을 박아둠으로써 삼눈을 고칠 수 있다고 믿었다.

하멜이 조선을 방문했던 시기는 한 해 걸러 역병과 대기근이 창궐하고 있었다. 하지만 그의 기록 어디에도 조선의 관원들이 참여하고 있는 모습은 보이지 않는다. 공공기관을 대대적으로 움직여 이를 해결하고자 하는 정책적 의지는 찾아보기 힘들었다. 병이 나면 마을에서 격리돼 앓다가 그냥 죽을 수밖에 없는 퇴출의 시스템만이 작동하고 있었다. 선조는 세종이나 정조와 같은 조선의 다른 군주들보다 현실감각이 떨어지는 면이 있었다. 전란을 직접 겪었던 왕이지만, 그는 백성들의 아픔을 피부 깊숙이 받아들이지 못했다. 실록을 보면『동의보감』의 찬술이 본격화되기 몇 년 전부터 왕실에 아픈 사람이 많았고, 선조 또한 겨드랑이와 귀가 아파서 어의御醫와 침을 놓을 것인지 쑥뜸을 할 것인지를 두고 실랑이를 벌이는 장면이 자주 목격된다. 이는『동의보감』이 이러한 왕의 개인적인 아픔, 왕실의 건강이라는 지극히 협소한 필요 욕구를 충족시켜줄 목적으로 만들어졌을 가능성을 시사한다. 이것은 "동의보감에 내장된 의학 지식이 사회화되지 못한 것은, 그 지식 자체가 일반 백성들이 실용화하기에 쉬운 지식이 아니라, 양생을 일상적으로 실천할 수 있었던 사대부들의 눈높이에 맞추었기 때문"이라는 학자들의 지적과 일맥상통한다.

실제로 실록의 사관은 왕과 신하들이 전염병에 대한 대책을 논하는 장면을 기록하다가 참지 못하고 자신의 목소리를 개입시키고 있다. 선조가 "금년에는 대소인大小人을 막론하고 모두가 역질疫疾에 걸려 자리에 누워 신음하고 내 눈앞에 있는 사람까지도 계속하여 아프니 어찌하여 이런가?"라고 묻자 도승지 장운익이 "2년에 걸쳐 전쟁을 치른 뒤라서 살기殺氣가 이변을 일으켜 이와 같이 죽는가봅니다. 소신의 생각으로는 따로 한 군데 제단을 마련하여 위에서 정성껏 치제하면 혹 그 기운이 사라질 수 있을 것 같습니다"라고 했고 유성룡은 "염초焰硝가 염병에 좋을 것 같습니다"라고 대답한 뒤였다.

> "사신은 논한다. 전쟁을 치른 뒤에 기근과 역질이 계속 발생하여 경외京外 인민이 씨가 마를 정도인데 조정에서는 지모를 짜내어 구제할 것은 생각하지 않고 약물 한 가지에만 구차하게 매달리니, 신은 상의 애달파하는 하교가 참으로 굶어 죽은 시체에는 아무런 도움도 되지 않을까 염려스럽다."(선조 27년 6월 18일)

동아시아 최고 의서 『마과회통』

물론 허준의 『동의보감』은 실용성 논란을 낳았어도 기본적으로는 특출한 작업이었다. 근대 의학의 시선에서 볼 때는 양생술의 틀을 넘어서지 못한 것으로 보일 수 있지만, 당시의 기준으로 볼 때는 첨단의 이론과 민간의 경험방이 융합된 고도로 체계화된 저술이었다는 점은 분명하다. 이 책 이후 조선 의학의 역사상 의미 있는 저술은 정약용에 와서야 가능해졌다. 전염병 창궐 시대에 향촌에서 죽어가는 사람들을 지켜본 정약용은 그 자신이 자식 여섯을 연달아 두창으로 잃어버린 경험이 있는 한 많은 아버지였다. 그는 의학을 곁불 쬐기로 연구한 것이 아니라 체계적으로 방대하게 추구해 홍역 등 마과痲科에 속한 질병을 정복한다는 취지로 방대한 지식을 체계적으로 정리한 『마과회통痲科會通』(1798)을 저술했다.

이 책 또한 『동의보감』과 마찬가지로 조선의 경험적 의술과 중국의 이론 및 처방을 종합해낸 동아시아 최고 수준의 전문 의서였다. 정약용은 이 책에서 한의학의 제 측면에 짙게 깔려 있는 '술수적' 측면을 배제하고자 노력했다.[9] 맥을 봐 병을 헤아리고, 눈으로 증상을 파악한 후 운기 등 그 원인을 따지며, 각 병증에 대해 처방을 구성해 약을 쓴다는 측면은 일반 의학과 다른 점이 없었다. 하지만 그는 많은 정보를 수집해 그것을 비교·검토하는 방식으로 자기 의학의 신뢰성을 높이고자 했다. 처방과 약을 쓰는 부분에서는 본초를 중심으로 하고, 그것의 본성을 탐구해 방제를 구성토록 한다는 입장을 지니고 있었다. 나아가 단방單方 또는 단순한 처방을 선호했는데, 벽지의 귀양지라서 약재를 구하기가 쉽지 않았고 급한 환자들이 많아 이런 입장은 계속 강화되었다.

의학에 대한 정약용의 태도는 철저한 문헌 고증 방식과 실용을 중시하는 방식을 병행했다. 『마과회통』은 홍역에 관한 정보를 모으는 한편, 그 병의 원인과 주요 증상, 부수 증상, 처방과 약재 등의 제 측면을 세밀한 수준에서 잘게 범주화했다. 이어 수집한 의서의 모든 내용을 그 범주 안에 분류하여 내용을 꼼꼼하게 비교 · 분석했다. 이렇게 함으로써 그는 잘게 쪼갠 항목의 수준에서 이전 의가醫家들의 이론과 처방의 같고 다름과 그것이 생기게 된 이치를 따져나갔다. 이런 공부의 끝자락에서 그는 무엇이 옳고 그르며 좋고 나쁘다는 자신의 견해를 세웠으며, 다시 그 견해에 입각해 전대 마진痲疹학을 종합했다.

반면 정약용의 또다른 의서 『의령醫零』은 거의 실용 서적이라 할 만하다. 중국과 조선의 여러 문집에 흩어져 있는 효험 처방을 모으고, 주변에서 본 내용들과 직접 효험을 본 처방들을 모아서 누가 아프거나 다치면 바로 꺼내서 참조할 수 있도록 했다. 엄청난 돈을 들여 『동의보감』을 편찬한 국가는 그걸 실용화시킬 생각도 하지 못한 반면, 힘없는 유배객에 불과한 다산은 학술서와 그것을 쉽게 풀어쓴 보급판을 동시에 펴내는 철두철미한 자애정신을 실천한 것이다.

정약용은 정조 때의 사람이다. 정조는 백성들의 아픔에 관심을 많이 가졌던 왕이다. 오늘날 『동의보감』이 그 명성을 유지할 수 있었던 이유도 정조가 『동의보감』의 부족한 부분을 전면 개정해서 펴낸 『제중신편濟衆新編』(1799)이 나와 일반에 널리 보급될 수 있었기 때문이다. 세자 시절 10년간 할아버지 영조의 병시중을 들면서 많은 의학 서적을 읽고 아침저녁으로 진맥診脈에 대한 비결과 탕약湯藥에 대한 이론을 연구했던 정조는 그 스스로가 『동의보감』의 주요 내용을 발췌 요약하고 범례를 붙인 『수민묘전壽民妙詮』을 엮어낼 만큼 의학에 상당한 조예가 있었다. 정조는 늘 『동의보감』이 번잡하고 편차가 중복되는 것을 아쉬

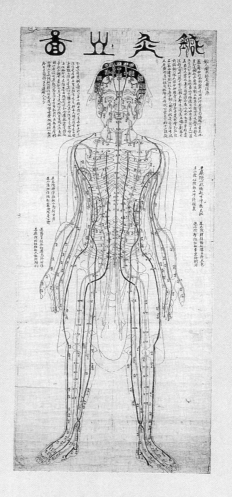

〈침총도〉, 조선말기, 114.6×48.5㎝, 국립중앙박
물관 소장. 조선시대에 침을 놓거나 뜸을 뜨는
자리를 표시한 그림. 조선 의술의 한 단면을 보
여준다.

『마과회통』. 다산 정약용이 63종의 의서에서 천연두 관련 항목만을 추려서 만든 의서. 총론에는
중국 마진서의 서序와 제론諸論을 발췌했고, 제가諸家의 인용서목을 들었다. 원증편原證篇 17, 인증
편因證篇 16, 변사편辨似篇 12, 자이편資異篇 16, 아속편我俗篇 9, 오견편吾見篇 16, 합제편合劑篇 20
등 7편이 수록되어 있으며, 특히 아속편과 오견편에서는 한국에서 유행한 마진의 증세를 관찰하
여 치료법을 상세히 기술하였다.

위하다가 간편하고 이용하기 편리한 새로운 『동의보감』을 펴내고자 마음먹었다. 정조는 즉시 당시 어의였던 강명길康命吉을 시켜 이를 주문했다. 이 책은 풍風·한寒·서暑·습濕으로부터 약성가藥性歌에 이르기까지 모두 70목目으로 이뤄진 10책의 규모로 탄생했는데, 각 목에 먼저 진맥에 대한 비결과 증세를 서술한 다음 합당한 처방과 약제를 붙여놓음으로써 멀리 외딴 시골에 사는 백성들까지도 한번 책을 보기만 하면 환히 알게끔 했다.

독서당 선비 신종호를 기생으로 꾀어내다

사가독서제가 탄생시킨 독서의 괴물들

조선시대 선비들에게 전공이 뭐냐고 묻는다면 독서라고 답할지 모르겠다. 독서를 통해 덕행과 학식을 쌓다가 기회가 닿으면 정계로 나아가 활동을 하는 것이 일반적이었기 때문이다. 이 때문에 박지원은 「양반전」에서 사대부士大夫를 "독서를 하면 사士요, 정치에 종사하면 대부大夫다"[1]라고 분명히 선을 그어 말하기도 했다. 그만큼 독서는 선비의 의무이자 특권이었다. 이는 유교 문화가 독서 문화임을 의미하는 것이기도 하다. 그리고 이러한 유교 문화 속에서 피어난 독서 제도 중 하나로 '사가독서제賜暇讀書制'라는 것이 있었다.

책을 보기 위한 휴가 제도

사가독서제란 말 그대로 '여가를 하사받아 독서를 하다'라는 뜻의 제도로 세종대에 시행하기 시작했다. 취지는 조정에서 총명하고 젊은 문신을 가려 뽑은 뒤 휴가를 줘서 독서에 전념할 수 있도록 지원해준다는 것이었다. 1426년(세종 8)에 집현전 학자였던 권채權採·신석견辛碩堅·남수문南秀

〈독서당계회도〉(부분), 보물 867호, 57.5×102cm, 서울대박물관 소장. 정철·이이·유성룡 등 9인이 참석한 계회를 그린 것으로 산수 배경과 독서당의 모습을 강조했다.

文을 세종이 친히 불렀다.

"내가 너희를 집현전관으로 임명한 것은 젊고 장래성이 있어 학문에 좋은 성과가 있을 것이라 기대하기 때문이다. 그러나 각자 업무에 얽매여 독서할 겨를이 없으니 이제부터 출근하지 않고 집에서 독서에 전력하여 나의 뜻에 부응하라."(세종 8년 12월 11일)

오늘날로 치면 인재를 양성하기 위한 목적에서 국비장학생을 선발해 학문 수양에 전념할 수 있도록 도와주던 제도다. 소위 '거침없이' 독서하도록 후원한 셈이다. 사가독서제는 세종 8년(1426)에 권채 등 3명의 문신을 선발한 것을 시작으로 영조 49년(1773)에 박상갑朴相甲 등 6인을 마지막으로 선발할 때까지 340여 년간 지속되었는데, 이 기간 중 50여 회에 걸쳐 300여 명이 독서당에 들어가 공부하는 영예를 누렸다. 이때 선발 대상자들은 주로 중하위직 문신들이었는데, 때로는 당상관의 문신들 중에서, 그것도 나이 든 이들이 선발되기도 했다. 대상자를 선발하는 시기는 정기적이진 않지만 대체로 2~3년 간격으로 뽑았다. 또한 한 번 뽑을 때 선발된 사가독서원은 평균적으로 5~7명이었다. 적은 경우 한 명이 뽑히기도 했지만, 많을 때에는 12명이 선발되기도 했다. 이들을 선발하는 일은 주로 대제학

독서루. 책을 읽기 위해 만든 누각이다.

이 담당했지만, 때로는 이조나 예조와 상의하여 결정하기도 했다. 그러나 사가독서제는 문종과 단종을 거쳐 세조대에 이르러 집현전이 혁파되면서 유명무실화되어버렸다.

집안 대소사 제쳐놓고 독서 몰입 힘들어

사가독서제가 큰 호응을 얻을 수 없었던 데는 몇 가지 이유가 있었다. 첫째, 선발된 인재들은 집에서 독서를 한다거나[在家讀書] 서울의 빈집[城內空家]에 모여 책만 보는 호사를 누릴 수 있었는데, 제 아무리 책 읽는 걸 좋아하고 공부하는 일밖에 모르는 선비라 할지라도 집안의 대소사를 제쳐놓고 독서에만 몰입한다는 것은 쉽지 않은 일이었다. 둘째, 세속의 일을 다 끊고 오직 독서만을 하기 위해 찾은 또다른 장소가 산사山寺였는데, 산에 들어가 절에서 독서하는 것은 당시 억불숭유 정책에 비춰볼 때 대단히 부정적인 일로 비쳐졌다.

이래저래 몇 가지 문제점이 나타나자 시행된 지 얼마 안 돼 폐지되고 말았다. 이후 성종대에 이르러 다시 도성 밖 조용한 곳에다 상설 국가기구를 세워 문관에게 독서에 전념할 수 있는 독서당을 마련해놓고, 원 취지를 살리고자 했다.[2]

삼괴당과 옥매향의 이야기

야담에는 독서만 하던 독서당 선비를 주인공으로 한 재미있는 일화도 여러 편 전해온다. 『금계필담錦溪筆談』에 등장하는 삼괴당三魁堂 신종호申從

濩(1456~1497)와 기생 옥매향에 얽힌 이야기다.

신종호는 진사시와 식년문과에 장원, 1486년에 다시 문과중시에 장원을 해 과거 제도가 생긴 이래 세 번의 장원은 처음이라며 칭송을 받은 인재 중의 인재였다. 그리하여 자호를 으뜸 괴魁를 세 번 써서 '삼괴당'이라 했 는데, 능력도 뛰어날뿐더러 강직한 인품과 아름다운 용모까지 겸비한 인물 이었다. 성종은 그를 무척이나 아낀 나머지, 독서당의 일원으로 선발했다. 그런데 임금과 신하 사이에 보이지 않는 마찰이 있었으니, 그것은 다름 아 닌 여색에 관한 것이었다. 성종은 음풍淫風에 무척 관대했는데, 신종호는 정반대로 기생들을 멀리하라는 상소를 올려 강경하게 군주의 도리를 호소 하던 대표적 신하였다. 그러니 성종으로서는 신종호의 그러한 고집을 다 스릴 필요가 있었다.

여색을 싫어하는 신하를 길들이는 방법은 단 하나, 바로 정공법이었다. 여색으로 신종호의 입을 막아야 마음껏 풍류를 즐길 수 있다고 판단한 성 종은 그를 암행어사에 임명해 평안도로 보냈다. 평안도에 당도한 신종호 는 수령들이 마련한 술자리도 마다하고 공무에 전념하고자 했다. 그러나 성종과 선천부사가 나서서 신종호에게 덫을 놓고자 하는데 걸려들지 않을 수 없었다. 그 덫은 신종호의 처소 옆집에 아리따운 기생 옥매향을 살게 한 것이다. 소복을 곱게 차려입은 옥매향이 달빛을 받아 더욱 요염해진 자 태로 낮은 담장 앞을 거닐며 그를 유혹하는 작전을 편 것이다. 결국 신종 호는 옥매향과 꿈같은 하룻밤을 보내고 "비도 안 온 골짜기 축축도 하네. (…) 새콤하기가 덜 익은 살구 맛이로구나"라며 탄성을 내뱉었다. 운우지 락을 나눈 신종호는 옥매향의 새콤한 살맛을 부채에 일필휘지하여 신표로 건네며, 때가 되면 반드시 부를 것이라고 약속했다.

독서당의 일원이었던 신종호가 성종과 달리 여색을 멀리하고 공무에만 전념하자, 성종은 기생 옥매향을 보냈고 신종호는 이에 그만 넘어가고 말았다.

그후 한양으로 돌아온 신종호는 성종에게 어사의 임무를 마치고 왔음을 고했다. 그러자 성종이 노고가 많았음을 치하하며, "평안도 선천은 천하절색의 기생이 많이 배출되는 색향인데 별일이 없었느냐?"고 하문했다. 신종호가 옥매향과 나눈 사랑 때문에 우물쭈물하자, 성종이 품에서 부채를 꺼내더니 낭랑한 목소리로 그가 선천에서 지은 시를 읊었다. 그러면서 당대의 문장가가 이처럼 음탕한 시를 쓴 연유가 무엇이냐며 놀리더니, 옥매향을 첩으로 삼아 평생토록 살구 맛을 즐기라고 했다. 이 일이 있은 후로 신종호를 비롯한 신하들은 더이상 성종의 풍류를 논하지 못했다고 한다.

풍류에 일가견이 있던 성종은 학문을 진작시키는 데도 적극적이었다.

용산 한강변에 있던 폐사를 고쳐 '독서당'이라 이름 짓고 유명무실해지던 사가독서제를 재정비한 것이다. 그때가 성종 23년(1495)이었다. 당시 용산 앞의 강을 남호南湖라 했기 때문에 용산에 위치한 독서당을 남호독서당이라고 불렀다. 패관소설 『설공찬전』의 저자로 유명한 채수도 성종으로부터 독서를 위한 휴가를 받았다. 그밖에 김일손金馹孫 · 조위曺偉 · 최부崔浮 · 유호인兪好仁 등 쟁쟁한 문인들도 사가독서자로서 성종의 은혜를 입었다. 당시 조선 최고의 학자만이 오를 수 있는 자리인 '대제학'이나 '문형'이 되려면 원칙적으로 독서당 출신이라야 했다.

물론 그후 연산군대에 폐지되기도 했지만, 중종 12년(1517)에 지금의 옥수동에 다시 독서당을 신축하면서 호당湖堂이라 불렀다. 이곳이 바로 동호당東湖堂이라 불리는 '동호독서당'이다. 동호당이 있던 옥수동 일대를 독서당 마을이란 뜻으로 '한림말'이라고 불렀는데 그 명칭이 아직까지 남아 있어 약수동에서 옥수동으로 넘어가는 고개를 '독서당고개', 그 길을 '독서당길'이라 부르기도 한다.

실용지학에 기반한 독서론의 전개

독서는 유가 교양을 쌓으면서 관직으로 나가기 위한 필수 활동이었다. 입신양명과 국가적 이익 추구라는 실리적인 측면에서라도 독서가 장려되었다. 또한 도에 뜻을 두고, 성현의 말씀을 기준으로 하여 자연과 사물을 이해하고 사회와 인간의 모든 문제를 판단하기 위한 목적에서 독서에 전념케 하기도 했다.

그러나 조선후기에 이르러 실학자들을 중심으로 당대의 독서 경향을 비

222

판하는 목소리가 자주 불거져나오곤 했다. 독서를 부지런히 해도 글의 뜻과 이치를 깨닫지 못하는 풍조가 만연해 있음을 한탄하며 그 원인을 과거 시험에서 찾는가 하면, 현실성이 결여된 이理나 기氣 논쟁의 소모적 상황으로 질타하기도 했다. 실학자들이 말하던 독서란 자신의 입신양명 같은 욕망 충족에 머물러서는 안 되며, 공리적인 측면에서 그 혜택이 세상에 두루 미칠 수 있는 데까지 나아갈 수 있어야 했다. 다산 정약용은 훌륭한 독서를 위해서는 책을 읽기 전에 먼저 자신의 문제의식 내지는 주견을 확실히 정해야 하며 실용지학에 뜻을 두어 만물을 윤택하고 번성하도록 해야겠다는 뜻을 가진 뒤에야 비로소 올바른 독서 군자가 될 수 있다고 주장했다.

조선의 선비들이 이렇듯 한평생 독서를 일상으로 삼아 살고자 했던 것은 궁극적으로는 한 가지 이유 때문이었다. 바로 하늘과 땅의 뜻을 거스르지 않으며 인간답게 살기 위함이었다.

양반 이상주의자들을 향한 일침

_ 서계 박세당의 『사변록』과 『색경』

양반 이상주의자들을 향한 일침

서계 박세당의 『사변록』과 『색경』

1703년(숙종 29) 여름 서계西溪 박세당朴世堂(1629~1703)은 생의 마지막이 다가오는 것을 지켜보고 있었다. 지난해 이경석李景奭 신도비명을 쓸 때 송시열宋時烈을 비판한 이유로 노론의 대대적인 공격을 받았고 이때 도진 화병이 끝내 발목을 잡은 것이다. 자주 숨이 가빠왔다. 마흔이 되던 1668년(현종 9) 서장관書狀官으로 청나라에 다녀온 것을 마지막으로 관직생활을 청산하고 시골에 묻혀 지내온 그는 오직 책을 읽고 제자들을 가르치는 일로 소일해왔다. 환멸스러운 정치 현실에 더이상 발을 담그지 않겠다고 했지만, 이제 죽는 마당에 할 말은 해야겠다고 한마디 던진 것이 수십 배의 크기로 돌아올 줄은 짐작도 못했다. 평소 박세당의 일거수일투족을 주목하고 있던 송시열의 제자들에게는 적이 스스로 걸어 들어와준 꼴이었다. 그들은 기다렸다는 듯이 먹이를 물었다.

노론의 영수였던 송시열. 조선의 성리학을 집대성했으며 그가 속해 있던 노론계 학자들과 함께 조선시대 당쟁사의 한 정점을 이룬 사람이기도 하다.

경학을 하며 세상을 비판하다

송시열과 박세당은 묵은 원한이 있었다. 31세에 장원급제해 벼슬길에 나선 이후 대간직에 재직하면서 탄핵과 간쟁활동에 치중해온 박세당은 1663년(현종 4) 중요한 사건에 연루된다. 병자호란이 끝난 지 얼마 되지 않아 조선의 국세가 형편없을 때였다. 청나라 사신이 오는 자리에 왕이 마중 나가려 하자 이를 수행해야 할 수찬 김만균金萬均이 상소를 올려 못 가겠다고 드러누운 것이 사건의 발단이 됐다. 자신의 할머니가 난리 통에 강화도에서 살해됐는데 어떻게 청 사신의 시종처럼 출입을 배종陪從하겠느냐는 게 이유였다. 대간 박세당은 즉시 김만균을 탄핵했다. 이 사건으로 김만균은 파직되었지만 사건이 끝난 것이 아니라 오히려 시작이었다.

그 이듬해 송시열을 비롯한 서인西人들이 효종대의 북벌론을 다시 들고 나오면서 김만균을 탄핵한 박세당을 공격한 것이다. 박세당 또한 정면으로 맞섰고 그후 몇 년 박세당에 대한 서인들의 집단적인 괴롭힘이 계속되었다. 원래 서인 집권층의 핵심이었던 박세당이 같은 서인에게 공격당한 이유는 개인적 친소와 관계없이 객관적인 옳고 그름의 원칙에 따라 행동했기 때문이다. 박세당이 대간으로 재직할 때 권세를 등에 업고 관직에 제수된 이들을 자격이 부실하다며 상소를 올려 끌어내린 일도 몇 번 있었다.

박세당과 송시열은 왕의 역할을 바라보는 시각에서도 근본적으로 달랐다. 박세당은 군주권이 더욱 강화되어야 한다고 주장했다. 그가 볼 때 개혁의 대상이 양반이었기 때문에 신하들의 목소리가 높으면 곤란했다. 왕을 정점으로 한 강력한 추진력이 생겨나야 불만을 잠재울 수 있기 때문이다. 반면 송시열계는 왕은 뒤로 물러나 수신에 힘쓰고 실무는 관료들에게 맡겨야 한다는 주의였다. 송시열은 왕을 가르치려 들었다.

이런 와중에 삼전도비문三田渡碑文 사건이 터졌다. 삼전도비는 인조가 청에 항복한 뒤 청나라의 강요에 의해 이조판서 이경석 등을 시켜 쓰게 한 대청황제공덕비大淸皇帝功德碑다(1639). 삼전도비문은 누군가는 써야 하는 것이었다. 임금이 치욕을 견디며 현실을 택하고 명령을 내린 마당에 명을 받은 신하가 대의명분을 내세워 거부하기는 힘든 것이다. 이경석은 청나라 황제의 업적을 칭송하는 글을 썼고 단번에 채택됐다. 박세당은 현실파였다. 그는 남한산성에서 주화파를 이끌었던 최명길의 정신을 이어받은 인물이었다. 심지어 그는 지금 조선 사람들이 편하고 먹고 자는 것은 모두 최명길 덕분이라고 생각하고 있었다. 송시열과 그의 제자들은 두고두고 이경석을 강렬하게 비난했다. 박세당이 볼 때 이는 너무나 비현실적인 태도이자 집착이며 한 개인에 대한 부당한 집단 린치였다.

이경석은 비록 청나라 황제를 높였지만 그에게는 항상 조선의 왕이 가장 높았다. 삼전도의 치욕이 있은 지 11년 되던 1650년(효종 1) 조정에서 북벌론이 일고 조선의 반청 정책이 알려져 청나라에서 파견된 조사관이 국왕과 백관을 협박하는 상황이 벌어졌는데, 이때 이경석은 영의정으로서 목숨을 걸고 모든 책임을 떠안아 위기를 넘길 수 있었다. 송시열 등 북벌론을 가장 강하게 주장했던 이들은 아무런 책임도 떠안지 않았다. 청에서 파견된 관료들에게 붙잡힌 이경석은 효종의 간청으로 겨우 처형을 면했으나 의주 백마산성에 감금되었다가 이듬해에 풀려났다. 이 모든 과정을 박세당은 가만히 지켜보고 있었다.

한번은 이경석이 왕에게 차자를 올린 일이 있었다. 왕이 요양차 지방에 내려가 묵고 있는데 신하들이 문안이 없자 이를 탓하는 내용이었다. 송시열은 마침 서울에 올라올 일이 있었으나 이경석의 차자 때문에 그만두고 상소문을 올려 이경석을 비난했다. 이를 두고 실록의 사관史官은 "이경석은 이상진 등 몇몇 사람 때문에 차자를 올린 것인데 송시열은 자기를 공격하는 줄 알고 크게 노하여 소疏를 올리고 오지 않았다. 송시열이 조그만 일로 너무나 각박하게 배척하니, 논자들이 병되이 여겼다"라고 지적했을 정도다.

박세당은 송시열의 노론이 조정을 지배하는 한 개혁은 어렵다고 판단해 관직을 내놓았다. 그의 나이 마흔의 일이다. 이때부터 35년간 그는 경기도 양주의 석천동에서 살았다. 책을 읽고 글을 쓰는 게 주된 일이었다. 시정市政의 득실을 논하지도 않았지만 사림에서의 위상은 날로 높아졌고, 특히 소론사회에서는 원로로 인식되었다. 그 단적인 예가 1690년 서울권의 소론들이 결성한 친목계일 것이다. 이 계는 박세장朴世樟·서문중徐文重을 정점으로 소론 가문의 자제들이 친목을 도모

박세당은 굳어버린 주자학의 숨통을 터준 지식인이었다. 하지만 당파싸움이 치열했던 시대에 그
의 발언은 곡해되어 만년에 불운한 삶을 살 수밖에 없었다.

하기 위해 만든 세강계世講契였다.¹ 여기서 소론들은 박세당의 경학을 사숙하면서 세상을 씹고 비판했다. 비록 초야에 묻혀 있었다고는 하나 결코 만만치 않은 재야의 힘을 박세당은 키우고 있었다. 조정에 들어간 그의 제자들이 왕을 설득해 스승을 모셔가려 했지만 박세당은 꿈쩍도 않았다.

『사변록』, 사문난적의 죄를 뒤집어쓰다

그렇게 마흔에서 칠십까지의 조용한 삶을 이어나간 어느 날 삼전도 비문을 쓴 재상 이경석의 손자가 박세당에게 할아버지의 신도비문 찬술을 부탁했다. 거절할 이유가 없었던 박세당은 흔쾌히 이를 허락했다. 그는 내심 비문을 통해 할 말이 있었다. 주희와 송시열을 높이다 못해 유학 자체를 한 사람의 어록으로만 채워 기괴한 괴물로 만들어놓는 노론의 독버섯 같은 행태에 일침을 가하고 싶었다. 그가 이경석의 삶을 요약하는 과정에서 송시열에 대한 간접적인 비판을 삽입시킨 것은 필연적이고도 의도적인 선택이었다. 박세당은 이렇게 썼다.

"송모宋某(송시열)는 노성老成한 사람을 업신여겼고 상서롭지 못한 보복이 있었다……거짓을 행하고 그릇됨을 순종하여 세상에 이름이 있는 사람이 있다. 올빼미와 봉황은 성질이 다르니, 성내기도 하고 꾸짖기도 한다. 착하지 못한 자가 미워하게 되니, 군자가 어찌 근심하겠는가?"

비록 익명으로 비판했으나 비판의 대상이 송시열임이 분명하다. 이때가 1702년(숙종 28)이었다. 이미 송시열은 죽고 없었지만, 그 제자들이 정권을 장악하고 있었다. 비록 번번이 사양하고 나오지 않았지만 조정에서 박세당을 불러 자꾸 벼슬을 주려는 바람에, 신경을 곤두세우고 있던 노론 세력은 내심 잘 걸렸다고 생각했다. 얼마 후 길고 긴 상소문이 올라왔다. 관학館學 유생 홍계적洪啓迪 등 180명이 올린 상소였다. 노론이 동원할 수 있는 모든 사람이 전부 나서서 박세당을 어서 벌주라고 왕을 압박했다. 그들은 어떤 부분을 어떻게 문제 삼았을까.

"천하에 용납하지 못할 바는 성인聖人을 업신여기는 것보다 큰 것이 없고, 왕법으로 마땅히 토벌할 바는 정인正人을 욕하는 것보다 먼저인 것이 없습니다. 전 판서 박세당은 요려拗戾한 성품과 사왕邪枉한 소견으로, 염퇴恬退하다는 헛이름을 가지고 문자의 작은 재주를 자랑하여, 무리를 모아 가르치면서 감히 사도師道로 자처하여, 주자의 사서장구집주四書章句集註에 고친 것이 많아 저술하여 논설을 이루었고, 근래에는 또 죽은 이경석李景奭의 비문을 지으면서, 선정신先正臣 문정공文正公 송시열을 무욕誣辱하였으니, 이는 참으로 '성인을 업신여기고 정인을 욕하는 죄'에 처할 만합니다."(숙종, 1703년 4월 17일)

노론은 특히『사변록』에 비판의 화살을 집중시켰다.『사변록』은 총 14책으로 이뤄진 박세당의 미완성 저작이다.『대학』『중용』『논어』『맹자』등 사서를 주해하고, 이어서『상서』와『시경』에 대한 주석을 하다가 신병 때문에『주역』에는 손을 대지 못해 미완성이긴 했지만 방대한 양이었다. 박세당은 여기서 주로 주희의 학설을 비판했고『대학』과『중용』의 경우 원전의 장구章句와 편차를 고치면서 자신의 의견을 피력하고 있었다. 당시 조선의 유학은 주희의 주석 외에는 다른 걸 찾아보려고도 하지 않아 경전에 대한 다양한 해석이 부족한 것이 사실이었다. 박세당은 학문의 다양성을 존중했을 뿐이었지만, 주자와 송자를 거의 종교적으로 숭배한 노론에게 이것은 신성모독죄였다.

"박세당은 위로 주자를 업신여기고 아래로는 송시열을 욕함이 이 지경에 이르렀습니다. 한 치의 구름이 매우 작지만 혹은 해를 가리는 데 이르고, 졸졸 흐르는 물이 매우 가늘지만 혹은 하늘까지 넘치는 큰물에 이르기 때문에, 군자는 반드시 그 조짐을 막고 그 근원을 막는 것입니다. 주자의 도는 긴 밤의 해와 달과 같은 존재이며, 송시열의 어짊은 격류 속에 우뚝 서 있는 바위와 같은 존재인데, 박세당의 간범干犯한 바는 한 치의 구름이나 졸졸 흐르는 작고도 가는 물의 존재가 아닙니다. 만약 박세당이 더욱 무패誣悖한 말을 함부로 하게 된다면, 화禍가 마침내 해를 덮고 하늘까지 넘치게 될 듯합니다. 하물며 박세당은 그 문도門徒가 많으니, 더욱 서로 이끌고 본받아 배워서 주자를 업신여기게 할 수는 없습니다. 예전에 이지무

李枝茂가 학문을 논한 책을 올렸는데 효종께서 곧 송시열에게 주며 이르시기를 '이 논설이 정주朱程의 학설에 어긋남이 없는가?' 라고 하시자, 송시열이 말하기를 '주자 이후로 의리義理가 크게 밝혀졌으니 이 뒤에 저술이 있는 것은 모두 쓸데없는 말이며, 더러 주자의 학설에 어긋나는 이설異說입니다' 라고 하니, 효종께서 이를 옳다고 하셨습니다. 성조聖祖께서 선유先儒를 높이고 이설을 배척한 것이 이미 저와 같았습니다. 빨리 명하여 박세당이 지은 사서주설四書註說과 이경석의 비문을 거두어 물이나 불에 던져서 그 근본을 끊고, 박세당의 죄를 법관에게 맡기소서. 그리하여 학술學術이 하나로 정해지고 선비의 취향이 바른 데로 돌아가도록 하소서."

(숙종, 1703년 4월 17일)

어떤 부분이 구체적으로 어떻게 잘못됐다는 말은 없고 신성한 것을 감히 모독했다는 감상적인 말들이 대부분이다. 하지만 숙종은 이를 받아들여 곧 박세당을 잡아들였고 그의 관작을 삭탈하고 유배를 명했다. 박세당은 사문난적斯文亂賊의 오명을 뒤집어쓰고 동대문 밖에서 왕을 보고 읍소한 뒤 75세의 노구를 이끌고 길을 떠났다.

박세당은 그해 세상을 떠났다. 정월에 유배를 떠났다가 그의 아들 박태보朴泰輔가 인현왕후의 폐비 조치에 반대하는 상소를 올렸다가 죽은 공이 참작돼 5월에 해배解配되어 돌아왔으나, 결국 8월에 수락산 자락의 석천동 집에서 임종을 맞았다. 『사변록』은 미완성 저작으로 묻히고 말았다.

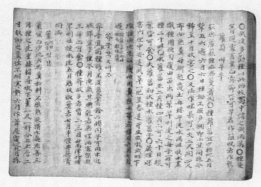

박세당이 남긴 저술 『사변록』과 『색경』.

주자학 도그마에 틈을 내다

『사변록』이 배격한 것은 남송시대에 주희에 의해 완성된 사서삼경의 체계였다. 박세당은 공자와 맹자가 원래 뜻한 바를 존중했다. "경전은 선진先秦시대의 경전과 공자, 맹자, 자사子思의 설명에 따라 해석되어야 한다"라고 말한 것이 그 부분이다. 박세당은 송나라 주희가 경전의 뜻을 멋대로 해석했다고 보았다. 예를 하나 든다면 주희는 "성性은 곧 리理"라고 말했지만, 박세당은 주자학의 가장 기본적인 이 명제를 거부했다. 박세당은 객관적 자연인 물物과 도덕적 주체인 인간은 분리되어야 하고, 물은 도덕과 별개로 보아야 한다고 주장했다.[2] 또한 박세당의 경전 해석은 추상적 원리를 중시하는 형이상학이 아니라, 일상적이고 구체적인 것에 먼저 관심을 두는 실용지학의 특성을 지니고 있었다. 그는 주자학이 극도로 추상화되고 종교화되어 모든 인간의 입을 틀어막는 상황을 타개하기 위해, 주자학의 사유 방식과는 정반대로 내달려서 그 딱딱하게 굳은 도그마에 탈출의 틈을 내려고 애를 쓴 것이다.

박세당의 유명한 저술로는 『사변록』 외에 『색경穡經』이라는 농서農書가 있다. 여기서 '經'이라는 단어를 주목할 필요가 있다. 경은 유가의 저술 중에서도 상위 클래스에 붙는 일종의 고전을 지칭하는 명칭이다. 그런데 박세당은 '색경'이라 했다. '색穡'은 농사를 지어 거둔다는 의미다. 조선시대에 농사는 노동의 대표적 형태였다. 박세당은 인간의 노동에 지엄한 가치를 불어넣고 싶었던 것이다. 그는 여덟 살 때 병자호란(1633)을 겪었고 관직에 나왔을 때는 전란으로 피폐해진 나라를 복원하는 '국가재조론'이 한창 운위되고 있었다. 박세당은 여기 적극 가담해 양반도 생산활동에 참여해야 하며, 조세 제도를 개혁해 신분 간 불평등을 없애야 한다는 개혁론을 폈다. 당시 송시열과 같은 주류 성리학자조차 소비자에 머물러 있는 양반을 생산자 계급으로 바꾸어야 이 사회가 건강을 회복할 수 있다고 생각했다. 『색경』은 농업의 기술을 다룬 책이지만 이런 사상적 시야 아래에서 저술된 책이었다. 당시 교과서처럼 쓰이던 『농가집성農歌集成』이 식량 생산에 치중했다면, 『색경』은 구곡九穀, 화초와 채소, 과실을 심는 것과 양잠 등 『농가집성』에서 다루지 않았던 문제들을 다루고 있다. 나아가 『농가집성』이 논농사에 치중한 데 비해 『색경』은 밭농사 중심의 농학 체계를 보여줬다. 『농가집성』이 삼남 지방을 주 대상으로 했다면, 『색경』은 중북부 지방의 농업환경을 탐구하고 그 지역의 땅을 개척해 생산성을 끌어올리는 방법을 담고 있었다.

　『사변록』과 『색경』은 비록 갈가리 찢기고 불태워지는 참혹한 화를 당했지만, 주자학과 다른 목소리를 내야 한다는, 조선의 땅과 인심을 담아내는 새로운 학문을 추구해야 한다는 뜻 있는 자들의 용기를 북돋웠다. 다행히 『사변록』은 박세당의 후손이 잘 보존해 현재 국역본으로 만나볼 수 있으며, 『색경』 또한 박세당의 문집 『서계집西溪集』에 포함되어 전해지고 있다.

유교사회의 희생양, 불살라진 소설들

_ 조선의 여인들, 비밀결사처럼 숨죽이고 소설을 읽다

유교사회의 희생양, 불살라진 소설들

조선의 여인들, 비밀결사처럼 숨죽이고 소설을 읽다

임진왜란을 전후해서 중국 소설이 국내에 대거 상륙했다. 초기에 이 한문 소설은 사대부 남성들과 외교 분야에 종사하는 아전이나 역관들로 독자층이 한정되어 있었으나 국문으로 번역되자 여성과 일반 서민층으로 급속히 확대돼갔다. 오희문吳希文(1539~1613)의 『쇄미록鎖尾錄』에는 그런 사정이 잘 드러나 있다.

> 1595년 1월 하루 종일 집에 있으면서 무료하기 짝이 없던 참에 딸[女息]이 청하기에 『초한연의楚漢演義』를 언문으로 번역하여 둘째딸[仲女]에게 그것을 받아쓰도록 했다.[1]

왜군을 피해 피난 중이던 오희문은 심심하던 차에 딸이 간청하자

『초한연의』를 언문으로 옮겨 딸에게 주었다. 『초한연의』는 『서한연의』를 비롯한 여러 이본으로 전하는데, 초나라의 유방과 한나라 항우의 대결을 그린 흥미진진한 영웅담으로 일찍부터 많은 독자들의 사랑을 받았다. 특히 홍문연鴻門宴에서의 번쾌樊噲와 항우項羽 이야기는 꼬마들도 외울 정도로 널리 알려진 레퍼토리였다. 여성 독자들 역시 영웅들의 활약상에 빠져들었다. 임진왜란 중이었다는 점도 소설 읽기의 적절한 배경이 돼주었다. 연의류 중국 소설이 들어온 직후에 사대부들의 반응은 부정적이지 않았다. 소설을 읽으면서 역사를 익히고 현실세계의 단면을 고스란히 접할 수 있다고 믿었기 때문이다.

> "역대의 연의류 같은 것은 마땅히 한두 번 잘 살펴보아야 한다. 이전 시대의 치란과 흥망의 자취를 대략이라도 알게 된다면 덕성을 기르고 식견을 넓힐 수 있게 될 것이니, 어찌 보지 않겠느냐?"[2]

민익수閔翼洙(1690~1742)가 『여흥민씨가승기략驪興閔氏家乘紀略』이란 책에서 자신의 모친이 자녀들에게 권해주라던 말씀이라며 소개한 내용이다. 민익수의 모친 이씨 부인은 평소 말하기를 여성들이 바느질과 음식만 해도 되지만, 배우지 않기 때문에 덕행에 무지하며 총명과 지식이 남성보다 못하다고 했다. 『소학언해』나 『내훈』을 항상 읽고, 또한 연의 소설류도 마땅히 한두 권 정도는 읽어야 한다고 보았다. 귀신·신선에 관한 패설잡기와 달리 연의 소설은 덕성을 기르고 식견을 넓히는 데 좋다고 여겼던 것이다.

그런가 하면 송명희宋命熙(?~1773)는 『태우유고太愚遺稿』에서 15책짜리 국문본 『열국지』가 집안에 있었다면서, 중국 주나라의 자취를 고찰하려면 이 소설만큼 좋은 것이 없다고 했다.[3] 또한 송명흠宋明欽(1705~1768)은 자신이 어려서 책읽기를 좋아하지 않았을 때 부친이 『삼국연의』를 사줘 그것으로 책 읽는 재미를 맛볼 수 있도록 배려해주셨노라고 했다.[4] 소설이 여성 독자들 사이에서 폭넓게 퍼져나갈 수 있었던 것은 이러한 사회적 묵인과 배려가 있었기 때문이다.

수요와 공급의 급격한 반비례

문제는 책 읽는 속도를 공급 속도가 따라오지 못했다는 점이다. 책이 너무나도 귀해서 어렵게 구한 것은 반드시 손으로 옮겨 적어 간직했다. 이 작업은 비공개적으로 사사로이 이루어졌지만 규모가 크고 열정적이어서 하나의 시장을 형성한 것으로 보인다. 그 증거로 당시에 임사賃寫라는 독특한 밥벌이가 있었는데, 일정한 삯을 받고 의뢰자가 필요로 하는 소설을 구해 대신 필사해주는 것이었다. 의뢰자는 대부분 여성들이었으며 이 임사 밥벌이는 꽤 쏠쏠한 직업이었다. 이렇게 규방의 여인들은 소설이 퍼질 수 있도록 기반을 만들어나갔다. 권섭權燮(1671~1759)이 남긴 글을 보자.

"정부인에 추증된 돌아가신 어머니 용인 이씨께서는 손수 필사하신 책 가운데 15책의 장편 『소현성록』을 장손 조응祚應에게 주어 가묘 안에 보관하게 했다. 『조승상칠자기趙丞相七子記』와 『한씨삼대록』은 내 동생 대간군에게 주고, 『한씨삼대록』 1건과 『설씨삼대록』은 황씨 집안으로 시집간 누이동생에게 주었다. 『의협호구전義俠好逑傳』과 『삼강해록三江海錄』 1건은 둘째 아들 덕성에게 주고, 『설씨삼대록』은 김씨 집안에 시집간 내 딸에게 주었으니, 각 집안에서 자손들이 대대로 잘 간수해야 할 것이다."[5]

이 글이 기록된 것은 1749년이지만, 용인 이씨(1652~1712)는 살아 있을 때에 여러 필사본 소설책을 자손들에게 나눠주고 잘 보관하라고 당부했다. 더욱이 장손이 받은 『소현성록』을 가묘에 보관해두라고 한 것은 소설책을 가보로 여기라는 뜻이 담겨 있었다.

상중에 소설 낭독하다 쫓겨난 이씨 부인

드디어 규방사회에 소설에 대한 팬덤이 형성되었다. 이 매력적인 기호생활에 흠뻑 빠져든 나머지 집안일을 제대로 하지 않는 경우가 생겨난 것이다. 이만부李萬敷(1664~1732)의 『식산집息山集』에서 그 예를 발견할 수 있다. 이만부는 자신의 집안에 전해내려오는 이야기 중에 상중에 소설을 읽다가 본가로 쫓겨간 증조숙모曾祖叔母 이야기를 적어놓

조선시대 독서하는 양반집 여인의 모습. 파초의 드리워진 그늘 밑에서 새가 울고 손으로 글자를 짚어가며 맛있게 읽고 있는 모습을 잘 묘사하였다.

왔다. 이만부의 고조모인 성주 이씨의 상중에 있었던 일이다.

어느 날 이만부의 증조부인 이심李㲜이 출타하고 돌아왔는데 집 안에서 낭랑한 여인의 목소리가 울려 퍼지고 있었다. 이것이 뭔 괴이한 소리인가 싶어 출처를 쫓아보니 동생 이괴李檜의 부인 이씨의 방에서 나는 목소리였다. 그런데 가만히 들어보니 목소리의 높낮이가 두드러지고 남녀의 대화체가 곡진하게 섞인 소설의 한 대목을 홍청망청 읽고 있는 게 아닌가. 시어머니의 상을 당해 행동거지를 경건하게 해야 할 때에 소설을 읽는 철없는 제수로 인해 화가 난 이심은 그녀를 계단 아래에 불러 세웠다. "여자들의 무식함에 대해서는 말할 필요조차 없지만, 상중에 소설 나부랭이를 소리 내어 읽는 무례함만큼은 도저히 묵과할 수 없다"며 호통을 쳤다. 결국 동생인 이괴가 자신의 불찰이라며 형에게 사죄하고, 부인을 본가로 돌려보냄으로써 '소설 낭독' 사태는 일단락되었다.[6]

조선시대 시묘살이 3년이면 골병든다는 말이 있다. 그만큼 제 몸을 깎아가며 슬퍼하는 것이 조선의 상례였다. 시어머니 상을 당한 며느리의 중압감은 더욱 컸다. 상치레를 해야 할 일은 얼마나 많았으며, 그 스트레스 또한 얼마나 컸을까. 집도 비었고 고단한 틈에 쉴 겸 소설책을 꺼내 잠시 보고자 했던 것인데 자신도 모르게 낭독하는 소리가 커졌던 것이다. 한창 감정을 실어가며 읽고 있던 그 순간에 아주버니에게 들킨 억울함을 어디에 하소연할 수 있을까. 어쨌든 분명한 것은 상중에도 소설책을 읽던 사대부 여성 독자들이 있었다는 사실이다.

소설에 대한 남자들의 탄압이 시작되다

소설에 대한 독서열은 18세기 중반 최고조에 달했다. 남녀의 애절한 연애 라인이나 시부모와의 갈등과 대결을 다룬, 여성 독자들을 겨냥한 소설이 집중적으로 건너오고 창작되었다. 가정의 질서와 일부종사를 강조해왔던 사대부들은 소설의 역효과를 대대적으로 우려하기 시작했다. 당대의 독서가 이덕무도 이러한 문화에 비판적인 논평을 가했다.

"한글로 번역한 전기傳奇에 빠져서는 안 된다. 집안일을 내버려두거나 여자가 해야 할 일을 게을리 해서는 안 된다. 심지어는 돈을 주고 그것을 빌려보면서 깊이 빠져 그만두지 못하고 가산을 탕진하는 자까지 있다. 그리고 그 내용이 모두 투기와 음란한 일이어서 부인의 방탕함과 방자함이 여기서 비롯되기도 한다."[7]

이덕무뿐만이 아니었다. 이학규李學逵(1770~1835)도 문집 『낙하생고洛下生藁』에서 "비단옷을 입은 부녀자들이 언문번역 소설 읽기를 아주 좋아해 기름불을 밝히며 시간 가는 줄 모르고 마음에 새겨가며 몰래 읽어댄다"[8]고 적었고 영·정조연간의 재상 채제공蔡濟恭(1720~1799)도 「여사서女四書」의 서문에서 부녀자들의 독서 풍속을 지적하고 있다.

"근세에 안방 부녀자들이 경쟁하는 것 중에 능히 기록할 만한 것으로 오

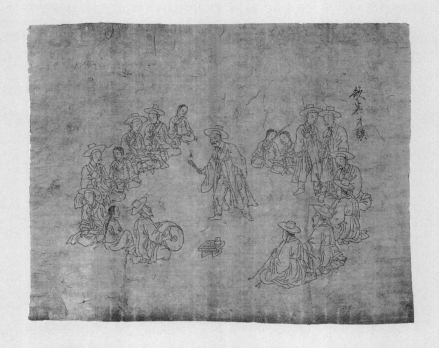

조선시대에는 후기로 갈수록 대중들 사이의 책 읽는 문화와 더불어 판소리로 청중에게 이를 효과
적으로 전달해주는 문화도 생겨나기 시작했다.

직 패설이 있는데, 이를 좋아함이 나날이 늘고 달마다 증가하여 그 수가 천백 종에 이르렀다. 쾌가僧家는 이것을 깨끗이 베껴 쓰고 빌려주었는데, 번번이 그 값을 받아 이익으로 삼았다. 부녀자들은 식견이 없어 혹 비녀나 팔찌를 팔거나 혹 빚을 내면서까지 서로 싸우듯이 빌려가 그것으로 긴해를 보냈다."⁹

사대부들은 소설의 내용에 대해서도 비판하기 시작했다. 기호지방 노론계의 대표적 문장가인 매산 홍직필洪直弼(1776~1852)은 "모두 외설스럽고 불경한 소리"뿐인데 "부녀들이 무지하여 이것들을 모두 옳다고 생각한다"라고 말했다. 그는 나라에서 아예 금해야 할 것이라고 주장하기까지 했다.¹⁰ 소론계의 영수이자 영조대 이인좌 반란이 일어나기 전 왕에게 첩보를 알려 영의정에 오른 최규서崔奎瑞(1650~1735)는 소설을 숭상하는 여인들을 깎아내리면서 자기 부인만큼은 바느질에만 전념하던 근검한 여성이었다는 사실을 행장行狀에다 자랑스럽게 적기도 했다.¹¹ 허나 행장이란 선택된 기억의 나열이고 그 기억조차 조작되기 일쑤여서 과연 이것을 믿을 수 있을지는 의문이다.

왜 사대부와 남성 문장가들은 이토록 여성들의 소설 읽기를 그 존재부터 부정해야 했을까. 현실적인 이유는 가산을 탕진하고 가사를 소홀히 한다는 점이었지만, 더 근본적으로는 여성들이 글을 아는 대중, 즉 문중文衆으로 자라나는 걸 두려워하는 무의식이 깔려 있었을 것이다. 대다수의 소설이 기존의 사회질서를 조금씩이라도 일탈하는 내용을

『사제첩』 중 〈바느질〉(부분). 조영석, 종이에 수묵담채, 개인소장. 소론계 영수였던 최규서는 자기 부인이 소설 읽는 데 빠져들지 않고 바느질에만 전념했다는 사실을 자랑스러워했다.

담고 있었기 때문에, 이러한 일탈적 사유가 상식처럼 자리잡으면 그 일탈하고 나간 뒤에 남는 빈자리는 영구적인 것이 돼버릴 수 있기 때문이다. 남성과 여성의 관계에서 여성이 차지하던 자리는 대개 고된 노동의 자리다. 글을 알게 된 여성이 노동을 줄이고 앎을 늘려나간다면 당연히 글만 읽고 썼던 사대부들이 그 시간을 줄이고 노동에 참여할 수밖에 없다는 것은 불 보듯 훤한 일이다. 이것은 단지 여성들의 방종이라기보다는 글이라는 것이 사람을 빨아들이는 속성 자체가 그토록 강력하다는 데서도 그 이유를 찾아야 한다.

글은 생각의 표현이다. 조선이 숭상한 글이 추상적으로는 리기론의 정합성으로 달려나가고 실용적으로는 현실 구제로 달려나간 것은 사실 짝패의 반작용으로도 조명할 수 있는 사실이다. 짝패란 프랑스의 철학자 르네 지라르의 용어로 서로 다른 욕망을 지닌 것들이 비슷한 대상을 추구할 때 나타나는 현상을 가리킨다. 하나의 목적을 이루기 위한 방법이 서로 다를 때 그 방법론을 두고 갈등이 일어나게 된다. 지라르는 짝패의 갈등이 통제되지 않을 경우 영원한 상호 폭력의 악순환에 빠진다고 했다. 조선의 문풍과 당쟁은 그것과 너무나도 닮아 있다. 주자학을 대성시킨 송시열이나 이황이든, 자유 문인을 표방한 이덕무나 경세가적 실천을 중시한 정약용이든 모두 유학자이긴 마찬가지였다. 유학을 일컬어 현세를 위한 종교라고 하듯, 이들의 공통된 목표는 현세적 삶을 윤리적으로 제도적으로 완벽하게 만들어나간다는 것이었다. 그들은 이러한 직선적인 사유, 지극히 남성적인 과시와 절제의 이

중주를 공통적으로 지니고 있었다. 그들은 지라르의 시선에서 볼 때 일종의 짝패였다.

"마녀사냥의 욕망, 조선의 가장 깊은 병통"

그러나 글은 여성들을 전혀 다른 방향에서 끌어당겼다. 그것은 외설과 투기로 규정된 삶의 새로운 욕망 그리고 유희와 위로로서의 글 읽기였다. 윤리적인 채찍질로서의 사유가 아니라 감싸고 타협하는 사유의 탄생이었다. 이는 사대부들이 생각하는 삶의 유학적 완성에 흠을 내고 틈을 벌리는 지체 요소다. 그것은 나의 카운터파트가 아니라, 말하자면 구호가 다른 외방객으로 인식되었다. 결코 짝패 유학자들의 동료가 될 수 없었다. 지라르는 짝패의 갈등이 극단화될 때 그것을 해소시킬 수 있는 희생양이 필요하다고 말했다. 기독교사회가 공동체의 갈등과 위기를 끝내기 위해 희생양에 의존해왔듯, 조선 유학의 두 가지 경향이 대화의 불능, 상호 공격의 지능화를 심화시키며 짝패의 악순환을 달릴 때 여성들의 소설 읽기는 그 대립의 불모성을 가려줄 희생양으로 선택되고 탄핵되었다. 생각이 가장 열리고 앞섰다고 평가받는 다산 정약용丁若鏞(1762~1836)조차 여성들의 독서를 단순화하고 편협하게 해석했다는 비판에서 자유로울 수 없을 것 같다.

『사씨남정기』, 김만중, 필사본, 32.6×21.8㎝. 김만중은 한국문학은 마땅히 한글로 쓰여져야 한다고 주장, 한문 소설을 배격하고 이 작품을 창작했는데 이는 김시습의 『금오신화』 이후 잠잠하던 소설문학에 획기적인 전기를 가져왔다.

"패관잡서는 인재 가운데 가장 큰 재앙입니다. 음탕하고 추한 어조가 사람의 심령을 허무방탕하게 하고, 사특하고 요사스러운 내용이 사람의 지혜를 미혹에 빠뜨리며, 황당하고 괴이한 이야기가 사람의 교만한 기질을 고취시키고, 시들고 느른하며 조각조각 부스러지듯 조잡한 문장이 사람의 씩씩한 기운을 녹여냅니다. 자제子弟가 이를 일삼으면 경사經史 공부를 울타리 밑의 쓰레기로 여기고, 재상宰相이 이를 일삼으면 묘당廟堂의 일은 보잘것없는 것으로 여기며, 부녀자가 이를 일삼으면 길쌈하는 일을 끝내 폐지하게 되니, 천지간에 어느 재해가 이보다 더 심하겠습니까?"[12]

오늘날에는 악화가 양화를 구축한다는 식의 사유가 널리 퍼져 있고, 나쁜 책을 보더라도 거기서 나에게 이로운 것을 이끌어내면 된다는 독서의 자율성을 보장받고 있다. 하지만 정약용은 비록 패관잡서이지만 책을 읽는 행위를 두고 재앙이자 재해라고 표현했다. 조잡한 문장이 사람의 씩씩한 기운을 녹여낸다는 것은 모더니즘을 배척하는 리얼리즘의 단순 논리와 무엇이 다른가. 마녀사냥의 욕망, 이것이야말로 조선을 괴롭힌 가장 뿌리 깊은 병통이었다고 할 만하다.

조선후기 기생의 모습. 기생의 생활 공간을 재현한 것처럼 보이
는 곳에서 기념 촬영한 모습이다. 화분 옆에 책이 쌓여 있는 것
이 눈에 띈다.

명나라에는 없어도 조선에는 있다

소설과 희귀서에 매료된 관료들

조선이 책 읽기를 좋아하고 책을 소중히 여기는 풍습은 중국에서도 알아줄 정도였다. 명말 문장가 진계유陳繼儒(1558~1639)가 『태평청화太平淸話』에서 언급한 것이 단적인 예다.

조선인은 책을 참으로 좋아한다. 무릇 조공 사신으로 오는 이들은 한 오륙십 명 정도인데, 옛 경전이나 신서新書, 패관소설 등 그 나라에 없는 것이 있다면 낮에 시장 책방에 나가 각각 서목書目을 베끼고, 만나는 사람마다 두루 물어 고가를 아까워하지 않고 구입해 돌아간다. 그러므로 저들 나라에는 도리어 특이한 책들이 소장되어 있는 경우가 있다.[1]

사신으로 온 조선인들의 '책 사냥'을 묘사한 대목이다. 특히 소설 구입이 단순히 사신 개인의 기호가 아니라 국가 차원에서 이뤄졌음을 알 수 있다. 열심히 다양한 책을 구해왔기에 오히려 중국에 없는 이본이 조선에는 남아 있을 정도였다. 16세기 말~17세기 초의 모습이라고 하지만 중국에서 책을 구해온 것은 일시적인 현상이 아니었다.

『전등신화』, 조선 초 대형 베스트셀러

그중에서도 특히 중국 소설의 전래는 그 역사
가 짧지 않았다. 이미 고려시대에 『태평광기』라
는 문언 단편소설집과 지괴소설집인 『수신기搜神
記』가 들어와 크게 유행했다. 고려 때 널리 불린
경기체가 「한림별곡」에는 "태평광기 400여 권을
두루 읽는 정경, 그것이 어떠합니까"라는 구절도
나온다. 고려 말에 편찬된 중국어학서 『노걸대老
乞大』는 고려 상인이 북경에 장사하러 가는 이야
기로 구성되어 있는데, 북경에서 산 책 중에 원

『전등신화』.

대에 출판된 『삼국지평화三國志平話』가 포함되어 있다. 그만큼 고려인들은
중국 소설에 심취해 있었다.

조선초기에는 『전등신화』가 대형 베스트셀러였다. 이 책은 조선뿐만 아
니라 일본과 베트남 등 동아시아 국가에도 적잖은 영향을 미쳤다. 김시습
의 『금오신화』가 이에 영향받았던 것이나 광해군이 북경에 가는 사신에게
시켜서 『전등신화』와 『전등여화煎燈餘話』『교홍기嬌紅記』『서상기』 등의 작
품을 사오라고 명한 기록을 보더라도 그 사회적 영향력을 짐작할 수 있다.

사실 명나라 구우瞿佑가 지은 『전등신화』는 중국에서도 음서淫書로 저정
된 작품이었다. 그렇기에 조선의 정통 문인들은 통속 문학이 민심을 미혹
시키고 풍속을 해칠 염려가 있다며 금지시킬 것을 강력히 주장했다. 선조
대의 실록을 보면 『전등신화』를 놓고 신하들 사이에서 논쟁이 벌어졌는데,

비판 세력의 주장은 이러했다.

『전등신화』의 내용은 극히 비속하고 외설스럽기 그지없는데 교서관에서
는 그 자료를 제공하고 판각에 이르도록 하였으니 식견이 있는 사람들
이 통탄해 마지않으며 그 판본을 없애고자 했으나 지금까지 그대로 전
해지고 있어 항간에서는 다투어 간행하고 돌려 읽고자 한다. 그 속에는
남녀 간의 음탕한 만남이나 신비롭고 괴이하여 불경스러운 잡설이 또한
많이 들어 있다. 『삼국지연의』의 경우도 그 황당함이 이와 같은데 이를
간행하여 배포하였으니 당시 사람들이 어찌 이처럼 식견이 없이 그 글
을 보고 늘 화제로 삼았는지 알 수 없는 일이다. (…) 마땅히 이러한 옳
지 못한 책을 금해야 할 것이니 그 해악은 소인배들과 다름없기 때문이
다. (선조 2년 6월 20일)

기대승奇大升으로 대표되는 소설 반대론자는 『삼국지연의』의 부정적인
영향을 신랄하게 비판하고, 『전등신화』의 간행과 유포에 대해서도 강력한
불만을 토로했다. 그렇지만 한편으로 소설을 긍정하는 견해 또한 없지 않
았다. 조선 최초의 소설가 김시습은 말할 것도 없고, 1549년 『전등신화』에
주석을 단 임기林芑나 평소 김시습을 높이 평가해 공자에 비견하고[2] 『금오
신화』 간행을 주도한 윤춘년이 그들이었다. 김인후金麟厚(1510~1560) 역시
『금오신화』를 읽고 난 감동을 시로 남겼으며, 이수광李晬光(1563~1628)은 역
대 사적을 증명하고 견문을 넓히는 데 도움을 준다고 평했다. 또한 안정복
安鼎福(1712~1791)은 『삼국지연의』의 기발한 문체에서 글쓰기의 새로운 형
태를 배웠다고 고백하기도 했다.

개인적, 간헐적으로 제기되던 소설 긍정론은 영·정조대에 중국으로부터 통속소설이 대량 유입되자 소설 부정론을 압도하는 추세로 바뀌었다. 이를 반영하는 것이 정조의 문체반정文體反正이었다. 중국 소설과 명말 소품문의 영향을 받아 통속적이고 가벼운 논조의 글을 쓰는 이들이 늘어나자, 정조가 직접 나서서 글쓰기 풍조를 비판하기에 이른 것이다.

> 가장 문제가 되는 것은 이른바 명말청초의 문집들과 패관잡설들인데 특히 세상의 교화에 해악이 된다. 근래의 문체를 볼 것 같으면 경박하기 그지없어 대가의 손에서 나온 것이 아니고 대개가 잡설의 책으로부터 나온 것이다. 그러니 법을 만들어 금지하지는 않는다 해도 사신으로 가는 사람이 스스로 금하면 현명한 일일 것이다. 이 뜻을 사신들에게 잘 알아듣게 전하도록 하라. 잡술의 글은 목록 중에서 따로 조목을 만들어 엄히 금하여야 할 것이다. (정조 11년 10월 10일)

정조 16년(1792)에는 북경에 가는 사신에게 "소설은 물론이고 경서라도 중국에서 간행된 책이라면 절대로 가져오지 말라"[3]며 엄명을 내리기까지 했다.

『현토 삼국지』.

261

"이 책은 능히 문자를 바꿀 만하다"

그러나 왕이 직접 나서서 금한다고 해결될 문제는 아니었다. 19세기 사대부나 관료들 중에는 소설의 맛에 심취한 이가 적지 않았다. 이조판서와 좌의정 및 영의정까지 역임한 이상황李相璜(1763~1841)은 그중에서도 유명했다. 이유원李裕元의 「회간패설喜看稗說」을 보면 이상황이 소설에 얼마나 중독됐는지 잘 나타나 있다.

> 이상황은 평소에 손에서 놓지 않는 책이 있으니 다름 아닌 패관소설이었다. 마침 당시에 사역원 도제조都提調를 맡고 있었으므로 북경에 사신으로 가는 사람들은 다투어 사다가 바치니 수천 권에 이르게 되었다. (…) 이만수李晩秀는 평생 소설이 어떤 책인 줄 알지 못했다. 하루는 김성탄이 『서상기』와 『수호전』을 평한 책을 구입하였다. 공이 한 번 읽고 크게 놀라 말하되, "의도하지 않아도 이 책은 능히 문자를 바꾸게 할 만하다"고 하였다. 이로 말미암아 그의 문체가 크게 변하였다.[4]

이만수(1752~1820)는 영조·순조연간에 활동한 문신이었다. 소설을 전혀 몰랐던 그가 중국의 문학비평가 김성탄이 평한 소설을 읽은 후에 문체가 크게 변했다. 또한 이상황이 소설을 애독한다는 얘길 전해 듣고 중국을 다녀오는 이들이 앞다퉈 패관소설류를 갖다 바친 것이 수천 권에 이른다고 데서는 그의 중독이 얼마나 심했는가 짐작이 간다. 홍한주洪翰周의 『지수염필智水拈筆』에도 이상황은 특이한 사람으로 소개되어 있다.

〈태평성시도〉(부분), 작가 미상, 18세기 후반, 견본채색, 국립중앙박물관 소장.

이상황은 소설을 좋아하고 특히 『서상기』를 애독하였는데 늘 이렇게 말했다. "무릇 글자가 있는 책 중에는 볼 때는 좋다가 덮고 나면 그만인 것도 있지만, 오직 『서상기』만은 볼 때도 좋고 덮고 나면 더욱 그 맛이 남아 상상의 세계에서 자신도 모르게 혼이 나가는 경지에 이르게 되니 이는 한유나 유종원, 구양수, 소동파도 하지 못하고 『좌전左傳』이나 『국어國語』, 사마천이나 반고의 문장도 이르지 못한다". (…) 그는 밥을 먹을 때나 뒷간에 갈 때도 이 책을 놓지 않았으니 참으로 미혹됨이 심하다고 할 것이다. 이것이 바로 지나친 기호벽이라고 하겠다.[5]

이렇듯 소설과 희곡에 탐닉하던 그였지만, 신하 된 자로서 임금의 명을 거역할 수는 없는 노릇이었다. 1787년 어느 날 김조순과 함께 예문관에서 숙직을 서며 각종 당송唐宋 소설과 청대 소설인 『평산냉연平山冷燕』 등을 탐독하던 이상황은 정조에게 그만 발각되고 말았다. 이 사건이 정조실록에 기록되어 있는데, 결국 그 책들은 모두 불태워지고 이상황은 그후로 패관소설을 더이상 읽지 않았다.[6] 더욱이 문체반정의 정책에 반기를 들 수 없었던 조선조 문인들로서는 그후 한동안 소설의 부정적 기능을 피력하는 이들이 적지 않았다.

"너무나 외설적이어서 차마 보고들을 수 없었다"

소설이 금기시될 수밖에 없었던 이유 중 하나는 음란한 내용을 담고 있다는 것이었다. 이러한 기록은 유몽인의 『어우야담』 「학예편」에 보인다.

금년 봄에 새로 간행된 중국의 책 70여 종이 서호西湖로부터 왔는데, 그 이름 중에 『종리鍾離』와 『호로葫蘆』[7] 같은 것이 있었다. 그러나 너무나 외설적이어서 차마 보고 들을 수가 없었다. 오직 두 가지 고사가 볼만하고 세교世敎에 도움이 될 듯싶었다.[8]

유몽인이 언급한 '금년'이 정확히 언제를 의미하는지 확실하지는 않지만, 적어도 그가 살던 시기에 중국의 강남[西湖]에서 간행된 통속소설 가운데 70여 종이 들어왔고, 그중에는 음사 소설도 포함되어 있었음을 확인할 수 있다. 명 말기에 중국의 소설이 국내에 활발하게 유입되었는데, 신간을 얻을 수 있을 정도로 유입 속도는 빨랐다. 동시대를 살았던 허균이 중국에 갔다가 수천 권의 서적을 구입해 들여온 것만 봐도 알 수 있다. 물론 유몽인이 외설적이라고 표현한 작품들이 실제로 음사 소설에 해당하는지 확인할 길은 없지만, 중국의 대표적 음사 소설로서 오랫동안 금서로 취급된 『금병매』와는 구별됐을 것으로 보인다. 『금병매』야말로 중국뿐만 아니라 조선에서도 음란 소설로 치부돼 긍정적인 평가를 내리거나 탐독하려는 분위기는 오랫동안 만들어지지 못했다.

『금병매』는 이미 허균의 『한정록閑情錄』에서 그 이름이 나타난다. 중국에서 간행되자마자 허균 같은 진보적인 소설 애호가의 눈에 포착되어 기록으로 남겨졌던 것이다. 허균은 『수호전』과 『금병매』를 모르는 이는 진정한 술꾼이라 말할 수 없다는 말까지 남겼다.[9]

이후로 외설 소설에 대해 거론한 것은 100여 년이 지나 안정복(1712~1791)에 이르러서였다. 안정복은 음희소설淫戱小說을 경계해야 한다고 주장했다.

독서에는 신중하지 않으면 안 되는 때가 있다. 음탕한 소설을 보면 저절로 마음이 방탕해지고, 산수와 청담의 글을 읽으면 저절로 용맹스런 기운이 솟구치게 되고, 성현의 말씀과 경전의 글을 읽으면 마음이 고요하고 온화해져서 바르고 큰마음이 일어나게 되는 법이다. 그래서 옛사람들이 잡서를 특히 경계하라고 하셨던 것이다.[10]

〈명나라 사람들의 비파기 연주〉, 근대화가가 『금병매』의 삽화에 근거하여 개작한 그림.

배척론에서 진지한 소설론으로의 전환

이규경李圭景(1788~?)은 소설에 관련된 세 편의 글을 남겼는데 단순히 소설을 증오하거나 배척하는 표현 대신 소설의 작자와 주제에 진지하게 접근하려는 태도를 보여줬다. 그의 저서 『오주연문장전산고』에 실린 「소설변증설」「패관소설역미보변증설」「전등신화변증설」이 그것인데, 특히 「소설변증설」에서 『수호전』『서유기』『금병매』『서상기』에 대한 견해를 피력해놓았다.

여기서 더 나아가 『몽유야담夢遊野談』을 쓴 이우준李遇駿(1801~1866)은 『남정기南征記』『구운몽』『창선감의록』『옥린몽』 등의 조선 소설을 언급한 후 중국의 사대기서四大奇書까지 다루었는데, 사대기서에 대해 평가가 전대에 비해 사뭇 긍정적이다.

중국 사람들은 소설을 많이 짓는다. 나는 북경에 갔을 때 정양문正陽門 밖의 책방 거리에서 서가마다 가득 꽂혀 있는 책을 본 적이 있는데 태반이 패관잡설이었다. 대체로 강남이나 사천 지방의 자제들이 과거를 보러 상경했다가 낙방한 경우에 길이 멀어 다시 돌아가지 못하고 다음 시험을 기다릴 때 소설을 지어 출판함으로써 생활비를 조달하곤 하였으므로 이처럼 많아졌다. 그중에는 사대기서라는 작품이 있는데 시내암이 짓고 김성탄이 비평한 것으로 천하의 책 중에서 이보다 더할 것이 없다. 대체로 경전과 사서를 좋아하고 오로지 과거에만 매달리는 사람들은 이

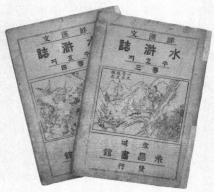

『옥린몽』, 송기화상점, 1913년(왼쪽). 『수호지』, 영창서관, 1929년 초판.

런 책을 배척하여 불경스럽다 하지만, 내가 보건대 작자의 의미는 깊고
도 심원한 데가 있어 결코 등한히 볼 문장이 아니다.[11]

이우준은 북경 유리창 서점가를 둘러본 소감과 함께 소설의 사회적 원
인과 배경을 분석하고, 사대기서에 대한 긍정적 평가를 내리고 있다. 물론
시내암이 짓고 김성탄이 비평했다는 것은 착오이지만, 가정을 중심으로 묘
사한 『금병매』, 사회를 중심에 두고 묘사한 『수호전』, 국가를 묘사한 『삼국
지』, 국제 또는 우주의 세계를 묘사한 『서유기』로 점차 확대하여 작품평을
해나간 것은 흥미롭다. 어쨌든 이 글에서는 이들 소설을 금서로 보려는 시
각은 포착되지 않는다. 반면 조재삼趙在三(1808~1866)처럼 『송남잡지松南雜
識』에서 『금병매』 『홍루몽』 등을 음사 소설로 보고, 초학자와 군자들이 읽
어서는 안 된다는 주장을 펴는 이도 여전히 존재했다.

한 가지 흥미로운 사실은 1762년에 궁중에 거하던 완산이씨가 창경궁의
여휘각麗暉閣에서 쓴 『중국소설회모본中國小說繪摸本』이라는 책의 소서小序
에서 83종의 책 제목을 나열해놓았는데 그중 74종이 소설이라는 점이다.[12]
이 책은 중국 역대 소설에 실린 삽화揷畵를 다시 모사해 묶은 것이다. 기록
이 희귀한 상황에서 74종이나 되는 소설작품을, 그것도 희귀한 작품은 물
론 음사 소설에 해당하는 소설 이름까지 자세히 언급하고 있다는 점에서
귀중한 자료다. 더욱이 이런 음사 소설은 남성사회에서도 은밀하게 전해
지며 읽히던 것이 보통인데, 이것이 소설을 엄히 금지하고 있던 조선시대
에 그것도 궁중의 여성에 의해 기록되었다는 것은 놀랍다. 궁중 여성들조
차 중국의 음사 소설까지 읽었다는 걸 의미하기 때문이다.

100년 전 조상들은 어떤 책을 즐겼을까?

정작 중국의 금서 소설에 대한 구체적인 소개는 20세기 이후에, 그것도 1950년대 『금병매』를 필두로 1960년대에 『육포단』 등이 번역되면서 시작되었다. 이때만 해도 독자가 한정적이었다. 중국의 음사 소설이 대중에게 널리 읽힐 수 있는 여건이 조성된 것은 21세기를 앞둔 불과 십수 년 전의 일이었다. 그만큼 중국의 음사 소설을 한국인들은 더디게 받아들였다.

우리는 100여 년 전만 해도 조상들이 어떤 책을 즐겨 읽었는지 잘 알지 못한다. 단편적인 기록을 통해 아쉬운 대로 독서생활 모습을 엿볼 수 있는데, 그중 일본인 학자인 이마무라今村鞆는 1928년에 『역사민속조선만담歷史民俗朝鮮漫談』이라는 책을 쓰면서 당시 한국인들이 일반적으로 즐겨 읽던 책을 소개해놓았다. 당시 국내에서는 사서삼경과 같은 기본 유학경서 외에 『사략』 『통감』 『통감강목』 『임진록』 등 역사 관련 서적들, 외가로 분류한 『마사馬史』와 『고문진보』, 계몽 도서라 할 수 있는 『동몽선습』 『아희원람』 『천자문』, 그리고 중국의 『열국지』 『삼국지』 『서상기』 『수호지』 『동한연의』 『서한연의』 『오월군담』을 비롯해 국내 소설로 『사씨남정기』 『구운몽』 『창선감의록』 『옥루몽』 등을 즐겨 읽었다고 했다.[13] 그런데 소개된 27종의 작품 중에 순수 국내서는 7종에 불과하다. 당시 우리나라 사람들은 중국책을 즐겨 읽었다. 중국책은 대개가 한문책이었으며, 독자층이 주로 한문을 공부한 남성들이었다는 점을 고려하면 별반 놀라운 일도 아니다. 그보다는 오히려 7종의 국내 서적 가운데 소설이 절반을 넘는다는 사실에서, 남성 소설 독자도 분명 있었지만, 소설이야말로 여성 및 서민 독자들의 독서 공간이었음을 방증한다. 이것은 조선후기나 20세기 초나 마찬가지였던 것으로 보인다.

조정에 │ 피바람을 일으킨 │ 영조대왕의 분노

_ 책쾌들의 씨를 말린 『명기집략』 사건

조정에 피바람을 일으킨 영조대왕의 분노

책쾌들의 씨를 말린 『명기집략』 사건

조선은 단일 이념으로 통치된 왕조 국가다. 생각을 통제해야 했기에 유난히 금서를 정하고 지식을 검열하는 일이 잦았다. 그 가운데 영조 재위 기간에 일어난 '명기집략 사건'은 조선조를 통틀어 몇 안 되는 무시무시한 옥사를 불러일으킨 사건이었다.

영조 47년(1771) 실록을 보면 이 사건에 연루되어 비참한 최후를 맞이한 인물들이 기록되어 있다. 이희천李羲天(1738~1771)[1]을 비롯해 정림鄭霖·윤혁尹爀 등의 사대부와 책쾌 배경도裵景度 등이 청파교에서 목이 베이고 효시되어 사흘간 장대 위에 매달렸으며, 처자식들은 모두 흑산도로 보내 영영 관노비로 삼게 했다.

『명기집략明紀輯略』은 청나라 주린朱璘이 지은 역사서다. 여기엔 이상한 대목이 나왔다. 고려 말엽 공민왕이 암살된 후 우왕을 옹립하여 정

『형정도첩』에 실린 교수형 장면. 조선시대 사형 제도는 크게 참형과 교형으로 나뉘는데 큰칼로 목을 베는 참형은 역적죄, 살인죄에 주로 적용됐고 교형은 그보다 한 단계 아래의 범죄에 적용됐다.

권을 잡고 친원정책親元政策을 쓰면서 독재를 하다가 최영·이성계 일파에게 처형된 이인임李仁任이 바로 이성계의 아버지라는 황당한 설정이 그것이다. 이성계가 쫓아낸 권신을 그의 아버지라 했으니 단순한 착오라 하기에는 너무나 악의적인 왜곡이었다. 더구나 이 책은 인조에 대해서도 안 좋은 소리를 해 여러모로 조선 왕실을 욕보이려는 심리가 있었다. 영조의 분노는 엄청났다. 청나라에 우의정 김상철金相喆을 사신으로 보내 『명기집략』을 즉시 훼판·소각하고 주린을 처벌하라며 소리 높여 요구했다는 것에서도 알 수 있다.

실록에서는 이 사건으로 사형된 사람이 "10명에 달했다"고 했지만, 겸재 유재건이 지은 『이향견문록』에서는 "나라 안의 책장수가 모두 죽게 되었다"[2]며 피해가 훨씬 심각했음을 증언하고 있다. 아래에서 이 사건의 개요를 살펴보려고 한다.

영조에게 올라온 한 편의 글

1771년(영조 47) 5월 어느 날 전前 지평持平 박필순朴弼淳이 영조에게 한 편의 글을 올렸다. 승지가 읽어주는 걸 듣고 있던 영조는 책상을 치면서 크게 놀라 어서 박필순을 불러들이라고 일렀다. 박필순이 허겁지겁 달려와서 아뢰었다.

"강희康熙 연간(1662~1723)에 지은 것인데도 다시 망측한 문자가 있기 때문에 신이 마음이 아프고 절박함을 견디지 못하여 이렇게 글을 올렸습니다."(영조 47년 5월 20일)

박필순의 상소는 이번에 새롭게 나온 『강감회찬綱鑑會纂』에 조선 왕실의 계보를 무함하는 불온 내용이 또 포함되어 있다는 것이었다. 20여 년 전에도 이런 일이 있어 선왕조가 사신을 보내 바로잡았는데, 그때 삭제된 문장이 이번에 복권됐다는 얘기였다. 영조는 노기를 억누르며 물었다.

"이것이 바로 정사正史인가?"

그러자 옆에서 좌의정 한익모韓翼謨가 그렇진 않다고 대답했다. 이에 박필순은 비록 정사는 아니라 해도 유명한 역사책이기 때문에 조선 왕실의 계보가 널리 잘못 알려질 위험성이 크다고 아뢰었다.

영조는 결코 가벼이 넘길 일이 아니라면서 『강감회찬』을 비롯해 주린이 지었다고 알려진 『명기집략』 『봉주강감鳳州綱鑑』 『청암집靑庵集』 등은 물론 주린이 참고한 책들까지 모두 수색·조사하라고 명했다. 다음날 신하들이 모인 자리에서 영조는 노기등등한 모습으로 입을 열었다.

"비록 꿈속에서라도 어찌 이런 일이 있을 줄 생각이나 하였겠는가? 좌의정은 변무할 것이 못 된다고 말했는데, 밤에 누워서 다시 생각해보니 이 책을 우주에 하루 머물러 있게 하면 하루 동안 불효하는 것이고, 이틀 머물러 있게 하면 이틀 동안 불효하는 것이다. 경들은 각기 마음속에 품고 있는 바를 진달하도록 하라."(영조 47년 5월 21일)

신하들은 서로 주저하며 눈치를 보는 등 미온적인 태도를 보였다. 왕이 한숨을 쉬면 신하는 죽는다는 말도 있는데 상황은 완전히 거꾸로 돌아갔다. 먼저 좌의정 한익모가 어떻게든 진정시켜보겠다며 "일개인의 기록에 불과한 것을 어찌 그리 번민하십니까"라고 입을 열었다. 이것이 결국 타오르는 장작에 기름을 부은 꼴이었지만 영조도 일단은 참았다. 다른 사람들은 아직 입장을 밝히지 않은 상태였기 때문이다. 왕은 "좌의정의 말이 느슨하다"라고 불쾌한 표정을 짓는 정도로 주의를 환기시켰다. 그러자 영의정 김치인이 나섰다.

"책을 불태우게 하고 판을 허물도록 할 뿐만 아니라 반드시 청나라에 주린의 처벌을 청해야 합니다."

김치인은 『명기집략』과 그 저자에 대해서 사단을 내면 될 것이라는 입장이었으나 왕은 그렇지 않았다. 영조는 그 사이에 있는 이들, 즉 책을 유통시키며 방에서 몰래 읽고 친구에게 빌려줘 사방팔방 퍼뜨린 이들이 거론되기를 원했다. "책을 사가지고 온 사신을 처벌한 연후라야 피국彼國(청나라)에 대하여 요청할 말이 있게 될 것"이라는 왕의 음성은 이미 딱딱하게 굳은 상태였다. 삭직 조치가 합당하다는 등의 말들이 조심스럽게 이어졌다. 드디어 영조가 지지부진한 논의를 물리치고

〈조선 영조왕 이금상〉, 조석진·채용신 외, 보물 제932호, 견본채색, 110.5×61.0㎝, 국립고궁박물
관 소장. 영조는 탕평책을 쓰는 등 화합을 도모한 군주였지만 한번 화가 나면 걷잡을 수 없는 무서
운 성격이었다.

분노를 폭발시켰다.

"어제 이 사건을 듣고 마음과 뼈가 모두 떨렸다. 이런 등류의 문자를 비록 연경의 저잣거리에서 얻었다 하더라도 감히 단장을 하여 묶어서 둘 생각을 한단 말인가. 먼저 우리나라 사신을 처벌하고 계속해서 청나라에 주문하는 것이 마땅하다. 아! 그 책자를 얻어가지고 온 사신을 삭직하라는 청은 윤리를 모르는 말이며, 멀리 귀양을 보내라는 청은 이보다 낫기는 하다. 아! 비록 솔선하여 연경에 달려가 주린의 살점과 가죽을 사올 수 없다고 하더라도 오늘 입시한 삼사三司의 관원들은 어찌 감히 같은 목소리로 성토하기를 청하지 않는가? 그 당시 사가지고 온 세 사신에게는 빨리 천극栫棘하는 법을 시행하게 하고, 입시한 삼사의 관원들은 모두 삭직하도록 하며, 사신의 명칭은 진주사陳奏使라고 하라. 아! 선대先代를 위하여 마음 아파하는 때에 반전盤纏(노잣돈)이 웬 말인가? 역관의 3분의 1을 줄이도록 하고 상매商買와 데리고 가는 팔포八包(인삼 여덟 꾸러미)도 일체 엄중히 금지하되 그것을 만약 금지하지 않으면 해당 의주부윤과 서장관書狀官에게는 중률重律을 시행하도록 하는 것이 마땅하다. 오늘부터 수라상의 음식 가짓수를 줄이고[減膳] 음악을 폐하도록[撤樂] 한다. 박필순에게는 특별히 가자加資하도록 하라."(영조 47년 5월 21일)

책을 구해온 3명의 사신은 섬의 외딴집에 가두고 가시울타리를 쳐서 영영 밖에 나오지 못하게 했으며 정승 3명을 제외하고 그날 입시했던 관료들은 모두 벼슬을 빼앗고 내쫓으라는 말이었다. 게다가 사신 행렬에게 주어지는 온갖 혜택을 전부 거두어들였다. 영조는 비교적 합리적인 군주였고 참을성도 있었지만 한번 화를 내면 걷잡을 수 없는 성격이었다. 그만큼 왕의 보복은 엄청났다. 신하들은 어떻게든 사태를 수습하기 위해 타협을 시도했지만, 그런 태도가 그들에게 더 큰 피해로 돌아왔으니 바둑판을 읽는 눈이 부족했다고 할 만하다.

홍대용의 간담을 쓸어내리게 했던 유명한 금서

『명기집략』은 지식인 사이에서 일찍부터 불온서적으로 인식되어왔다. 홍대용은 북경에 갔다가 그 책을 접하고 내용의 부당함을 밝히는 글을 중국의 지식인 반정균潘庭筠에게 전달한 바 있었다. 또한 홍대용은 반정균에게 『명기집략』 간행본이 눈에 보이는 대로 조선에 보내주기를 간청하기까지 했다. 중국에서는 이러한 건의를 받아들여 1757년에 그 책을 불온서적으로 지목하고 간행본은 물론 판목까지 수거해 없애버렸다. 그러했기에 사건이 터진 중국에서는 오히려 그 책을 찾아볼 수 없었다. 문제는 훨씬 이전부터 조선에 들어와 유통된 책에 있었다.

1771년에 일어난 사건은 『명기집략』 그 자체보다는 주린이 쓴 또다른 저작물인 『봉주강감』의 매매에서 비롯된 것이었다. 사대부들 사이에 책이 퍼진 경위를 캐던 과정에서 그 진원지가 사대부 이희천임이 밝혀졌다. 이희천이 당장 잡혀들어왔다. 그는 당대에 이름을 날리던 문인으로 연암 박지원과 절친한 친구였다. 워낙 책벌레였기 때문에 책을 사들이는 게 일이었으며, 당시 조사에서도 책쾌에게 『봉주강감』을 비롯해 중국 책 몇 권을 구입했는데 그때 『명기집략』이 딸려왔다고 진술했다. 이희천은 자신은 이 책을 펼쳐보지도 않았으며 집에 꽂아두고만 있었다고 극구 변명했으나 왕의 귀에 들어올 리가 없었다.

영조는 이 책이 얼마나 퍼져 있을지 궁금했다. 주린의 역사서는 당시 양반들에게 인기 있는 편에 속했다. 놀라운 점은 영조조차 사건이 발생하기 10년 전에 『봉주강감』을 읽었다는 기록이 실록에 나온다는 사실이다. 영조는 행정 업무를 마감하고 편안한 마음이 되면 유신儒臣을 불러 『봉주강감』을 소리 내어 읽게 했다. 그러니 영조의 배신감과 치욕스러움이 어떠했을까.

왕은 불온서적 소지자들의 자수를 권고했다. 『강감회찬』을 소지한 자들이 내놓은 책은 의정부에 수북이 쌓여갔다. 이때 자발적으로 책을 바친 13명의 이름이 승정원일기에 모두 기록되어 있다. 면면을 보면 전직 판관 또는 참판 벼슬을 한 관리들이나 진사인 일반 유생과 중인 신분의 의관들도 포함되어 있었다. 신대창申大昌 · 강세공姜世恭 · 이항건李恒健 · 허관許寬 등의 이름이 보이는데, 이들은 책쾌에게서 샀으며 구입한 시기는 1762년, 1767년, 또는 4~5년 전이나 연전年前이라고 밝혔다. 즉 『강감회찬』이 1760년대에 활발히 유통되었음을 알 수 있다.

청나라 선비 반정균潘庭筠이 홍대용에게 보낸 편지, 숭실대박물관 소장. 조선과 청나라의 지식인들은 편지를 통해 필담을 주고받으면서 지적 교류를 활발히 가졌다. 홍대용은 『명기집략』 사건이 터졌을 때도 반정균과 편지를 주고받으며 사태 수습을 부탁했다.

영조 입장에서는 왕실의 정통성을 흔들 수 있는 불온한 책이 책쾌에 의해, 그것도 전문적으로 유통되었다는 사실이 큰 충격일 수밖에 없었다. "이런 음험하고 참혹한 글을 책쾌에게 팔고 책쾌에게서 사서 몇 차례 왕복했다니 이를 생각하면 마음이 오싹하고 몸서리쳐진다"[3]라고 말한 데서 그 심정을 헤아려볼 수 있다. 영조는 책쾌가 중국에서 새로 발간된 서적을 매매하는 일을 하지 못하도록 금하고, 만약 이를 어기는 사대부가 있다면 평생 금고禁錮에 처하고 양반 자격을 보증받는 명부인 「청금록靑衿錄」에서 지워버리라고까지 지시하기에 이른다. 도성 안에는 책쾌가 얼씬도 하지 못하게 했고, 만일 책을 가지고 왕래하는 자를 발견할 경우 포도청에서 수사할 것을 명했다.

책의 소지자에서 책을 판 사람에게로 수사 확대

사건은 책의 소지자 조사에서 책쾌의 체포 및 신문으로 확대되었다. 영조는 하교를 한 다음날 "조선 사대부는 모두 책쾌를 알고 있다"며 그날 안으로 도성의 모든 책쾌를 잡아들일 것을 명했다. 그러나 책쾌들은 이미 잠적해버린 뒤라 체포 성과는 별반 없었다. 이에 영조는 책임을 물어 포도대장을 파면하고 그 자리에 이장오李章吾를 임명해 책쾌 검거에 대한 단호한 입장을 내보였다. 이처럼 치안 및 수사기관의 우두머리가 서적중개상 때문에 파면당한 일은 역사상 유례를 찾아보기 힘든 일이다. 여하간 왕이 직접 책쾌 색출에 혈안이 되자, 얼마 못 가서 많은 이들이 체포되었다. 이들은 책을 매매한 사실이 확인되는 대로 모두 처벌받았다.

이때 처벌받은 이들을 영조실록에서는 책쾌 배경도와 사대부 양반 이희천 이렇게 두 사람으로 언급하고 말았지만, 승정원일기에는 그밖에 붙잡혀온 책쾌들의 이름이 자세히 기록되어 있다. 조득린趙得麟 · 박사억朴師億 · 박사항朴師恒 · 고수인高壽仁 · 고득관高得寬 · 김덕후金德垕 등 8명이다.[4] 명단 중에는 형제 또는 한 집안사람일 가능성이 농후한 이들도 있다. 이들은 모두 흑산도의 노비가 되었다.[5]

이렇듯 체포 및 심문 과정에서 책쾌의 존재가 널리 부각되었는데, 이들은 불온한 특정 서적만이 아니라 중국의 일반 서적까지 유통시켰다. 예컨대 김이복金履復은 『강감정사綱鑑正史』를, 심항지沈恒之는 송사宋史 부분만 있는 『강감綱鑑』을, 채홍이蔡弘履는 『세사류편世史類編』을 책쾌에게서 구입했다. 이 과정에서 이주영李周永은 『강감』을 산 일이 없는데 책쾌가 자신을 미워해 무고한 것이라며 억울해하기도 했다. 결국 이들 중 심항지만 처벌을 받고 나머지는 모두 방면되었다. 그밖에 『봉주강감』을 가지고 있다가 다른 사람에게 판 조홍진趙弘鎭도 처벌을 받았다.[6] 『봉주강감』과 『명기집략』 외에 일반 서적을 소지했던 이들은 무고로 처리되었지만, 책쾌는 예외 없이 모두 처벌을 받았다. 9명은 문제의 책을 거래하지도 않았는데도 모두 목이 잘리거나 노비가 되었다. 책을 유통시킨 이들을 더 문제시했음을 알 수 있다. 여기에 덧붙여

한말 혹은 일제강점기 조선에서 활동한 잡화 행상인의 모습.
지게 옆에 찬 나무로 만든 함지에 책이 꽂혀 있는 것이 보인다.

영조는 지방에서도 불온서적들이 유통되지 않도록 지시하고, 포도청에서 책쾌를 철저히 조사해 유통을 금하는 한편, 보이는 대로 책쾌를 붙잡아 곤장을 쳐서 수군水軍으로 만들도록 지시했다.[7]

왕의 이러한 처벌 원칙은 『강감회찬』에 불온 내용이 있다고 상소를 올린 박필순에게도 그대로 적용되었다. 지금의 상식으로라면 포상을 해야 할 터인데 영조는 박필순에게 벌을 내렸다. 애초에 몰래 넌지시 알렸다면 좋았을 것을, 공식 문서화해서 사직이 더 큰 피해를 봤다고 본 것이다.

"그 상소가 아무리 아름답다고 하더라도 지금 상소의 요지를 듣건대 나도 모르게 마음이 내려앉았다. 상을 줄 것은 상을 주고 경계할 것은 스스로 경계해야 하는데 이와 같은 큰 요지를 중외中外에 반포하였으니 이것이 어찌 진주陳奏하는 의미이겠는가? 박필순을 회양부淮陽府에다 멀리 귀양 보내도록 하라."(영조 47년 5월 26일)

이후 시간이 지나 잊힐 법하던 이 사건은 책쾌로부터 『명기집략』을 구입한 혐의로 조사를 받던 정득환鄭得煥의 입에서 『청암집』이란 책이 새롭게 거론됨으로써 또다시 피바람이 일게 되었다. 청암靑菴은 바로 문제아 주린의 별호이니 그의 개인 문집이었던 것이다. 정득환의 오촌 숙 정임鄭霖과 그의 집 식객 윤혁尹赫이라는 이도 함께 이 책을 읽었던 것으로 드러났다. 영조의 분노가 다시 폭발했다.

"아! 정임은 바로 정택하의 자식이고 광국원훈光國元勳의 후손인데, 오늘 날 조선에서 그 임금이 감선減膳하면서 사신을 보내어 진주하는 때에 난 적 주린의 책을 『청암집략』이라고 말했으니, 너무나도 헤아리기 어렵다. 윤혁은 먼 지방의 기슬蟣蝨 같은 존재로 정득환의 집에 몸을 의탁하고 있 으면서 정임과 더불어 주린의 별호를 지붕 밑에서 일컬으며 거리낌 없이 수작하였으니 어떻게 지난날의 배경도와 이희천 두 녀석에게 비교하겠는 가? 세 사람 모두 훈련대장으로 하여금 강변에서 효시하고 즉시 머리를 장대에 달아 온 나라의 분노를 풀게 하라." (영조 47년 6월 1일)

영조는 나머지 책쾌마저 수색해 체포하게 하고, 중국에서 책을 들여 온 역관들까지 불러 조사하도록 명했다. 역관과 책쾌를 통해 책이 유 통되는 시스템을 알아차리고 그 뿌리를 뽑아버리겠다고 마음먹은 것 이다. 결국 역관들까지 줄줄이 체포되어 심문을 받기에 이르렀다.[8] 실 록은 이 상역商譯과 책쾌 가운데 『청암집』을 바치지 않았다는 이유로 벌거벗긴 채 두 손을 뒤로 합쳐 묶어 이글거리는 태양 아래 나란히 엎 드려 죽게 된 자가 100명에 가까운 수효였다고 기록하고 있다.[9]

여기서 상역은 통역과 상업을 겸하던 당시 역관을 지칭하던 말이다. 그런데 걷잡을 수 없을 정도로 번져가던 이 사건도 채제공이 『청암집』 이란 책이 존재하지 않는다는 사실을 왕에게 진언함으로써 진정 국면 으로 바뀌었다. 역관들 또한 『봉주강감』과 『명기집략』을 구매하지 않 았다고 거듭 주장함으로써[10] 역관과 책쾌의 연관성은 끝내 드러나지

『형정도첩』 중 참수 장면. 영조는 『명기집략』으로 인해 큰 옥사가 일어났는데도 불구하고 주린의
문집인 『청암집』이 여항에 나돌아 몰래 읽힌다는 말에 크게 분개하여 관련자들을 극형에 처했다.
하지만 실록의 사관은 죽은 사람이 낫 놓고 정丁자도 모르는 일자무식꾼이었다며 당시의 마구잡
이 형벌을 비판하고 있다.

않은 채 조사가 종결되었다.

탕평책에 비판적인 이들에 대한 경고 메시지?

사실 학계에서는 이 사건이 이렇게 커진 또다른 이유가 있다고 보고 있다. 가장 큰 벌을 받은 이희천은 영조의 탕평책을 못마땅하게 생각하던 대표적인 노론청류인 이윤영李胤永의 아들이었다. 이윤영은 탕평책이 아첨꾼 및 척신과 권귀를 낳으면서 선비의 기풍을 타락시킨다는 판단 아래 평생 포의로 늙어 죽은 강단진 인물이다.[11] 영조가 이희천이 이윤영의 아들임을 모를 리 없었다. 게다가 『명기집략』을 가지고 있던 자 중에는 영조의 사위인 박명원도 있었다. 애초에 박필순이 책을 얻어서 내용을 확인한 것도 박명원에게서였다. 하지만 박명원은 아무런 처벌도 받지 않았다. 또 하나 의문이 가는 것은 박필순은 이미 지평을 그만둔 상태인데 왜 왕에게 그런 상소를 올렸을까 하는 점이다. 보통 지평이란 직함은 정치 시비에 대한 언론활동, 백관에 대한 규찰과 탄핵, 풍속 교정 등을 담당한다. 그가 지평이 된 것은 1770년이고 1771년 상소를 올릴 때는 전직 지평으로 실록에 소개되니 불과 1년이 못 되어 지평직에서 갈렸다는 얘기인데, 박필순이 건수를 제대로 올려 복직을 노린 것인지도 모른다. 그렇다면 한 개인의 영달을 위한 잔꾀에 수많은 사람들이 피해를 본 꼴이니, 영조의 괘씸죄가 뒤늦게나마 그쪽으로 향한 것은 다행이라고 해야 할까.

실록의 사신은 이 사건과 관련해 다음과 같이 말하고 있다.

"무사誣史에 관한 옥사로 전후에 사형을 당한 자가 거의 10명에 가까우며, 심지어 정득환은 낫 놓고 정자도 모르는 무식한 사람이고, 정임과 윤혁은 입으로 책 이름을 왼 사람이며, 고세양高世讓은 모집에 응하여 바로 대답한 사람인데도 역시 모두 형벌을 모면하지 못하였으니, 형장이 지나침은 이미 말할 것이 없다. 그런데 그 책을 빌려다 십수 년이나 간직한 박명원의 경우는 유독 아무런 일이 없었으니 이것은 귀근貴近이기 때문이었다. 통탄스러움을 감당할 수 있겠는가?" (영조 47년 6월 11일)

역관과 책쾌의 관계 수면 위로 올라

이 사건으로 역관과 책쾌의 관계가 수면 위로 떠올랐다. 비록 끔찍한 사건이었지만, 영조대에 활동하던 책쾌의 수가 어느 정도였는지 그 실체가 간접적으로 드러나게 되었다. 또한 역관-책쾌-독자로 이어지는 유통 체계가 생각보다 광범위하고 유기적이었음을 보여주었다. 물론 서적 수입이 통제되고 검열이 더욱 강화되었기 때문에 중국에서 서적을 들여와 국내에 공급하는 일은 음성적으로 이루어질 수밖에 없었다. 책쾌의 활동도 완전히 끊어진 것은 아니었다. 책이 귀해져 오히려 전문적인 책쾌의 활동에 더욱 의존할 수밖에 없는 환경이 돼버리고 말았다. 그렇기에 『명기집략』 사건이 일어난 지 13년이 지난 1784년에 유만주가 쓴 일기 『흠영』에 보면, 책을 구입하고자 하는 수요자와 책쾌 조신선이 만나 더욱 밀접하고도 은밀한 관계를 유지하면서 서적 거래를 빈번하게 행하고 있음을 포착할 수 있다. 조신선이 수시로 유만주의 집을 드나들며 조심스럽지만 폭넓게 중국의 진귀한 책들에 대한 박식한 지식을 공유하며 의논한 사실이 나타나 있다.[12]

이러한 금서 사건은 비단 조선 하늘 아래에서뿐만 아니라 비슷한 시기 프랑스에서도 있었다. 전통 문화와 기존의 질서·제도를 위험에 빠뜨린다는 이유를 내세워, 새로운 사상과 의식을 담은 각종 인쇄물과 책자를 유통시키던 서적중개상과 인쇄업자, 출판업자들을 붙잡아 바스티유 감옥에 가둬넣은 사건이 18세기 후반에 일어났다. 이때 감옥에 수감된 서적 유통업자들의 숫자는 1000명이 넘었다.[13] 『명기집략』 관련자들의 수를 훨씬 능가한다. 결국 파리의 서적중개상들의 희생과 수난은 프랑스 대혁명의 불을 지피는 밑거름이 되었다. 조선도 마찬가지다. 『명기집략』 사건으로 일시적으로 주춤해 보이던 조선의 서적 유통 세계는 다시 커다란 불길처럼 확대되고 다양해지는 새옹지마塞翁之馬가 되었다.

강을 건너면 이리로 변하는 사람들

명청대 도서의 수입과 역관

책쾌와 역관譯官은 공생관계의 파트너였다. 역관이 중국에 드나들면서 중국책을 구입하여 양반가에 퍼뜨렸다면 책쾌는 이를 국내에 공급하는 역할을 맡았다. 우리나라에 존재하는 송판宋板·원판元板·명판明板·청판淸板 등이 다 이들의 손을 거쳐 들어왔다 해도 과언이 아니다.[1]

역관은 가장 잘나가던 중인이었다. 직위를 이용해 막대한 부를 축적하면서 조선후기 상업자본의 중요한 축을 이룬 계층이다. 국가가 제공하는 공식적인 보수는 매우 적었지만, 이들의 사적인 경제활동을 허용해주었다. 특히 중국 연경으로 가는 사신 행렬을 수행하는 것은 이들의 공식적인 무역 루트였다. 오래 머물면서 크게 판을 벌일 수 있었고 규모가 어마어마했다.

사람의 눈을 빼먹고 창자를 씹는다?

역관은 책을 잘 알고 학식도 풍부했을 뿐만 아니라 특히 중국어를 구사할 수 있었기에 사행에서 그들의 역할은 실로 막중했다.[2] 서적 상인들은 역관과 결탁해 사행 종역원 중 마부나 노비를 가장해 대청 무역에 참여할 수 있었다.³ 수백 명의 행렬이 끌고 가는 마차 안에는 서적상들이 중국 책과 바꾸기 위해 가져가던 우리나라 명산품들이 가득했다.⁴ 이런 사무역은 16세기 초반 고개를 들어 중반 이후로는 만연하게 되었다.

이처럼 중국과 사무역이 빈번해지면서 역관에 의존하는 정도가 심해지자, 역관 중에는 독점적 지위를 이용해 축재하거나 작태를 연출하는 일이 심심찮게 일어났다. 역관을 부정적으로 바라보던 시선이 여러 기록에서 포착된다. 예컨대 이항복李恒福(1556~1618)의 문집 『백사집』에는 "역관이 한번 압록강을 건너기만 하면 문득 이리와 전갈로 변하여 그 작태를 차마 볼 수 없다"⁵라는 평이 실려 있다. 소문이 얼마나 과장되어 있었던지, 이항복은 역관들이 강을 건너면 사람의 눈을 빼고 창자를 긁어내 씹어먹는 장면을 떠올릴 정도였다. 이른바 역관 괴담인 셈이다. 부산 동래포구는 일본으로 물품을 실어 나르는 불법 선박들로 연일 성시를 이룰 정도였다. 예컨대

바닷길을 이용해 중국으로 떠나는 사신 행렬.

숙종대 실록에는 사간원이 당시 골머리를 앓게 한 잠상들의 악행을 아뢴 기록이 나온다.

"이번 바다를 건너간 역관의 배에 실은 미곡이 백여 석에 이르렀으니, 침몰의 원인은 여기에 있었습니다. 듣건대 동래부 근처의 병사·장수와 그의 비서관 무리가 붙어서 실은 것 또한 많다고 하는데, 이는 대마도에 흉년이 들어 1곡의 쌀값이 백금 7~8냥이 되기 때문에 금화와 바꿔 이익을 늘리려고 한 것입니다. 배를 탄 사람은 모두 거간꾼[駔儈]의 무리여서 법을 범하면서 장사하는 것이 이미 통악痛惡한데, 장수들은 변경을 지키는 신하의 신분으로 상역商譯과 친밀하여 이웃 적국과 몰래 소통하여 재화를 쌓았으니 중벌에 처해야 할 것입니다."(숙종 29년 3월 27일)

그러나 이들은 배가 침몰했기 때문에 끝내 잡아떼고 그런 일이 없다고 버팀으로써 벌을 받지 않았다. 이를 두고 영남 사람들이 모두 입을 모아 "대론臺論(사간원의 글)이 조금도 틀리지 않았으나, 조사하는 일이 엄하지 못하여 잠상潛商의 무리가 요행히 국법을 면하였으니 몹시 분하다"고 말했다. 여론이 악화되자 결국 재조사에 착수해 처벌이 이뤄졌다.

더 큰 판을 위해 꼭 필요한 책 무역

연경에 도착한 역관들은 중국의 물가 변동과 시장 상황을 훤하게 꿰뚫고 있었다. 그들을 통해 중국에서 유행하던 패관소설을 비롯한 잡서류까지도 조선에 대거 유입될 수 있었다. 허균은 역관들에게 각자 서책을 몰래 들여오게 한 후 이를 전부 몰수해 자기 것으로 삼았으며, 중국어에 능통한 예속인에게 중국 저잣거리에서 서책을 구입하게 하기도 했다. 『광해군일기』에는 다음과 같은 기록이 나온다.

이상적 초상. 이상적은 역관으로 연경에 수시로 드나들면서 그곳의 학예 자료들을 들여오곤 했다. 그는 연경 학계에서도 큰 학자로 대접받았다.

"허균의 예속隸屬인 현응민玄應旻이 재주가 많아 중국어에 능했는데, 그가 시정에 출입하면서 중국 사람처럼 물건을 사들였으므로 위서僞書를 그중에 섞어놓아도 중국인이 분별해내지 못했다. 어떤 사행에 왕이 은을 1만 수천 냥이나 주었는데, 민형남閔馨男이 많은 돈을 역관에게 맡겨서는 안 된다고 하며 정사·부사와 서장관 등 세 방에 나누어둘 것을 의논했었다. 그런데 어느 날 밤에 허균이 '은을 도둑맞았다'라고 말하면

295

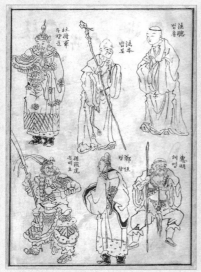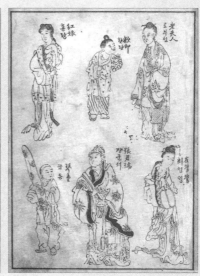

『서상기』의 등장인물들. 발행자, 발행일 미상.

서 빈 궤를 사람들에게 보여주니 일행이 깜짝 놀라 걱정하였다."(광해군 7년 윤8월 8일)

역관 출신의 이상적李尚迪(1804~1865)은 청나라의 신간 서적을 멀리 제주 도에 귀양 가 있던 그의 스승 추사 김정희에게 보내준 적이 있었다. 그 일 로 김정희는 저 유명한 〈세한도歲寒圖〉로 고마운 뜻을 표하기도 했다.[6] 귀 양 가 있던 죄인이 제주도에 앉아서 외국의 신간 서적을 받아볼 정도로 당 시 도서 유통의 속도나 규모는 빠르고 폭넓었다. 그런가 하면 이미 유몽인 이 쓴 『어우야담』에도 중국에서 봄에 간행된 소설 『종리호로鍾離葫蘆』를 그 해에 들여와 읽고 난 뒤 품평을 가한 내용이 실려 있을 정도였다.[7] 이렇듯 중국 서적의 국내 입수와 유통이 빠르게 이뤄질 수 있었던 것은 역관과 서적중개상의 합작이 큰 역할을 했기 때문이다.

중국의 신간도서를 일본에서 역수입하다

역관 중에는 중국이 아닌 일본에서 서적을 구해오는 이도 있었다. 일본에서는 17세기 후반부터 출판 문화가 크게 번성하기 시작했다. 해로를 이용한 중국과의 무역이 1686년(숙종 12)에 가능해짐으로써 일본은 중국에서 직접 서적을 수입해올 수 있었고, 자체적으로 간행하는 일도 빈번해졌다.

일본으로 건너간 조선의 책 중에는 일본에서 다시 출판된 것도 있었다. 임란 때나 그 직후에 국내 서적이 일본으로 대거 넘어가게 되었는데, 약탈에 의한 것도 있었지만 역관이 일본인들과 거래하는 가운데 유출시키거나 건네진 것들도 적지 않았다. 왜인들의 요구가 있을 때 역관이 서적을 거래하거나 공급해주는 역할을 했던 것이다. 이러한 사정을 짐작하게 해주는 하나의 예로 신유한의 『해유록海遊錄』을 들 수 있다.

"우리나라와 관시關市를 연 이후로 역관들과 긴밀하게 맺어서 모든 책을 널리 구하고 또 통신사의 왕래로 인하여 문학의 길이 점점 넓어졌으나 시를 주고받고 문답하는 사이에서 얻은 것이 점차로 넓은 때문이었다. 가장 통탄스러운 것은 김학봉의 『해사록』, 유서애의 『징비록』, 강수은의 『간양록』 등의 책은 두 나라에 대한 비밀을 기록한 것이 많은데, 지금 모두 대판大板에서 출판되었으니, 이것은 적을 정탐한 것을 적에게 고한 것과 무엇이 다르랴? 국가의 기강이 엄하지 못하여 역관들의 밀무역이 이와 같았으니 한심한 일이다."[8]

　일본에서 조선의 책을 구하려는 수요가 있었던 만큼 이를 충족시켜줄 매체가 필요했는데, 비공식적이고 개인적인 통로로서 역관을 택했던 것이다.
　물론 중국을 드나들던 역관들이 일방적으로 중국의 서적 수입에만 열을 올린 것은 아니었다. 조선에서 간행되거나 필사된 책들이 역관의 손을 통해 역으로 중국으로 건네진 경우도 적지 않기 때문이다. 예컨대 『중국소장 고려고적종록中國所藏高麗古籍綜錄』은 중국 내 51개 단위 기관에 소장되어 있는 고려 및 조선 관련 서적 자료의 목록을 담고 있는데, 여기에 올라간 책 가운데 1911년 이전에 출판된 것만 2754종이나 된다.[9] 중국에 현전하는 이들 도서는 조선과 중국의 문인들끼리 교류하는 가운데 자연스럽게 건네진 것도 상당수 있고,[10] 18세기 중후반에 활동한 소위 '육가六家'라 불리던 여섯 역관들의 시문詩文을 모아 엮어놓은 『해객시초海客詩鈔』처럼 역관들이 자신들의 시문집을 직접 중국으로 가져가 저명한 중국 문인들로부터 평점을 받고자 한 것들도 있었다.[11] 19세기 중반에 중국의 문인 동문환董文煥(1833~1877)이 조선 역관들이 가져다준 조선의 시문집 34종을 묶어 『한객시록韓客詩錄』이라는 제목으로 편찬 · 출판하고자 한 것도 바로 그러한 관심을 반영한 것이다.[12]
　이처럼 역관은 책 수입뿐 아니라 중국이나 일본과의 서책 교류에 깊숙이 개입했다는 점에서 문화를 주도한 계층이라고도 볼 수 있다. 사실 개항 이전부터 외국 특히 중국 문물과 신지식을 접할 수 있었던 역관들로서는 개항 이후 나타난 사회 변화와 개화운동에도 자의든 타의든 관여하지 않

〈조선 사신을 배웅하는 명의 관리〉, 중국 명나라, 103.6×163.0cm.

을 수 없었다. 특히 개화기에 역관은 보부상의 상조직을 활용하기도 했
다.[13] 그리하여 보부상들은 각종 물건을 취급하는 동시에 서적의 주된 수
요지인 향교, 서당, 벌열가 등을 돌아다니면서 신서류를 판매·보급했다.
그렇다고 보부상이 책쾌 노릇까지 한 것은 아니었다. 어디까지나 보부상은
각종 물건을 옮기는 과정에서 부분적으로 책을 전달하기도 했을 뿐이다.

조선의 │ 가장 똑똑했던 왕이 │ 가장 싫어했던 책

_ 『원중랑집』 등 노론청류의 양명좌파 수입과 그 좌절

조선의 가장 똑똑했던 왕이 가장 싫어했던 책

『원중랑집』 등 노론청류의 양명좌파 수입과 그 좌절

"사학邪學을 물리치려면 무엇보다도 정학正學을 먼저 밝혀야만 한다. 그러므로 일전에 책문策文 제목을 내면서 명말청초의 문집에 대한 일을 성대하게 말했던 것이다. 대체로 명·청 시대의 글은 초쇄기궤噍殺奇詭하여 실로 치세의 글이 아닌데, 『원중랑집袁中郎集』이 가장 심하다. 요즈음 습속을 보면 모두 경학을 버리고 잡서를 따라감을 면치 못하고 있다. 세상에 유식한 선비가 없어서 어리석은 백성들이 보고 느끼는 바가 없게 된 것이다. 내가 소설에 대해서는 한 번도 펴본 일이 없으며, 내각에 소장했던 잡서도 이미 모두 없앴으니, 여기에서 나의 고심을 알 수 있을 것이다."(정조 15년 11월 7일)

정조가 문체반정을 통해 지식인들의 나긋나긋하고 알 듯 모를 듯한

문장을 나무랐다는 사실은 익히 알려진 바다. 위의 인용문은 정조가 명말청초의 중국문학을 질타하는 내용이다. 초쇄기궤하다는 것은 '글이 근심에 싸여 가냘프게 떨거나 조급하고 기이할 뿐'이라는 의미인데 특히 『원중랑집袁中郞集』을 원흉처럼 몰아세우고 있는 게 인상적이다.

"케케묵어 냄새 나는 문학은 가라"

『원중랑집』이 어떤 책인지 알기 위해서는 16세기 말엽의 중국으로 거슬러 올라가야 한다. 당시 중국에서는 양명학이 둘로 갈라졌다. 이 중 다소 급진적인 사상가들이 태주학파泰州學派를 형성했는데 중국 역사상 가장 이단적인 사상가로 손꼽히는 이탁오李卓吾가 이 시기 태주학파의 선두 주자로 활동했다. 그는 금욕주의·신분차별을 강요하는 예교禮教를 부정하고 인간의 본능을 자유롭게 추구했다. 『서상기西廂記』같은 백화문학도 경사經史와 나란히 할 수 있는 최고의 문학이라고 극찬했으며, 머리를 깎고 불승 모양을 하고 돌아다니며 딱딱한 유학자들을 비판했다. 이탁오는 남녀 평등론까지 제창하다 결국 투옥되어 옥중에서 자살하고 말았다.

이 이탁오의 영향을 받아 성립된 중국 명나라 때의 문학 집단이 바로 공안파公安派다. 공안파는 대표 기수였던 원종도袁宗道·굉도宏道·중도中道 3형제의 출신지가 호북성 공안현公安縣인 데서 생긴 이름이다.

이들은 당시의 복고파復古派 문학이 케케묵어 냄새가 지독하다며 비판하고 이탁오의 자유인적 기질을 문학에 본격 도입했다. 그건 한마디로 전거가 없는, 평지돌출의 감정을 표현한 것이라고 요약할 수 있다. 그들은 성당盛唐의 시가 오히려 신선한 것은 자신의 내부에 있는 성령에 바탕을 두기 때문이라고 생각했으며, 그러한 성령의 발로와 풍운風韻의 표출을 낭만주의적 문학론의 밑바닥에 깔고, 실제 창작에 있어서도 평이하고 명석하며 청순한 필치로 개성적인 자아 표현을 해 보이려고 힘썼다. 중국에서는 태주학파의 이탁오에서 공안파로 이어지는 '양명좌파'가 명말청초의 사상계와 문단을 뒤흔들었다. 이 공안파의 3형제 중 둘째인 원굉도(1568~1610)가 남긴 저술이 바로 40권 분량의 『원중랑집』이다.

중국의 양명학에서 양명좌파가 분리될 때, 조선에서는 노론에서 노론좌파가 분리되고 있었다. 노론의 거두 송시열을 직통으로 잇는 한원진韓元震 등이 "주자학을 사수하라"는 사명감으로 똘똘 뭉쳤다면, 이 흐름에서 떨어져 탈주자학적 견해를 표출하는 선비들이 나타났는데 김창협·김창흡 등에서 시작된 낙론계洛論系 지식인들이 그들이다. 이들 낙론계는 영조대 후반에 '노론청류老論淸流'로 결집했다가 정조가 왕위에 오를 때 그 측신으로 대거 정계에 진출한다. 노론좌파라 함은 바로 낙론계에서 노론청류로 이어지는 이들의 후손으로 서울지역에 살았던 지식인들 즉, 김조순金祖淳, 박지원朴趾源, 권상신權常愼, 이서구李書九, 유만주兪晚周, 이덕무李德懋, 유득공柳得恭, 박제가朴齊家 등을 일컫는다.

또한 당시 지성계의 핵심에는 1694년 갑술환국으로 세력을 잃었다가 영조대부터 조금씩 복권돼 정조 재위 시절 중심 권력층으로 등장한 남인 지식인들이 있었다. 위에서부터 채제공을 정점으로 한 남공철南公轍, 이가환李家煥 등이 그들이다.

그런데 중국의 양명좌파와 조선의 노론좌파 및 남인계 신지식인들을 만나게 해준 것이 바로 『원중랑집』이다. 이탁오의 저술은 금서로 인식돼 눈에 띄는 곳에서 보거나 인용할 수 없었지만 문학의 외피를 쓴 원굉도의 사상은 오늘날 노엄 촘스키나 스티글리츠 같은 이들의 책이 현지에서 나오는 즉시 번역되는 것과 같이 17~18세기에 걸쳐 지속적으로 소개된 최고의 베스트셀러였다. 당시 지식인들의 문집을 보면 온통 원굉도 얘기였다. 중국에 다녀온 이들의 집에 갔다가 원굉도의 신간 서적을 손에 넣으면 집에 도착하기 전에 길에서 펼쳐 읽어보다가 말이나 사람과 부딪치기도 했다.[1] 심지어 "중랑서원을 지어 배향하겠다"는 자들까지 나타났다.

유만주처럼 개인 문집에서 "문장의 아름다움은 고인과 똑같이 하는 데 있지 않다. 만약 똑같이 짓는다면 이 문장을 어디에 쓰겠는가"라고 원굉도를 인용하는 것은 일상적인 풍경이었다.[2] 허균은 꿈에서 원굉도를 본 사실을 좋아라 하며 문집에 써넣었고, 박지원은 『열하일기』에서 원굉도의 작품 속에 등장하는 반산盤山에 오르지 못하는 것을 한탄했다. 정약용은 국화꽃을 등잔불에 비춰 만들어지는 환영을 보면서 시를 지었던 원굉도를 좇아 1796년(정조 20) 시 쓰는 모임인 '국영시회菊影詩會'를 만들기도 했다. 박제가는 중국에 갈 때도 행장에 『원중랑집』을 꼭 챙겨 손에서 놓지 않았다.

조선후기에 개인 심경을 짧은 문장에 표현하는 척독尺牘이라는 장르가 유행한 것도 원굉도의 영향을 받은 것이다. 원굉도는 척독이 매우 짧기 때문에 바르고 큰 문학을 원하는 당대 주류들의 눈치를 보지 않고도 비교적 자유롭게 개인의 심회를 나타낼 수 있다고 판단했다. 고전을 인용하고 성인의 말씀을 박아넣어야 작품 대접을 받았기 때문에 긴 글을 쓰는 것은 고달픈 형식과의 싸움을 벌여야 했던 반면, 짧은 글에서는 비록 단발마 같은 비명이나마 '생짜'로 나의 음성을 넣을 수 있었던 것이다. 이런 소품류의 장르가 조선의 신지식인들에게 통했음은 물론이다. 여기서 더 나아가 앵무새와 담배 같은 생활 취미에 대한 글을 써서 전傳이나 경經이란 이름을 붙이는 고아한 취미도 넓게 보면 원굉도의 영향 아래 놓이는 것이었다. 서울의 글깨나 쓴다는 이들이 원굉도 이름을 부르며 다니니 이것이 왕의 귀에 들어가서 문체반정이 일어난 것도 무리는 아니었다.[3]

고증학을 미워한 정조

조선의 지식인들이 원굉도의 오빠부대로 전락한 것은 아니었다. 그

고염무 초상. 정조대 지식인들 일부는 청나라 고증학의 개조로 실
사구시 학풍을 일으킨 고염무의 저서를 받아들여 조선의 현실을 반
성하기도 했다.

들은 원굉도를 흠모하는 동시에 극복하려고 애썼다. 앞서 말했듯이 당대 최고의 지식인이었던 정조는 원굉도의 나약한 문장을 무척 싫어했으며, 조선에 공안파의 문학을 최초로 들여온 김창협 또한 『농암집驪巖集』의 「잡지」에서 "중랑집을 읽었는데 한편으로는 선과 불을 말하고 한편으로는 주색에 탐닉하고 있다. 백정과 술장수가 경전을 암송하는 행위와 다르지 않으니 가소로울 뿐이다"라고 비판하기도 했다.[4]

당시에는 중국의 신간 서적들이 비교적 빠르게 전해지던 때였기 때문에 원굉도에 비판적인 고염무顧炎武 · 주존朱尊과 같은 이들의 저술도 널리 읽혔다. 특히 양명학이 공리공론을 일삼는 데 환멸을 느끼고 경세치용의 실학에 뜻을 둔 고염무는 대표적 저서로 『일지록日知錄』을 남겼는데, 이 책은 유교경전에 가해진 거추장스럽고 화려한 수식들을 모두 쳐내고 선현의 본의로 돌아가 학문이 본래 가지고 있는 현실에서의 역할을 회복하려는 의도를 지니는 것이었다. 『일지록』 또한 당시 북학파를 형성한 박제가, 홍대용 등의 지식인들의 필독서로 읽혔는데, 추사 김정희에게 결정적인 영향을 미쳐 조선 실증주의의 금자탑이라 할 수 있는 금석문을 성립시켰다.

하지만 정조는 고증학을 신경질적으로 싫어했다. 얼핏 생각하기에 지식인들이 경전을 읽지 않고 소설과 기이한 산문에 빠져 지낸다고 생각한 왕에게 그나마 경전의 본의를 밝히려는 부지런한 일개미 같은 움직임이 기특하게 다가왔어야 정상이라고 생각할 수도 있다. 하지만 정반대였다. 그 사정에 대해서는 강명관 교수가 「문체와 국가장치」라는

논문에서 상세히 밝혀놓았다.[5]

"지금 문체가 날로 수준이 떨어져 수습이 불가능한 지경이 된 것은 고증학이 단초를 연 것이다. 자기 자신만의 견해를 제출해 작자의 울타리에 들지 못할 경우, 스스로 자신의 무능력을 알고서는 이에 고인의 저술 중에서 지리地理 · 인명 · 대 · 보계譜系 중에서 혹 잘못된 것을 이리저리 끌어내고 부연하여 자기주장으로 삼아 책을 가득 채우는 것을 최후의 법으로 삼는다. 그러니 문장을 잘하는 이가 드문 것이다."[6]

강명관 교수의 통찰에 기대어 정조의 생각을 정리해보면 이렇다. 정조는 고증학을 학자연하고 싶지만 능력이 안 되는 사람들의 도피처나 후광으로 보았다. 그들의 목에 걸친 싸구려 줄에 매달려 공허하게 반짝거리는 보석으로 본 것이다. 정조는 고증학이 경전의 핵심 전언을 다루지 않고, 오탈자나 문맥상 매끄럽지 못한 부분에 집착해 대단한 것이라도 발견한 것인 양 으쓱한다고 비꼬았다. 물론 당시 이러한 부류도 존재했기에 정조의 지적은 어느 정도 현실을 제대로 비판한 것이라고 볼 수 있다. 하지만 다른 방향으로 생각해보면 그러한 작업을 제대로 해내는 것이 고증학의 본령이다. 미세한 증거에 근거해 텍스트의 진위 여부를 판단하기만 하면, 그 결과는 확고부동한 것이 된다.

또 하나 정조가 고증학을 미워했던 가장 큰 이유는 이러한 꼬투리 잡기에 의해 경학의 주류 학설이 흔들리고 있었기 때문이다. 예를 들면 청나라 염약거閻若璩가『고문상서소증古文尚書疏證』에서 128조목을 근거로 한 무제 때 공안국孔安國이 정리한『고문상서古文尚書』가 위작임을 밝히자[7], 주희가『중용』의 서문에서 순 임금이 우 임금에게 전했다고 주장한 '유정유일 윤집궐중惟精惟一 允執厥中'은 성인의 심법心法이 아닌 그저 농담이 되고 말았다. 이 말은『상서고증』에서 따온 것이기 때문이다. 또한 호위胡渭의『역도명변易圖明辨』이 주렴계周濂溪의「태극도설」이 도교에서 유래했음을 논증하자, 거기에 기댄 성리학의 우주 발생론은 치명상을 입었다.

'도교라니!'

당대 최고의 성리학자로『홍재전서』라는 경학서를 펴낸 정조는 아마 허탈했을 것이다. 마치 서구의 르네상스 시대에 그리스 고전을 재해석함으로써 문예부흥이 가능했던 것은 중동과 이집트 등지에서 고도로 발달된 의학과 문헌학이 그 시기에 서구로 넘어갔기 때문이라는 주장에 유럽 중심주의가 받았던 충격과도 같다. 정조는 주자 경전학의 제왕적 지위가 한갓 도교의 깨달음에 기대고 있는 부분이 존재한다는 사실만으로도 괴로웠다. 이것은 지식인들의 문체를 "바름으로 되돌린다反正"는 그의 취지를 무색케 하는 측면도 갖고 있었다. 이렇게 볼 때 고증학은 정조의 염려대로 사소하고 미약한 게 아니라, 미세하고 몰가치한 것으로 여겨졌던 파편화된 언어를 다룸으로써 주류적 사유를 해체하려 한 것이다. 여기까지가 강명관 교수의 신선한 논증이다.

"소설과 소품을 금압하라"

명나라 말기의 양명좌파의 문학과 청나라 초기의 실증주의 학풍은 17~18세기의 조선으로 넘어와 서로 뒤섞이며 막 새로운 모습으로 발아하고 있었다. 그들이 염두에 두고 추구했던 것은 고전의 권위를 답습하는 게 아니라 고전의 제대로 된 쓰임새였고, 삶의 여러 문맥에서 다양한 의미로 재해석될 수 있는 고문의 진정한 가치였던 것이다. 박지원은 당시에 유행한 원중랑 문체에 대해 비평적 거리를 유지한 지식인들 중 하나였다. 아래의 인용문에서 그 단면을 살펴볼 수 있다.

> "나의 문장은 좌구명, 공양고를 따른 것이 있으며, 사마천과 반고를 따른 것이 있다. 나는 고문古文을 추구하는데 사람들이 이들을 본뜬 글을 보면 곧 눈꺼풀이 무거워져 잠을 청하려 한다. 다만 원굉도나 김성탄을 본뜬 글에 대해서는 눈이 밝아지고 마음으로 기뻐해서 전파하여 마지않는다. 이래서 나의 글이 원굉도나 김성탄의 소품으로 일컬어지니, 이는 실로 세상 사람들이 그렇게 만든 것이다. 내가 쓴 것 중에 공양전과 곡량전을 본뜬 「음청권자서」를 보라. 이것은 고문이다."[8]

그러나 이에 대한 유만주의 논평이 재미있다. 유만주는 사람들이 박지원의 문장을 소품으로 여기는 것은 그가 고문을 쓸 때는 잘 쓰지 못하나, 소품을 쓸 때는 문장이 빛나기 때문이라고 분석한다. 즉 연암의

"순고정대한 문장에는 단점이 있기 때문"[9]이라는 것이다. 연암의 문장은 오늘날에도 고문인지 아닌지에 대한 논란이 많다. 하지만 분명한 것은 고문과 신문체 어느 하나에서가 아니라, 이 양자가 서로 주고받는 무정형의 공간에서 연암 산문의 깊이가 생겨난다는 점이다.

이덕무의 『청장관전서靑莊館全書』를 보면 조선의 지식인들이 공안파의 문학 논리를 비판적으로 수용하기 위해 무수한 토론을 거쳤음을 알 수 있다. 그 핵심만 요약해보면 "억양, 여탈, 정규, 암풍, 순도, 반설" 등 변화가 무궁무진한 자유로운 정신의 운용은 받아들이되 허망한 말로 방자하게 쓰는 것은 지양할 필요가 있다는 얘기로 귀결된다.

하지만 정조는 지식인사회의 자유 담론이 스스로 균형을 잡아 현실주의 실학으로 막 옮겨가려는 찰나에 찬물을 끼었었다. 강명관 교수는 정조의 문체반정을 "당론에 좌우된 내재적 이유에서 비롯된 것이 아니라 실은 18세기 이후 북경의 유리창에서 수입된 서적으로 인한 이단적 사유의 틈입을 봉쇄하기 위한 사상 탄압"이었다고 그 성격을 분명히 규정하고 있다.[10] 현실적으로는 중국문학에 빠진 자신의 최측근 남인 세력을 노론의 공격에서 구해내기 위한 고도의 정치적인 판단이었다는 해석도 가능하지만, 아무튼 결과적으로는 최고의 철인 군주인 정조가 역설적으로 조선의 사상적 발전을 꺾어 분지른 최악의 탄압자였다는 결론이 나오는 것이다. 앞서 말했듯이 당시 정조의 금압 대상은 주로 '소설'과 '소품'이었는데, 이는 스스로 문인이자 예민한 정치적 사유를 했던 국왕 정조가, 너무 이질적이라서 금방 구별이 되는 천주교

"억양, 여탈, 정규, 암풍, 수도, 반설"을 추구하되 방자하게 쓰는 것은 경계하라는 것이 이덕무의 『청장관전서』의 핵심이다.

서적들과는 달리 외면상 이념을 표방하지 않는 소품이야말로 더욱 강한 감염력으로 문인 지식인들을 주류 이데올로기로부터 이탈시킬 가능성이 많다고 판단했기 때문이다.[11]

이러한 물샐틈없는 비극적 상황을 철학자 강유원은 "체제 유지를 위해 바깥쪽은 물론 안쪽에서 생겨난 바깥까지도 철저하게 금압함으로써 지식으로서 획득한 권력을 유지하려 했던 것"이라고 재치 있게 표현한 바 있다.[12] 조선은 전 세계의 한국사 연구자들이 공통으로 인정하는 단단한 지식 국가를 이룩했다. 그러나 지식이 곧 권력이 되고 그 정점이라 할 수 있는 왕이 박식과 권력을 동시에 장악한 경우에는 급속하게 경직된 국가로 전락한다는 점도 보여줬다.[13]

『원중랑집』이 유행했던 18세기는 여러모로 아쉬움을 남긴 시대였다. 이 시기야말로 조선이 근대적 사유를 수용하여 곱씹어봄으로써 다양한 인식과 표현과 종합의 도구들을 만들어내야 하는 때였다. '만약에~했더라면'라는 가설을 역사에 적용시키는 것은 부질없는 일이지만, 만약 『원중랑집』과 『일지록』 등 당대의 첨단 인문 교양서들이 서울의 몇몇 문인학자의 품을 벗어나 좀더 많은 지식인에게 읽히고 다양하고 풍성했던 사유가 스스로 내면의 무대를 만들며 그 위에서 서로 마음껏 싸울 수 있었다면, 과연 19세기 조선이 그렇게 힘없이 주저앉지는 않았을 것이다. 『원중랑집』이라는 그 상징적인 이름 위로는 그 안의 문장에 심취한 조선 선비들의 상기된 표정과 방 안에 유폐되어 전망 없는 풍자와 골계에 빠져들었던 우울함이 함께 배어나온다.

18세기 | 백과사전의 시대가 | 열리다

_박학다식한 선비들의 총서 열풍

18세기 백과사전의 시대가 열리다
박학다식한 선비들의 총서 열풍

'총서叢書'라는 말이 있다. 사전을 찾아보면 "일정한 주제에 관하여, 그 각도나 처지가 다른 저자들이 저술한 서적을 한데 모은 것"이라고 풀이되어 있다. 총서는 오늘날 비슷한 테마나 지향점을 지닌 저술들을 차례대로 펴내는 연작 형태의 출판물을 일컫는 말이다. 하지만 총서의 본래 의미는 그렇지 않았다. 여기서는 '모은다'는 말이 중요하다. 전통 시대의 총서는 흩어진 지식을 넓게 수집하여 한곳에 모으고 일정한 범례로 나눠 질서 있고 규모 있게 특정 테마를 이해하려던 것을 지칭했다. 예를 들어 『임원경제지林園經濟志』의 저자 서유구의 형수인 빙허각憑虛閣 이씨가 여성들에게 교양 지식이 될 만한 주식의酒食議·재의裁衣·직조 織造·수선修繕·염색染色·문방文房·기용器用·양잠養蠶 등에 관한 지식 을 두루 모아 펴낸 『규합총서閨閣叢書』(1809)가 총서의 원래 의미에 부합

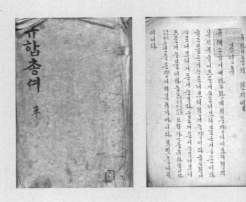

조선시대의 백과사전들. 빙허각 이씨의 『규합총서』와 서유구의 『임원경제지』.

한다고 할 수 있다. 이들 총서는 유서類書라 불리기도 했다.

조선시대에도 무언가를 체계적으로 모은다는 것이 지식의 주류적 개념으로 쓰인 때가 있었다. 바로 영·정조대인 18~19세기다. 그전까지 지식인들에게 지식은 곧 역사와 철학, 윤리와 규범이었다. 그러나 18세기에 오면 이러한 지식 개념에 균열이 일어난다. 여기에는 몇 가지 원인이 있지만 청나라에서 쏟아져 들어오는 무수한 서책들을 통해 앎의 욕구가 기하급수적으로 팽창한 것이 가장 큰 이유였다. 그중에서 인기가 높은 책은 소설과 백과사전이었다. 대표적인 것이 중국 남송시대의 학자 왕응린王應麟이 쓴 『옥해玉海』다. 왕응린이 과거 시험을 준비하면서 여러 문헌에 나타난 기록과 문장을 종류별로 편집한 이 책은 모두 21문門, 240유類로 구성된 200권에 달하는 방대한 백과사전이다. 이 책을 구해 본 조선의 지식인들은 천문天文부터 지리地理까지 하늘과 땅의 모든 지식을 망라하고 있는 거대한 세계 속으로 포섭되는 기분을 느꼈다. 침식을 잊고 이러한 책들에 대한 독서가 가열하게 진행되었다.

"내 옥해! 내 옥해!"

이런 분위기를 알려주는 『옥해』에 얽힌 일화가 하나 있다. 18세기 참판직을 지낸 이의준李義駿이란 이는 『옥해』를 목숨처럼 아꼈다. 거액을 들여 역관이나 책쾌를 통해 어렵게 구입한 뒤 애지중지 읽어 단 하루도 손에서 놓는 날이 없었다. 지독한 독서광이었던 그는 왕으로부터 그 실력을 인정받아 『장릉지莊陵志』[1]와 『존주록尊周錄』[2] 등 왕실의 중요한 역사책들을 편집하고 교정보는 일을 주로 맡아봤다. 이런 일들을 잘해내자 정조는 그를 자신의 학문적 파트너로 삼아 『소학주해』와 『주자대전』 같은 성리학 고전들에 대한 교정도 맡겼다. 방대한 문헌들을 일일이 대조하고 터럭 하나 틀린 곳이 없게 완성된 교감본을 내놓는 일은 뼈가 빠지는 노동이었다.

이런 공로를 인정받아 1797년(정조 21) 왕은 이의준을 황해도 관찰사로 임명하였다. 여기에는 그간 고생했으니 좀 쉬라는 의미도 있었다. 그러나 다 늙어서 관찰사로 간 이의준이 다음해 왕에게 한 통의 상소문을 올린다. 내용인즉 황해도지역 이서배들이 백성들에게 너무 가혹하게 돈을 거두니 집전執錢의 법을 악용의 소지가 없게 바꾸어달라는 것이었다. 이모저모를 따지고 현실의 모순을 지적하는 내용이 마치 경전의 오탈자를 찾아내는 것처럼 너무나 상세하고 정밀해 정조는 이 글을 읽고 감동을 받게 된다. "참으로 맞는 말이다. 첨부하여 진술한 작전作錢의 폐단이야말로 재물을 손상시키고 백성을 괴롭히는 일이 무엇이 이보다 심하겠는가. 묘당으로 하여금 그 폐단을 바로잡고 대신할 방도를 강구하여 아뢰도록 할 것이다"라며 하교를 내렸다. 그러나 이것은 백성들의 등골을 빼먹는 탐관오리들을 긴장시키는 행위이기도 했다.

며칠 뒤 실록에 이름이 나타나지 않는 조정의 한 대신이 정조를 만났다. 그는 왕에게 며칠 전 이의준이 올린 상소문의 말투가 너무 다투는 뜻이 있어 서로 공경하는 의리를 잃었다며 파직시켜달라고 요청했다. 정조는 이를 묵살했다. "백성의 고통을 제거하는 데에 관계된 일이라면 내가 항상 물 흐르듯이 잘 따라주노니, 언자言者의 말이 비록 과당한 점이 있더라도 매양 너그러이 용서하고자 한다"며 들어주지 않았다. 문체가 좀 격했다고 파직을 요청한다는 것은 사실 가당치도 않은 일이다. 그만큼 이의준의 상소문은 기득권층의 예민한 곳을 건드리고 있었던 것이다. 관찰사 이의준은 왕의 칭찬에 고무되어 더욱 열심히 황해도지역을 헤집고 다녔다. 그런데 그해 겨울 실록에는 황해도에서 일어난 한 건의 화재 사건이 보고되고 있다.

"이달 28일에 본도 감영의 선화당宣化堂에 불이 나서 내외의 관사가 일시에 연소되었습니다. 감사 이의준이 밀병부密兵符와 교유서敎諭書를 꺼내고자 화염을 무릅쓰고 도로 들어갔으나 그것은 꺼내오지 못하고 얼굴과 손발에 크게 화상만 입었습니다. 감사가 차고 있던 밀병부와 교유서 및 각 고을과 진鎭의 왼쪽 병부가 모두 불에 탔으니, 특별히 밀부密符 한쪽과 절월節鉞[3] 각 한 개씩을 선전관宣傳官을 파견하여 내려주소서."(정조 22년 12월 1일)

여기서 선화당은 황해도 수령이 관찰사 이의준에게 머물라고 내준

객사인 듯하다. 불은 여기서 시작돼 관아 안팎의 건물 전부를 일시에 태워버렸다. 이의준은 임금이 내린 교서와 유서 등을 건지려고 활활 타오르는 불길 속으로 뛰어들었다가 큰 화상을 입었다. 실록에는 화재의 원인이 무엇인지 전혀 나오지 않는다. 전쟁이 난 시기도 아닌데 관아 전체가 일시에 타버렸다는 것은 누군가의 의도적인 방화가 아니고서는 좀체 상상하기 어려운 사태인데도 불구하고 말이다. 사건 후 이의준은 며칠을 버티지 못하고 화독이 올라 죽고 말았다. 정조는 마음이 아팠다. 그해 12월 왕은 이의준을 반장返葬한다는 소식을 듣고 다음과 같이 전교했다.

"이 재신宰臣에게 옛 고사를 상고하는 데 많은 도움을 받았다. 그간에 온갖 고생을 겪다가 등용된 지 얼마 되지 않아 갑자기 죽었다는 소식을 들으니, 슬픔과 아쉬움이 어찌 백성을 잘 다스리는 감사 한 사람을 잃은 정도에만 그치겠는가. 치제할 때 특별히 글을 짓겠다." (정조 22년 12월 21일)

재상이라고 눈에 띄게 불러주고 특별히 추모글을 짓겠다는 부분이 더욱 가슴을 아프게 친다. 그런데 여기서 이의준이 불타는 관아로 뛰어 들어갔던 진짜 이유는 임금의 교지를 건지기 위해서라기보다는 목숨처럼 애지중지하던 『옥해』를 살려보려던 데 있었다. 그날 현장에 있었던 증인들은 이의준이 큰 소리로 "내 옥해! 내 옥해!" 하며 주변의 만류를 뿌리치고 들어갔다고 얘기했다.[4] 왜 그에게는 『옥해』라는 책이 그렇게도 중요했던 것일까.

넓게 두루 모르는 것이 없이 알아야 한다

실제로 18세기 조선 지식인들에게 박학다식한 교양은 하나의 멋을 넘어 삶의 실천적 과제로 급부상하고 있었다. 자식 여섯을 천연두로 잃은 정약용에게 마과麻科에 속한 질병과 관련된 지식을 전부 모아놓은『마과회통』을 저술한 일이나, 유배지에서 힘없는 백성들이 원통하게 당하는 것을 목도하고 지방관의 법도를 두루 모으고 체계화한『목민심서』등을 저술한 일이 학문적 자기만족의 행위일 리는 없듯이 말이다. 사태를 파악하고 일을 행함에 있어 오류가 없으려면 다양한 역사적 · 지역적 사례들을 전부 검토해서 '현실'에 맞는 것이 무엇인지를 찾아내야 했다. 그런데 앞 시대의 선배들은 그런 식의 작업을 해놓은 것이 별로 없거나 있어도 전해지지 않았다. 경전을 읽고 도를 닦거나 기껏 산수유기를 쓰는 것이 대다수였다. 선조대에 권문해라는 사람이 중국의『운부군옥』이라는 백과사전을 벤치마킹해서 조선의 운부군옥이라는 의미로『대동운부군옥大東韻府群玉』을 완성했지만 실제로 출판된 것은 몇백 년이 지나서였다.

산악인이 산경도를 보고 산세를 파악하듯이 지식인들도 스스로 앎의 질서를 잡아나가기 위해서는 문자로 정리된 기존의 세계가 존재해야 한다. 하지만 주변을 둘러봐도 제대로 된 백과사전 하나 없다는 걸 알게 되었을 때 조선의 젊은 학자들은 위기감을 느꼈다. 성리학의 예 치禮治 시스템에 갇혀 갑론을박의 순환에 빠져서는 앞으로 다가올 지 식경쟁의 시대를 제대로 헤쳐나갈 수 없다는 점을 피부로 느끼고 있었 다. 이 지구에는 조선과 청나라만 존재하는 것이 아니라 바다 건너 유 럽과 태평양 건너의 미국이라는 나라도 있으며, 일본은 이들 나라에서 배운 기술로 국가 기반을 살지우고 있었으니 일본에 관한 문헌 정보를 모두 모아 『청령국지蜻蛉國志』를 펴냈던 이덕무가 이러한 불안감을 느 끼지 않았을 리가 없다.

넓게 두루 모르는 것이 없이 알아야 했고 그래야 현실에 제대로 대 처할 수 있다는 판단이 작용했던 시기였다. 당시 중국으로부터는 『미 공비급尾公祕笈』 『패해稗海』 『한위총서漢魏叢書』 『소대총서昭代叢書』 『설 부』 『단궤총서檀几叢書』 같은 총서류 저작들이 쏟아져 들어왔다. 이 책 들은 전부 개성적인 특징을 갖추고 있어서 어떤 것은 소설류를 주로 다룬 것도 있고, 시화와 야사·잡록을 두루 수록한 것도 있으며 개인 의 심성 수양 및 아취생활에 치우친 것도 있었다. 특히 하나의 품목에 대한 연원, 품평, 제조 방법 등을 기술한 것이 많았는데[5] 이에 대한 조 선 지식인들의 반응은 제각각이었지만, 일부에서는 이 흐름을 적극 수 용해 조선판 총서 간행 열풍으로 이어진다.

이를테면 박지원은 『삼한총서三韓叢書』라는 것을 기획했다.[6] 결론부 터 말하자면 이 프로젝트는 미완성으로 그치고 말았지만, 그 안에 숨

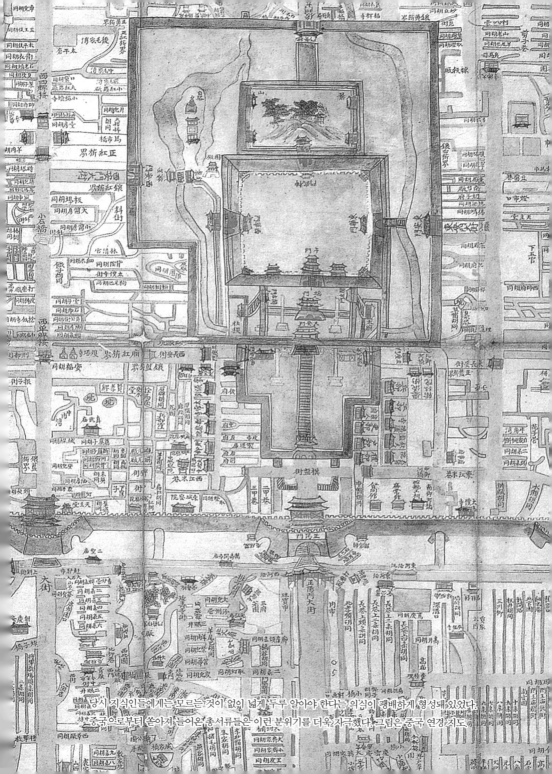

당시 지식인들에게는 모르는 것이 없이 넓게 두루 알아야 한다는 의식이 팽배하게 형성돼 있었다.
중국으로부터 쏟아져 들어온 총서류들은 이런 분위기를 더욱 자극했다. 그림은 중국 연경 지도

겨진 웅대한 비전은 재조명을 요한다. 그는 중국과 우리 옛 문헌에서 우리나라와 외국의 교섭 관련 기록을 가려 뽑아 한 질의 총서로 만들려 했던 것이다. 박지원의 둘째 아들 박종채가 쓴 『과정록過庭錄』의 뒤쪽을 보면 박지원이 총서를 쓰기 위해 작성한 목차가 길게 나열되어 있다.[7]

"선군은 중년에 일찍이 우리 문헌 가운데 서로 뒤섞여 나타나는 것과 사실이 중국 및 외국의 교섭관계에 있는 것을 뽑아 모아서 한 가지의 총서로 만들고자 하셨다. 먼저 목록을 갖추고 수시로 기록하여 책을 이룬 것도 20~30권이 되었는데, 총괄하여 이름 붙이기를 '삼한총서'라 하셨다. 강가에 거주하고부터 집안에 다섯 차례나 상사喪事가 있어 비통하고 슬프고 환난을 겪은 나머지 거두어 점검할 수 없었고, 관직에 종사하신 이래로 또 흩어져 거의 없어져버렸다. 지금 묵은 종이에 다만 서목書目의 대개大槪만 남아 있다. 전체를 편입한 것도 있고, 거질 가운데 한두 조목을 인용한 것도 있으며, 책이 없어진 지 이미 오래여서 서명만 남아 있는 것을 상고하기를 기다린 것도 있다. 지금 이 목록은 초본인 데다 그나마도 열에 한둘 정도만 남은 것이다."[8]

왜 하필 박지원은 중국을 비롯한 외국과 교섭한 역사를 정리하고 싶어했을까. 중국에 다녀오면서 견문을 넓히고 중국 지식인들과 폭넓게 교유하던 연암은 아마 이제 외교의 시대가 펼쳐지리라는 것을 짐작하

『오주연문장전산고』. 조선후기의 학자 이규경李圭景(1788~?)이 쓴 백과사전류의 책. 현재
남아 있는 것 중에 가장 거질巨帙이다.

고 있었을 것이다. 다른 나라와 이익을 두고 담판을 짓기 위해서는 그간의 교섭사에서 어떤 점은 잘했고 또 어떤 점은 잘못했는지를 낱낱이 비교 분석해서 알고 있어야 한다고 판단했을 것이다. 역사 사실의 고증과 변증을 통해 조선의 자기 주체성 및 정체성을 확립해야 했던 것이다.[9]

코스모폴리탄으로 인식되던 북경에는 박지원만 다녀온 것이 아니었다. 서얼 출신인 이덕무와 박제가도 다녀왔으니 서울 세도가의 자제들은 말할 것도 없다. 일종의 '북경 견학파'라 할 수 있는 이들은 가까운 곳에 모여 살면서 지적 네트워크를 형성했다. 특히 조정에 검서관檢書官으로 등용된 서얼 출신들끼리의 교유와 혼인이 이뤄지면서 박제가, 유득공, 성해응, 이덕무, 이광규, 이규경 등을 중심으로 하는 '검서관 출신의 학인'이 독자적인 인맥을 형성했다.

이들의 교류는 든든한 후광이 되어줌과 동시에 엄격한 감시자이기도 한 정조가 사망한 1800년대 이후에도 계속 이어졌다. 홍석주와 홍길주 형제의 고향인 장단 외공덕촌과 그들의 별장이 있던 양주의 광진, 이서구와 성해응의 고향인 포천, 신작의 고향인 광주 사마루, 정약용의 고향인 광주의 마현리, 서유구의 선산이 있던 장단의 김화 · 대호 등 경기학인으로 불리는 이들의 거주지 상당수가 한강과 임진강 연안에 있으면서 수로로 연결되었다. 이들은 배를 타고 편리하게 왕래하면서 기존에 규장각 중심으로 모였던 모임을 서울과 그 근교지역으로 점차 확대해나갔다.[10]

가열하게 진행된 백과사전 집필

　정보의 수집과 정리에 장점을 가졌던 이들에 의해 다수의 백과사전류 저술이 시도되었다. 앞서 박지원의 『삼한총서』와 함께 서유구는 『소화총서小華叢書』를 통해 당시까지 우리나라의 대표적인 저술들을 경사자집으로 분류하여 실학적·고증적으로 정리하려 했으나, 꽤 작업이 진행되었음에도 불구하고 책으로 간행되지 않아 자료가 흩어지고 유실돼 학계에서 일부만 확인되고 있다. 유만주는 『해내총서海內叢書』와 『해외총서海外叢書』를 동시에 기획하고 그 서목을 정리했다. 유만주는 우리의 역사가 1천 년이 넘음에도 불구하고 그간 이 땅에서 나온 수많은 문헌이 전부 흩어져 그 유래와 소장처를 알 수 없다는 점이 아쉽다며 총서 기획의 변을 밝히고 있다. 지적 야욕이 넘쳐난 유만주는 두 총서 외에도 중국 원말명초의 잡학사전 『설부說郛』의 조선 버전이라고 할 수 있는 『통원설부通園說郛』를 엮었다. 조선의 온갖 기이하고 희한한 이야기를 가려 모은 것이다. 서유구는 『소화총서』를 기획했는데 이는 박지원의 『삼한총서』와는 달리 역사와 문화, 학술을 아우르는 방대한 종합 총서였다. 서유구는 이 총서에서 조선의 저술을 경익經翼·별사別史·자여子餘·재적載籍의 4부로 나누고 경전 해석 및 역사와 관련된 저술, 그 밖의 경세실용서들을 망라하고자 했다.[11]

　그러나 아쉽게도 이들의 지적 모험은 스스로가 정한 정상에 등극하지 못하고 중간에 좌절되고 말았다. 프랑스의 계몽주의 사상가 디드로가 달랑베르를 비롯해 볼테르, 몽테스키외, 루소 등 당시의 사상가들을 총동원하여 본문 17권 도판 11권의 백과전서를 만드는 데 투입한 시간은 20년이었다. 그만큼 18세기 조선의 의욕적인 지식인들이 기획했던 총서류는 애초에 혼자 힘으로 완성하기 힘든 종류의 책들이었다. 총서는 아니지만 이들 그룹의 지식인들 중에 총서 규모의 저작을 완성한 사례는 18세기 중반 서유구의 『임원경제지』와 19세기 중엽 이규경의 『오주연문장전산고五洲衍文長箋散稿』 정도다. 물론 이들 저작은 몇 년의 계획된 시간에 이루어진 것은 아니었다.

서유구는 『해동농서海東農書』를 지은 아버지의 영향을 받아 농업 분야에 깊은 관심을 두고 꾸준히 농서를 집필해왔다. 1834년 전라감사로 있을 때 흉년으로 고생하는 농민들을 위해 강필리姜必履의 『감저보甘藷譜』와 김장순金長淳의 『감저신보甘藷新譜』 등을 연구해 『종저보種藷譜』를 저술함으로써 구황식물인 고구마로 기근을 탈피하는 방안을 제시하기도 했으며, 꾸준히 농업기술의 개혁과 정책 변화를 건의해왔다. 농업을 집대성한 백과사전인 『임원경제지』는 그가 죽기 얼마 전 여든살이 넘어서야 완성을 볼 수 있었다. 국내의 여러 농서들과 중국 문헌 등 900여 종을 참고하여 편찬했으니 평생 읽어온 독서의 토대가 없었다면, 그리고 조부와 부를 이어 삼대가 정조에 충성을 바치며 농업 정책의 개량에 힘써온 서유구 집안의 가학과 학풍이 없었다면 뒷심을 받기도 힘든 규모의 저작이었다.

이규경의 『오주연문장전산고』는 더 엄청난 책이다. 총 60권의 규모에 이르는 이 방대한 백과사전은 원래 60책보다 더 거질巨帙이었던 것으로 추정되나 최남선이 보관하던 60책만 규장각에 소장되어 있다. 역사·경학·천문·지리·불교·도교·서학西學·예제禮制·재이災異·문학·음악·음운·병법·광물·초목·어충·의학·농업·광업·화폐 등 총 1417항목에 달하는 내용을 고증학적인 방법으로 해설하고 있어 조선 백과사전류의 결정판이라고 할 만하다. 2008년 국문으로 완역된 권문해의 『대동운부군옥』이 20권의 규모이니 이규경의 작업은 그것이 최소 3배 이상인 셈이다.

이규경은 조부인 이덕무의 『청장관전서』의 영향을 많이 받았는데, 그는 서문에서 "명물도수名物度數의 학문이 성명의리지학性名義理之學에는 미치지 못하나 가히 폐할 수 없다"며 책을 쓰게 된 동기를 적었으며 이 책의 가장 큰 특징 역시 박학博學과 사상의 개방성에 있다고 할 수 있다. 특히 불교와 도교 및 서학에 대해서도 개방적인 입장을 취하였다. 「석전총설釋典總說」에서는 "유가·도가·석가를 3교로 일컬어 평등하게 여겨온 지가 오래되었다"고 했으며, 「수욕변증설壽辱辨證說」에서는 노자를 성인의 반열에 올려놓았다. 또한 중국의 역사에만 관심을 갖지 말고 우리 역사에 대해 애정을 가질 것을 강조하고 역사적 사실을 치밀하게 고증한 것이 특징이다. 「울릉도사실변증설鬱陵島事實辨證說」에서는 평민 안용복安龍福이 울릉도를 우리 영토로 만들기 위해 노력한 사실도 소개했다. 그 외에 민중생활사와 관련된 내용도 다수 수록되어 농가의 월령月令, 구황식물로서 감자의 중요성, 시장과 화폐에

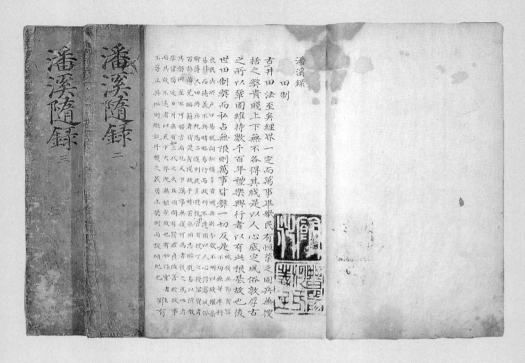

조선후기 실학자 유형원柳馨遠의 『반계수록』. 국가 운영과 개혁에 대한 견해를 담았다. 권1~8은 전제田制, 권9~12는 교선敎選, 권13~14는 임관任官, 권15~18은 직관職官, 권19~20은 녹제祿制, 권21~24는 병제兵制, 권25~26는 속편續篇으로 구성되었다. 주제별로 절반은 중국·한국의 사례를 모아 저자의 주장을 뒷받침한 고설攷說이므로, 현실 개혁안은 13권으로 이루어졌다. 실록 등에서 이 책을 13권이라고 설명한 것은 그러한 이유에서이다.

대한 견해 등 19세기 지식인의 학문의 폭과 깊이가 여실히 나타난다.

시대의 울분이 토해낸 저술들

조선의 18~19세기는 바벨탑처럼 지식을 쌓아올리려는 열정이 한 꺼번에 표출되고 있었다. 그들은 어떤 세상과 어떤 지식의 체계를 꿈 꾸었을까. 무엇이 이러한 열정의 근본적인 동력이었을까. 아마 어떤 울분 같은 것이었을지도 모른다. 마음 놓고 다양한 책을 읽고 쓸 수 없 었던 조선 역사에 대한 불만, 이 땅의 역사를 힘차게 이어나갈 경험적 지식이 체계적으로 집대성되지 못하고 중간에 끊어지고 유실되어 근 본이 불안한 채로 개화의 시대를 맞아야 했던 것에 대한 불안감, 국가 의 기틀이 되어야 할 농민 계층의 경제적 궁핍과 분열, 이들이 언제 폭 도로 변할지 모르는데도 그칠 줄 모르는 수탈과 추상적이고 이중적인 삶의 거추장스러운 명분들, 반계 유형원의 균전제均田制, 홍대용의 신 분제 세습 폐지론, 이익의 한전제限田制, 세수할 때 주먹을 비벼서 때를 밀지 않고 걸음을 천천히 걷고 신발을 약간 끄는 등의 유형화된 양반 들의 생활 습관에 대한 박지원의 통렬한 비판, 박제가의 문벌 제도 비 판과 대외개방론[12] 등으로 이어지는 온갖 개혁 요구들이 전혀 받아들 여지지 않는 것에 대한 답답함……. 이 모든 것들에 대한 고민이 이 시 기 만들어진 백과사전과 총서류 저서들 속에 그대로 녹아 있었다.

선비의 책방 풍경을 그린 민화. 호피와 공작의 깃털로 만든 만년필과 화려한 붓과 벼루, 안경 등이
방 안을 촘촘히 장식하고 있다.

서구 계몽주의의 산물인 백과전서가 식민지 개척의 경제적 동기를 내장한 채 과학주의로 무장하고 있다면, 고요한 동양의 나라 조선의 백과사전들은 동시대를 향한 정치 칼럼과 생활 에세이를 방대한 역사 지식 속에 버무려 역류해나가면서 기존의 권위와 불필요한 제도를 혁파하는 지식 게릴라들의 집결지 같은 공간이었다. 어차피 긴급한 당대의 눈으로 볼 때 백과사전류의 지적 노동은 한가한 뜬구름 잡기로 비칠 수 있다. 이익이 자신의 방대한 저서에 '한가한 이야기[僿說]'라는 제목을 붙일 만큼 어울리지 않게 겸손했던 이유도 시대의 중심으로 뛰어들어 무언가를 실천하지 못하고 방에 앉아 붓으로 대신하는 것에 대한 자의식이 스며든 것이다.

그렇게 보면 18~19세기의 백과사전류의 편찬 열풍은 과욕과 현학의 욕망에 짓눌려 현실적 지시 대상을 잃어버린 모호하고 뚱뚱한 책들의 잔치로 비추어질 우려도 있는 게 사실이다. 하지만 그건 그 시대만이 꿈꾸었던 문학의 다른 표현은 아니었을까. 마치 루카치적 의미에서, 사라진 완전한 세계를 찾아나서는 인간의 고통스런 여정과, 궁극적으로 다시는 고향에 이르지 못한다는 것을 아프게 확인하는 낭만적 아이러니의 서사 양식이 아름답듯이, 그들의 좌절한 꿈도 그렇게 받아들여야 하는 게 아닐까?

아버지 무덤에 천여 권의 책을 순장하다

책에 미친 사람들

　명나라 선비 주대소朱大韶는 책에 미친 사람이었다. 그는 평소 중국에서 가장 값이 나간다는 송판본宋板本을 소유하고 싶은 욕심이 있었다. 어느 날 한 집을 찾아갔다가 뜻밖에도 송판으로 된 원굉袁宏의 『후한서』를 발견했다. 깜짝 놀란 그는 다시 자세히 살펴보면서 3대가大家의 평이 들어 있고, 비단과 옥을 곁들인 호화장정[裝幀]의 송판본인 것을 확인하고는 가슴이 콱 막힐 지경이었다. 망설임 없이 이를 넘겨줄 것을 책 주인에게 간청해보았지만, 주인은 책을 팔 의향이 전혀 없었다. 고가高價를 불러도 꿈쩍도 하지 않았다. 결국 주대소는 자신의 첩을 주겠노라며 마지막 카드를 던졌다.

　"말과 바꿨다는 얘기보다는 낫겠지"

　당최 주대소의 집착을 꺾을 수 없는 데다 여자를 주겠다는 말에 혹한 주인은 책을 팔고 여자를 얻었다. 이때 책 대신 다른 주인에게 팔린 애첩은 시 한 수를 벽에다 써 붙여놓고 가버렸다.

본의 아니게 이 집을 떠나가지만
그 옛날 애첩을 말[馬]과 바꿨다는 얘기보다는 낫겠지
언젠가 재회하더라도 후회일랑 말기를
무심한 봄바람만 길가의 나뭇가지에 불어대네.

이 시를 본 주대소는 충격을 받은 나머지 상심 끝에 얼마 안 있어 집을 팔아버렸다. 물건과 사람은 달랐다. 책을 서재에 꽂아놓은 흐뭇함은 곧 사라졌지만, 애첩의 빈자리는 갈수록 커져만 갔다. 결국 주대소는 상심이 너무 커 세상을 떠나고 말았다.

우리나라에서도 소위 서적광이라 할 만한 이들이 있었다. 위항문인이자 장서가였던 동리東里 정윤鄭潤과 그의 부친 정희교鄭希僑를 들 수 있다. 『이향견문록』에는 이 두 부자가 속세를 떠나 속리산 기슭에 숨어 지낸 이야기가 실려 있다.[1]

동리 선생이라 불린 정윤은 아버지 정희교와 함께 속리산 기슭에 숨어 살면서 늙어 죽을 때까지 산에서 나오지 않았다. 무슨 이유인지 알 수는 없지만, 정희교는 열일곱 살 때 정윤을 낳았는데 아내가 일찍 죽었다. 정윤은 집안이 가난해서 장가들지 못했는데, 손재주가 많아서 부친에게 음식이나 의복을 봉양함에 있어 때를 놓치지 않았으며, 부인네들보다도 도리어 솜씨가 좋았다. 따라서 평생 정희교의 밥상에는 고기반찬이 오르지 않은 적이 없었으며, 꼭 맞은 솜옷을 입을 수 있었다. 그런데 그 자신은 도톨밤을 줍고 나뭇잎을 엮어 그것으로 기한飢寒을 면했다. 이 때문에 정윤이 마흔 살 때에 이미 아버지보다 더 초췌해 보였다.

차라리 자손이 없는 게 낫다오

정윤 부자가 사는 집은 천여 권의 책을 쌓아두어서 책이 차지하는 자리가 사람이 앉고 눕는 자리의 배나 되었다. 정윤이 소싯적에 어떤 이가 아버지에게 책을 팔아 아들을 장가보내는 것이 어떻겠느냐고 권하자, 정희교는 손을 내저으면서 "차라리 자손이 없는 것이 낫지 이 책이 없어서는 안 되오"라고 하였다. 정희교는 책을 좋아하는 벽이 있긴 했지만, 선대로부터 전해오는 것임을 중시한 까닭이 컸다. 정윤이 자라서 밭 갈고 나무를 하거나 고기 잡을 때에는 반드시 책을 가지고 갔으며, 밤에는 섶으로 불을 밝혀 읽었다. 얼마 지나서는 우하虞夏의 글과 선진한위先秦漢魏의 시를 비롯해 전기나 문집 등을 거침없이 외웠다.

아버지는 논책論策을 잘하고, 아들은 시부詩賦에 뛰어났다. 고을의 젊은 이들 중에 와서 배우기를 청하는 자가 있으면 밭둑 위에 앉히고 붓과 벼루를 밭고랑에 놔둔 채 나란히 밭을 갈고 나면 어느새 글 한 편이 이루어졌다. 사람들이 어째서 당신은 과거를 보지 않고 이처럼 고생을 사서 하느냐고 물으면, 정희교는 웃으며 말하였다.

"과거로 벼슬하는 것이 어찌 밭을 갈면서 할 수 있는 일이겠는가?"

사람들이 그 고상함에 더욱 탄복했다. 정희교가 돌아갈 때 나이가 여든이 넘었고, 정윤 또한 일흔 살에 가까웠다. 그런데도 그는 수의를 입히고 염을 하거나 봉분을 만들고 나무 심는 일을 몸소 다 하고 다른 사람을 시키지 않았다. 그리고 책을 모두 순장殉葬했다. 시묘살이로 상을 마치고 다시는 밭갈이나 고기잡이를 하지 않으면서 말하였다.

"어버이가 안 계시니 내 먹고 입는 데 대해 염려할 필요가 없다."

유운홍, 〈부신독서도負薪讀書圖〉, 조선 19세기, 비단에 담채, 16.1×22.1㎝, 서울대박물관 소장. 그리 뛰어난 그림 실력이 아니지만, 소재가 교훈적이다. 길을 가며 글을 읽는 모습.

국문학자 양주동.

그러고는 오직 풀뿌리를 씹고 물을 마실 뿐이었다. 죽을 때에 조카와 생질들에게 아버지 무덤 곁에 묻어달라고 당부하였는데, 이때 그의 나이 또한 여든 살이었다. 죽으면 돈은 무덤까지 가지고 갈 수 없다고들 하는데, 정윤 부자는 죽어서도 책에 대한 미련을 버리지 못해 저승에 가서도 책을 붙잡고 살기를 소망했었던 듯하다. 그만큼 그들의 독서욕과 집착은 가히 광적이었다.

귀중본을 구하려면 '청결날'을 노려라

양주동梁柱東은 자칭 "대한민국의 국보"라 할 만큼 국학 연구에서 커다란 족적을 남긴 국문학자다. 1930년대에 평양에 있는 숭실전문학교 교수로 있을 때, 그는 고서를 찾기 위해 바깥으로 다니며 직접 발품을 팔았다. 그 와중에 겪은 고생이야 말할 필요도 없겠지만, 두 가지 일화는 시사하는 바가 크다.[2]

노산鷺山(이은상) 학형에게 어떤 진서珍書의 출처를 물었더니 청결清潔날 거리를 지나다가 있는 것을 보고 사왔노라고 한다. 그 묘방妙方을 듣고 즉시 나도 실행하기로 하였다. 그래 평양서 대청결이 있는 날이면 나는 의례히 시내 일주 탐사여행을 시작한다. 그날은 집집마다 모든 가구와 소장품을 바깥에 내어놓기 때문에 고서, 고문서, 고화, 고병풍 같은 것을 용이하게 볼 수 있다. 그 덕분으로 나는 두세 가지 진서를 입수하였다. 하나는 『한석봉서천자문』이었다. 나는 몇 년 전에 『석봉천자문』을 십 몇 원인가를 주고 서울의 서적중개상인에게서 구입하였다. 그러나 이 천자문은 책에 따라 다소 상이한 것이 있어 이본을 널리 구할 필요가 있었다. 그런데 이 천자문의 갑술甲戌 간행본을 청결날 어떤 골목에 내어놓은 궤짝 위에서 발견하고 일금 이십 전에 사가지고 돌아온 것이다. 이두 연구의 참고가 되는 『제음題音』류와 평양관계 야사 몇 종도 역시 청결날의 소득이다. 『삼강행실도』의 기영간본箕營刊本도 그 소득의 하나로서 간신히 수십 전으로 입수하게 되었다.

'청결날' 이란 일제 강점기에 주재소에서 순사들이 한 달에 한 번 내지 두 주에 한 번씩 청결 검사를 하던 날을 뜻한다. 정기적으로 집 안 대청소를 시키고 위생 검사를 행했다. 그러니 이때 집 안 구석구석에 처박혀 있던 물건을 꺼내 밖에다 쌓아놓고 청소를 할 때, 고서들도 눈에 띄었을 것이다. 고서에 대해 식견이 있는 사람이라면 그런 호기를 놓칠 리 없다.

황해도 모지방에 여행을 가서 어떤 촌가에서 하룻밤을 유숙하는데 잠은 안 오고 해서 벽에 도배한 것을 보노라니 『시전詩傳』『맹자』 등을 언해한 것인데, 언해 중에 'ㅿ' 자가 여러 곳에서 보이고 'ㅇ'과 ㆁ을 구별하여 쓴 고본古本을 뜯어서 발라놓은 것이었다. 나는 그 집이 오래된 집인 것을 알고 서적의 유무를 물어 도배하다 남은 경서언해서류와 기타 문집, 야승류 대여섯 종을 가장 저렴한 값에 구입한 일이 있었다. 사실 촌가에서 고본진서를 진서인 줄 모르고 뜯어서 도배를 한 것을 보면 아깝기 끝이 없는 일이다. 내가 본 어떤 집 벽에는 선조 시절에 간행된 것으로 추정되는 『향약집성방』 혹은 『경험방經驗方』의 고언해서가 발라져 있었다. 그래 그것이 남아 있는지를 물어본즉 모두 뜯어서 휴지로 사용하고 말았다고 한다. 그 집에는 천순연간天順年間에 간행된 권근의 『양촌응제시주陽村應制詩註』가 다행히 뒤주 속에 남아 있었다. 이 책은 그리 흔치 않은 것으로 그때 입수하여 지금은 나의 비장서 가운데 하나이다. 『삼운성휘三韻聲彙』와 『증보삼운통고增補三韻通考』 등 운서도 도배한 것에서 단서를 얻어 거저 얻은 것이다. 이러한 책도 막상 구하려면 구하기 어려운 책이다. 고서를 도배하는 무지! 이것을 무지라 할 수 있을까? 그들로 하여금 서적을 천대하게 만든 우리와 선인들의 배움에 대한 무관심에 그 책임이 있는 게 아닐까?

양주동이 시골을 여행하다가 묵게 된 민가에서 벽지로 사용된 고서 낱장을 보고, 휴지가 될 뻔한 고서를 기적적으로 얻게 된 일화다. 특히 고서를 휴지나 도배지로 써버리는 몰지각한 농촌 사람들을 나무라기보다 책을 천대하던 사회적 분위기와 선조들의 배움에 대한 무관심을 오히려 질타하는 점에서 참된 애서가다운 면모를 발견할 수 있다.

책은 내 뱃속에 있소이다

서양에서는 책에 집착한 나머지 책 도둑질까지 서슴지 않았다. 1931년에 하버드대 도서관에서 2500권 이상을 훔쳤다가 붙잡힌 그로턴 학교의 강사는 대학교수가 되는 준비를 하고자 책을 절도했다고 한다. 바티칸 도서관 사서로 일했던 도메니코 파시오네이 추기경 역시 수시로 도서관 책들을 훔쳤는데, 한 수도원에 머물렀을 때도 연구를 빙자해 수도원 도서관에 들어가서는 문을 잠그고, 희귀본을 창밖으로 던져놓았다가 나중에 그것을 갖고 수도원을 떠나갔다고 한다.[3]

전쟁이 일어나 책을 약탈해가는 것은 너무나 당연한 일이었다. 강화도를 침략한 프랑스 군대가 외규장각에 소장되어 있던 책들을 불법 약탈해간 것처럼, 30년 전쟁(1618~1648) 당시 스웨덴 군대가 유럽 북부 내륙 국가로부터 빼앗아온 책들을 가지고 스톡홀름 왕립 도서관을 채웠다. 바이킹족들은 영국을 침략해 책을 약탈해갔고, 2차 세계대전 당시 소련 군대는 독일 도서관의 책 수백만 권을 수레에 싣고 가 러시아 지방 도서관에 분산 소장해놓기도 했다.

뺏고 뺏기는 약육강식이 자행되고 전쟁의 성패에 따라 책의 운명도 달라질 수밖에 없었다. 조선후기의 위항시인이자 장서가였던 조수삼이 책을 바라보던 관조적 철학과 삶에 대한 용기가 필요한 것인지도 모르겠다.

책이 어디 있느냐고 손이 묻길래
하하하 크게 웃으며 나는 나의 배를 가리켰네.
손님이 믿지 않을까 다시금 두려워
줄줄 외워 보이니 흡사 둑 터진 듯 쏟아졌더라.
내 이리 많은 책 가지고도 굶주림 겨우 면하니
어찌 자루에 곡식 그득 쌓아놓은 이들과 같을까.[4]

조선의 종말, 그 시초를 알린 책

_ 『**조선책략**』을 둘러싼 모험

이야기 **열셋**

조선의 종말, 그 시초를 알린 책

『조선책략』을 둘러싼 모험

조선이 마지막 숨을 몰아쉬던 19세기의 마지막 10년. 이렇게 말하면 마치 600살이나 먹은 조선이 노쇠해서 자연사한 것처럼 느껴지지만 실제로 그렇지는 않았다. 경제가 어렵고 관리가 타락하고 민중이 동요한 그때에도 조선에는 희망이 있었다. 고종이 즉위하고 서구열강이 몰려오면서 조선은 제국주의적 세계질서에 자연스럽게 편입되었다. 어린 나이에 왕위에 오른 고종은 대원군과 민비의 정치 세력을 따라잡기 위해 고군분투했고, 즉위 17년이 되는 1880년부터 왕으로서의 권위를 세워나가기 시작했다.

고종은 우리가 아는 것 이상으로 공부를 많이 한 박학다식한 군주였으며 정치적으로도 매우 뛰어난 수완을 보여줬다는 점이 최근 들어 속속 드러나고 있다.[1] 고종은 10여 년간 행해진 1300여 회에 걸친 경연에 임하면서 당시 조선의 기강이 매우 쇠약할 뿐 아니라 정치권력이 사적으로 남용되고 있다는 사실과 아울러 국가의 근본인 백성의 생활이 극히 불안한 상황에 놓여 있음을 인식하게 된다.[2] 이때 고종의 경연관으로 참석한 이는 개화파 박규수였다. 고종은 젊어서부터 박규수와 그 주변의 개화파 지식인들을 통해『만국공법萬國公法』과 같은 국제법 저서를 접하고 있었다. 아버지 대원군의 위세로 정치 일선에서 물러난 고종은 그 대신 조선의 국가 학문인 유가의 경전을 섭렵하고 청나라와 서양의 신지식을 동시에 수용할 수 있었다. 청년 고종의 정치의식과 대외관은 무섭게 단련되었다.

친중親中 · 결일結日 · 연미聯美의 『조선책략』

고종이 국정 전면에 나선 1880년 9월 일본에 수신사로 파견됐던 김홍집金弘集이 한 권의 책을 가지고 귀국해서 왕에게 바쳤다. 개화파 신진사류에 속했던 김홍집은 일본에서 주일청국참사관駐日淸國參事官 황준헌黃遵憲을 만났는데, 그가 조선의 향후 외교 노선에 대해 쓴 책이라며 준 것이었다. 고종이 책 표지를 살펴보자『사의조선책략私擬朝鮮策略』이라고 돼 있었다. '내가 본 조선의 책략'이라는 의미다.

이 책은 책이라고 하기에는 정치적인 의도가 너무 농후한 선동 팸플릿에 가깝지만 일개 외교관이 쓴 이 책이 조선사회에 던진 파장은 너

〈고종 초상화〉, 휴버트 보스, 1898.

1884년 10월 17일 오후 6시경, 급진개화파들은 우정국 축하연을 이용하여 민씨척족 세력을 제거하는 정변을 일으켰다. 김옥균, 박영효朴泳孝, 서광범徐光範, 홍영식洪英植 등 당시 갑신정변을 일으킨 주역들. 일본을 등에 업은 이들의 정권 장악은 그러나 삼일천하로 끝나고 말았다.

무나 엄청났다. 도대체 여기에는 어떤 내용이 담겨 있었을까. "지구상에는 더할 나위 없이 큰 나라가 있으니 바로 아라사俄羅斯다"라고 시작하는 이 책의 주요 내용을 살펴본 후 그 정치적 의미와 이후 조선 지식인들의 대응을 짚어보고자 한다.

여기서 '아라사'는 바로 러시아다. 『조선책략』은 말한다. 러시아는 엄청나게 큰 강국으로 육군이 100만 명에 달하고 해군의 거함이 200척이라고 말이다. 영토를 계속 확장해왔기 때문에 서구열강이 범과 이리같이 러시아를 무서워한다고 소개한다. 이런 러시아가 최근 동양에 눈길을 돌려 남하를 추진하려 한다는 것이 『조선책략』의 서론이다. 황준헌은 나름의 시각으로 러시아의 남진 동향을 구체적으로 묘사하는데, 사할린 주둔 병사가 최근 훈춘琿春으로 이동했고, 나가사키에서 50만 은銀에 이르는 석탄을 구입해 훈춘으로 수송한 뒤 큰 병선 20여 척을 태평양에 파견했다고 적고 있다. 이 배 한 척에는 무려 3000명이 탑승할 수 있다는 말도 덧붙였다.

이 말만 보면 러시아가 조만간 조선을 무력으로 침공하거나, 아니면 군을 앞세워 조선에 개항을 요구할 것처럼 느껴진다. 황준헌은 이러한 러시아의 위험에 대처하는 길을 세 가지로 제시했다. 먼저 중국과 더욱 친하게 지내고親中, 일본과 어떤 식으로든 결합해 새로운 관계를 형성하며結日, 세계에서 가장 부강한 나라 미국을 동맹국가로 적극 끌어들이는 것聯美이 그것이다.[3]

당시 중국은 양무개혁을 통해 근대화 수용 쪽으로 가닥을 잡고 제국

주의의 식민지 사냥에 뒤늦게 동참한 상태였다. 얼마 전 일본에서 정한론征韓論이 대두되었다가 내부 반발로 무산되었다는 소식을 들은 중국은 더이상 지체했다가는 일본이나 러시아에 조선을 빼앗길 수도 있다며 다급해했다. 게다가 중국 신장지구 초원지역인 이리伊犁를 둘러싼 문제로 중국과 러시아는 군사적 갈등이 매우 고조되어 있기도 했다. 이 상황을 돌파하기 위해서는 우선 조선의 외교 문제를 중국의 지배 아래 두는 것이 급선무였다.

황준헌은 중국과 친하게 지내야 하는 이유에 대해서는 원래 조선과 중국은 사대관계였으니 다른 나라와는 다르게 특별한 관계라는 점을 강조했다. 또한 일본과 손을 잡는 이유에 대해서는 장차 일본이 러시아의 공격을 받을지도 모르는데, 그럴 경우 조선의 안위도 보장할 수 없다고 말했으며, 미국은 영토의 야욕이 없고 아시아에 관심을 갖고 있어서 먼저 미국과 공평한 계약을 체결해 다른 서양 국가들과 맺을 조약의 원형을 만들어놓아야 한다고 주장했다.[4]

황준헌은 이런 주장을 펼치면서 여기에 대한 반대의 논리가 7가지 정도 제기될 수 있다며 미리 그 반대 논리의 허구성을 갈파해놓기도 했다. 몇 가지만 소개하면 다음과 같다. 그중에서는 일본과 손을 잡는 것의 위험성에 관한 내용이 가장 많다. 정한론과 강화도 사건으로 이어진 일본의 침략성을 우려할 수 있으나 현재 일본은 재정 상태가 열악하고 국내 정치가 안정감이 없어서 조선을 무력 침공할 여유가 없으며, 만약 유사시의 일이 발생하면 중국의 원조가 있기 때문에 걱정할

우리나라 최북단에 위치한 청진항. 두만강을 건너 만주의 북간도 및 소련령 연해주와 마주하고 있다. 1904년 청일전쟁이 일어나기 전까지는 한 어촌에 불과했으나 1908년 개항되면서 급격히 변모했다. 일제는 청진을 만주 침략의 발판으로 삼았다. 일본의 중요 항구와 정기 항로가 열리고 소련의 블라디보스토크와도 정기 항로가 개설되었다.

필요는 없다는 것, 최근 들어 일본에서 조선의 해안과 바다 밑의 지형을 조사해가서 지도를 만들어 이것이야말로 침략의 준비가 아니냐는 의문이 제기될 수 있는데 그것은 일본의 비밀 정보가 아니라 책으로 만들어져 모두 공유하는 지식이 될 것이라는 점, 또한 부산에서 일본 상인들의 폭력적 행태가 문제되었는데 이 부분은 초량 왜관이 애초에 일본에 여러 가지로 무역 규제를 가하였고 대마도의 무뢰한들이 한 짓이기 때문에 일본의 공식적인 입장이 아닐뿐더러 나중에 잘못을 인정하고 왜관장을 철수시키지 않았느냐 하는 등의 얘기였다. 일본과 관련된 내용 외에『조선책략』에서는 예수교를 조선이 수용해야 한다는 논의도 있었는데 그 이유를 황준헌은 "현재 로마 법왕의 권세가 많이 수그러들었고 미국의 신교新敎는 가톨릭과는 달리 남의 나라 정치에 관여하지 않는다"라고 말하며 강조했다.

"실상은 조선이 아닌 청나라를 위한 것이다"

황준헌의『조선책략』을 관통하는 철학은 균세均勢였다. 외부의 여러 우방과 끈을 맺어서 한 나라에 대한 몰입 외교가 이뤄질 우려를 애초에 차단함과 동시에 조선이라는 나라가 "너무 약하지도 너무 강하지도 않은 나라"라는 것을 알려야 국제 정치 현실에서 살아남을 수 있다는 주장이었다.

1880년 9월 귀국한 김홍집은 이 책을 고종에게 바쳤다. 고종은 영의정 이최응을 불러 『조선책략』에 대해 어떻게 생각하느냐고 물었다. 이최응은 다음과 같이 답했다.

"신도 그 책을 보았는데, 황준헌이 여러 조항으로 분석하고 변론한 것이 우리의 심산心算과 부합되니, 한번 보고 묶어서 시렁 높이 얹어둘 수는 없습니다. 대체로 러시아는 먼 북쪽에 있고 성질이 또 추운 것을 싫어하여 매번 남쪽을 향해 나오려고 합니다. 다른 나라의 경우는 이득을 보려는 데 지나지 않지만 러시아 사람들이 욕심내는 것은 땅과 백성에 있으며, 우리나라의 백두산 북쪽은 바로 러시아의 국경입니다. 비록 큰 바다를 사이에 둔 먼 곳이라도 한 척의 돛단배로 순풍을 타면 오히려 왕래할 수 있는데, 하물며 두만강을 사이에 두고 두 나라의 경계가 서로 접한다면 더 말할 것이 있겠습니까? 보통 때에도 숨 쉬는 소리까지 서로 통할 만한데 얼음이 얼어붙으면 비록 걸어서라도 건널 수 있을 것입니다. 바야흐로 지금 러시아 사람들은 병선 16척을 집결시켰는데 배마다 3000명을 수용할 수 있다고 합니다. 만약 추워지게 되면 그 형세는 틀림없이 남쪽으로 향할 것입니다. 그 의도를 진실로 헤아릴 수 없으니, 어찌 대단히 위태롭지 않겠습니까?" (고종 17년 9월 8일)

이최응의 답변은 『조선책략』의 형세 분석을 거의 그대로 수용하는 쪽이었다. 그의 해석은 너무나 비정치적이었다. 왕이 원한 것은 그러한 축자적 번역에 가까운 답변이 아니었다. 고종은 그의 말이 끝나자마자 『조선책략』의 정치적 성격을 스스로 정리했다. "말을 들어보면 그들이 두려워하는 바는 바로 러시아다. 현재 조선이 위험하다며 빨리 대비하기를 요구하는 듯하지만, 사실은 조선을 위한 것이 아니라 그들 나라를 위한 것이다"라고 말이다. 고종은 너무나 정확하게 그 의도를 꿰뚫고 있었다. 왕은 이최응에게 "방비 대책은 어떠한가?"라고 물었고 이최응은 다음과 같이 답했다.

"우리 스스로가 어찌 강구할 방비 대책이 없겠습니까. 청나라 사람의 책에서 논한 것이 이처럼 완벽하고 이미 다른 나라(조선)에 준 것은 충분한 소견이 있어 그런 것입니다. 그중 믿을 것은 믿고 채용해야 할 것입니다. 그러나 우리나라 사람들은 틀림없이 믿지 않을 것이니 장차 휴지로 되고 말 뿐입니다. 지난 6월에 미국 사람들이 동래부에 왔었는데 본래 원수진 나라도 아니건만 서양 나라라고 거절하고 받지 않았기 때문에 이내 신문 지상에 널리 전파되어 마침내 수치가 되고 모욕을 당하게 된 것입니다. 먼 지방 사람을 회유하는 의리에 있어서 불화가 생기지 않도록 해야 할 듯합니다."

이최응의 입장은 이러한 것이었다. 『조선책략』의 말을 전부 믿을 수는 없으니 지식인들에게 두루 보이면서 의견을 구해야 옳겠으나, 보나마나 무조건 반대하고 나설 것이니 여론을 수렴하기가 쉽지 않을 것이라는 태도였다. 여기에는 고종도 동의하는 마음이었다. 갈수록 외곬로 변해가는 삼남의 유림들은 여전히 소중화를 자처하며 여러 가지 새로운 힘들로 개편되는 국제질서를 알려고도 하지 않았다. 이런 불만이 고종으로 하여금 『조선책략』을 복사複寫해서 전국에 널리 배포하도록 하는 결정을 내리게 만들었다. 조선 건국 이후 처음 쇄국의 빗장을 풀고 다른 나라와 관계를 맺는 일이니 아무리 쇠심줄 같은 여론이라도 돌이키려는 최소한의 노력을 기울이지 않을 수 없었던 점도 있었다.

"사태가 이 지경인 것은 서양 서적 탓입니다"

하지만 그 후폭풍은 너무나 거세게 몰아닥쳤다. 다음해인 1881년 2월 26일 퇴계 이황의 후손인 영남 유생 이만손이 무려 1만여 명의 서명을 받아 『조선책략』의 허구성을 비난하며 이를 들고 들어온 김홍집 등을 처벌하라는 만인소를 올린 것이다. "방금 수신사 김홍집이 가지고 온 황준헌의 『사의조선책략』이라는 1권의 책이 유포된 것을 보니, 저도 모르게 머리털이 곤두서고 가슴이 떨렸으며 이어서 통곡하면서 눈물을 흘렸습니다"라고 시작하는 이만손의 상소문은 중국의 의도를 정확하게 읽고 있었으나, 너무 격정에 찬 감정적인 논설이었다. 그가 『조선책략』을 조목조목 따져보자며 지적한 내용은 아래와 같다.

"일본은 우리가 견제해야 할 나라입니다. 국경 요새지의 험준하고 평탄한 지형을 그들이 이미 잘 알고 있으며 수로와 육로의 요충지를 그들이 차지하고 있는 터에 우리의 대비가 없는 것을 엿보고 함부로 돌격한다면 어떻게 막아내겠습니까? 미국은 잘 모르던 나라입니다. 공공연히 부추김을 받아 우리 스스로 끌어들여서 바다를 건너고 험한 길로 미국에 가서 우리 신료들을 지치게 하고 우리나라의 재물을 썼는데도 만일 그들이 우리의 힘이 약한 것을 업신여겨 따르기 어려운 청으로 강요하면 어떻게 응대하겠습니까? 러시아로 말하자면 우리와는 본래 아무런 혐의도 없습니다. 그런데도 공연히 남의 이간술에 빠져 그간의 위업을 손상시키면서 먼 나라와 사귀고 이웃 나라를 도발하는 전도된 행동을 한다면 장차 어떻게 수습하시렵니까?"(고종 18년 2월 26일)

이 상소는 고종의 심기를 건드렸다. 사실 고종은 『조선책략』의 내용이야 분석하고 자시고 할 것도 없이 너무 빤한 내용이라고 생각하고 있었다. 중요한 것은 그걸 따르느냐 마느냐가 아니라 중국이 그렇게 생각한다면 조선은 또 어떻게 현 정세를 분석해야 하는가에 있었다. 그런데 소장의 내용은 『조선책략』의 선동에 붙들려서 왕실의 자율적인 판단을 앞질러 무시하고 있었다. 고종은 이 부분이 괘씸했다. 고종은 "책략의 글은 애당초 깊이 파고들 것도 없지만 그대들도 잘못 보고 지적함이 있도다. 만약 이것에 빙자하여 또다시 번거롭게 상소하면 이는 조정을 비방하는 것이니 이 점을 잘 알고 물러가도록 하라"며 하교

朝鮮策略

廣東黃遵憲私擬

『조선책략』. 러시아의 남하 정책에 대비하기 위하여 조선과 일본 그리고 청국이 장차 펼쳐야 할 외교 정책을 논술했다. 그러나 『조선책략』은 청나라의 국익을 위해 놓은 포석이었기에 조선 조정은 이중 일부를 선별해서 받아들였다. 이 책을 반포하자 영남 유생들은 만인소를 올리는 등 극력 반대했다.

했다.

황재현黃載顯과 홍시중洪時中 두 유생이 또 상소를 올렸다. 그들의 상소문은 사태가 이 지경까지 온 것은 바로 서양의 서적들 때문이라고 피를 토하듯 열변하며 『중서문견中西聞見』 『만국공법萬國公法』 『공사지구公史地球』 『영환신보瀛環申報』 『흥아회잡사시興亞會雜事詩』와 함께 황준헌의 『조선책략』 등을 종로 거리에서 불태우고 예수교를 배척하는 뜻을 널리 알리라고 성토했다. 고종은 계속 이러한 글들이 올라오자 황당한 마음이 들었다. 『만국공법』이야말로 청년 고종의 세계관을 육성시킨 교과서 같은 책이고 세계질서의 본질을 표현한 '로마의 법'이거늘 이토록 방자하게 현실을 모르는 소리를 왕에게 들으라고 할 수 있는가 하는 마음이었다. 사대교린질서에 머문 유생들과 이미 만국공법질서에 편입된 왕이 세계를 바라보는 시각은 강 이편과 저편의 거리만큼 아득하게 멀었다.

"저놈들이 상소문으로 시사時事를 논한 것 자체가 이미 극도로 완악하고 외람한데 더구나 어구가 흉악하고 고약한 것이 많았으니 더 말할 것이 있겠는가? 만약 조금이라도 본성이 있었다면 어찌 감히 이 같을 수 있겠는가? 해당 형률로 처단해도 아까울 것이 없으나 특별히 목숨을 살려주는 것은 역시 꾸짖을 만한 것도 못 되기 때문이다. 시수 죄인 황재현은 원악도에 위리안치하고 홍시중도 원악도에 정배하라." (고종 18년 4월 27일)

그러자 유생들도 벌떼처럼 들고 일어났다. 홍재학 등이 나서서 우국 상소를 올린 유생들을 왜 정배에 처하느냐고 항의했고 그는 결국 서소 문에서 참수형을 당하고 만다. 이와 같은 반대 여론은 임오군란 이후 조선을 둘러싼 국제정세의 변화로 일단 사라진다.

당시 고종이 이렇게 강하게 나갔던 것은 조선팔도에 『조선책략』에 대한 유언비어가 급속도로 퍼져나가고 있었기 때문이다. 이를 막기 위해서라도 상소를 올린 자들을 본보기로 삼을 필요가 있었다. 자칫 외세가 몰려오는 마당에 국가의 중심이 흔들릴 수 있기 때문이다. 사실 앞서 만인소의 "러시아, 미국, 일본은 같은 오랑캐이옵니다. 누구는 후하게 대하고 누구는 박하게 대하기 어렵습니다"라는 것은 맞는 말이었다. 또한 일본에 대한 적대의식은 교역에 따른 쌀의 유출 등 경제적인 면과 밀접하게 연관되어 표출된 것이었다. 하지만 고종은 새로운 국제 정치질서에 수립에 좀더 적극적으로 대처하기로 했다.

1880년 10월 좌의정 김병국을 비롯 이최응, 이유원, 홍순목, 한계원 등 조정의 대신들이 왕의 명령을 받고 『조선책략』을 면밀히 검토해 「제대신 헌의」라는 문건을 만들어냈다. 여기서 대신들은 "중국과 더욱 친하라"는 요구를 조선을 속방화하려는 야욕을 드러낸 부분이라고 보고 거부의 태도를 분명히 했으며, 일본에 대해서는 유보적이었다. 대신들은 '결일본'이라는 전략을 수용하게 된다면 서울공관의 설치와 인천 개항이 현안으로 대두될 수밖에 없다는 생각을 하고 있었다. 조정 대책회의에서 공사 제도를 통해 조일관계가 영위되고 있다는 인식

〈곤여전도〉(부분), 지본채색, 147×386cm, 1860년. 중국에 파견된 예수회 선교사 마테오 리치가 1602년에 만든 최초의 서양식 세계지도인 〈곤여만국전도〉가 조선에 도입된 이래 조선에서도 서양 지도에 대한 관심이 이어졌다. 특히 이들 지도는 조선사회의 전통적 세계관에 큰 충격을 가했다. 〈곤여전도〉는 벨기에 출신 예수회 선교사 페르비스트가 마테오 리치의 타원형식 도법과 달리 평사도법平射圖法으로 동반구와 서반구를 나누어 그린 최초의 양반구형 세계지도다. 현재 곤여전도는 숭실대학교 한국기독교박물관에 소장되어 있으며, 곤여전도목판은 서울대학교 규장각에 소장되어 있다.

이 표출되고 있는데, 공사가 올 때에는 반드시 수락하려는 게 있을 것으로 본래부터 말해오던 경성주관과 인천 개항일 것으로 판단했다. 집권층은 통상에 따른 경제적 영향에 대하여 가장 심각하게 고민했던 것이다.[5] 그러나 미국과 우호조약을 맺는 것에 대해서는 전향적으로 찬성했다. 적당한 시기를 기다려 어떤 조약이든 체결하자는 걸로「제대신 헌의」는 결론을 내린다.[6]

이후 고종이 중심이 되어 조선은 국제질서에서 제 위치 찾기에 적극 뛰어든다. 비록『조선책략』에서 선별 수용한 방침은 몇 년 후 러시아와 조약을 체결함으로써 무효가 됐지만, 고종 내각이 움직일 수 있는 행동의 계기를 마련해주었다는 점에서 의미가 있으면서도 한편으로는 그러한 동기가 외부에서 올 수밖에 없었던 당시 조선의 상황에 대한 씁쓸함을 동시에 안겨준다.

친미국의 첫 페이지를 장식

『조선책략』파동은 우리에게 사상을 억압하고 통제한 조선 왕실의 정책이 다양한 정보의 유통, 정치 담론의 형성과 전개를 막아 조선을 더욱 고립시켰다는 점을 잘 보여준다. 그리고 전국의 보수 세력을 집결시켜 한목소리로 척화를 외치고 개항 정국을 개화와 척화의 사단을 건 대결로 양분하는 분수령을 이루었다.

또 한 가지 눈여겨봐야 할 것은 『조선책략』이 이후 한국사회에 형성된 미국에 대한 우호적인 이미지의 첫 페이지를 장식한다는 점이다. 이미 청나라의 서계여徐繼畬가 지은 세계 지리서 『영환지략瀛環志略』 등이 들어와 호의적인 미국관을 선보인 바 있었고, 박규수는 앞장서서 이런 이미지를 개화파 지식인들에게 유포시켰다. 조선후기의 학자 김윤식의 증언에 따르면 박규수는 미국에 대해 "지구의 여러 나라 중에서 가장 공평하고 난리를 배제하고 분쟁을 해결하기를 잘하며, 육주에서 가장 부유하여 영토 확장에 대한 욕심이 없는"[7] 나라라고 보았다. 물론 직접 미국을 보고 판단한 내용이기보다는 전해 듣고 책으로 읽은 것을 다시 전하는 것일 뿐이다. 당시 조선의 개화파 지식인들에게 신문물의 대표적 매체인 서양서에 적힌 내용은 의심보다는 동의의 대상이었을까. 아무튼 이러한 미국의 이미지는 조선의 정치인과 지식인들에게 상당한 매력으로 다가가게 되는데, 그런 불확실한 이미지가 점차 확실한 윤곽을 가진 실체처럼 여겨지게 된 것은 『조선책략』이 널리 유포된 이후 훨씬 가속화되었다.[8]

한 권의 책이 어떻게 한 나라가 걸어온 역사를 요약해서 반추하고 앞으로 펼쳐질 중요한 국가대사를 폭발적으로 공론화시킬 수 있는지를 이보다 잘 보여주는 사례는 없는 듯하다.

⊙**사림의 훈구파 사냥 -『설공찬전』필화 사건**

1 옷깃에 매달려 끝까지 간한다는 말로『위지魏志』「신비전辛毗傳」에 문제文帝가 신
  비의 간언을 듣지 않고 노하여 일어나자 신비가 옷깃에 매달리며 강력히 간했다는
  고사.

2 사재동,「설공찬전의 몇 가지 문제」,『불교계 국문소설의 연구』, 중앙문화사, 1994,
  211~223쪽

3 이복규 편저,『설공찬전』, 시인사, 1997

4 신병주 · 노대환,『고전소설 속 역사여행』, 돌베개, 2005.『설공찬전』의 줄거리는 이
  책을 많이 참고했음을 밝혀둔다.

5 이복규,『우리 고소설 연구』, 역락, 2004, 171쪽

6 『설공찬전』을 처음 발견하고 학계에 소개한 이복규 교수는 귀신에 대한 이러한 채수
  의 믿음이 왕에게 제출한『문귀신무격복서담명지리풍수』란 책문에서도 잘 드러난다
  고 지적하고 있다.

7 정환국,「설공찬전 파동과 16세기 소설 인식의 추이」,『민족문학사연구』제25집, 민

족문학사연구소, 2004, 44쪽

8 남곤南袞, 「碑銘」, 『국조인물고國朝人物考』

9 『연산군일기』 12년, 4월 12일(辛酉)조

10 낙서거사洛西居士, 『五倫全傳』 序

11 김탁환, 『한국 고전소설의 세계』, 돌베개, 2005

12 김풍기, 『시마-저주받은 시인들의 벗』, 아침이슬, 2002

⊙조선은 왜 책을 팔지 못하게 막았는가 - 조선중기 서사 설치 논란과 어득강

1 「書肆之緣起」, 『書林淸話』 卷二

2 이러한 유리창에 관해 기록해놓은 가장 오래된 자료로는 건륭乾隆대의 이남윤李南潤이 쓴 『유리창서사기琉璃廠書肆記』와 광서光緒연간에 무전손繆筌孫이 그것을 계승해 찬한 『서사후기書肆後期』 등을 꼽을 수 있다. 기타 여러 학자의 문집에서도 서점 이름과 판매가격 등 흩어져 있는 기록들을 발견할 수 있다. 그밖에도 섭덕휘葉德輝가 쓴 『서림청화書林淸話』나 『여화餘話』, 이문조李文藻가 쓴 「유리창서사기琉璃廠書肆記」, 이자명李慈銘이 쓴 『월만당일기越縵堂日記』 등도 유리창의 사정을 살필 수 있는 요긴한 자료들이다. 謝興堯, 「書林逸話」, 楊家駱 主編, 『書林淸話 · 書林雜話』(中國學術名著 目錄學名著 第 2集 第 1冊, 臺北 : 世界書局, 중화민국 50년(1961, 54쪽

3 이중연 지음, 위의 책, 140쪽

4 윤춘년의 도서 간행에 관한 자세한 논의는 안대회, 「윤춘년 간행 시화문화의 비교문학적 분석」, 『윤춘년과 시화문화』, 소명출판, 2001를 참조할 것.

5 이인영, 「攷事撮要의 册板目錄에 대하여」, 『동양학보』 제 30권 제 2호, 1943에서 재인용. "萬曆四年七月日, 水標橋下, 北邊二第, 里門入, 河漢水家刻板, 買者尋來."

6 유몽인, 「박고서사서博古書肆序」, 『어우집於于集』 '후집' 권3 ; 신익철 옮김, 『나 홀로 가는 길』, 태학사, 2002

7 유몽인, 「박고서사에 부치는 글」, 『나 홀로 가는 길』, 신익철 옮김, 태학사, 2002,

29~30쪽

8 옥영정, 「17세기 개인출판의 사서언해에 관한 고찰」, 『서지학연구』 제27집, 서지학회, 2004, 195쪽. 『맹자언해』의 간기는 다음과 같다. "요즘 사용되는 『맹자언해』는 淸濁이 갖추어지고 다함이 아름답다. 궁벽한 유생儒生과 가난한 선비가 그 가격이 비싼 것을 병으로 여기는 까닭에 책을 간략하게 하여 위와 같이 하였다. 숭정 10년(1637) 정축년에 간행하다(時用『孟子諺解』淸濁具備盡美矣. 窮儒寒士, 病其價重. 故略書如左, 崇禎十年丁丑月日刊)."

9 1597(선조 30)~1665(현종 6). 본관은 전의全義, 자는 사겸士謙, 호는 지암止庵으로 장악원정掌樂院正 이후기李厚基의 아들이다. 조선중기의 문신으로 홍문관 교리, 대사간 등을 역임하고 효종 5년(1654) 한성부 우윤에 임명되었다. 이듬해 동지 겸 사은사의 부사로 북경에 다녀와서 이조참판·도승지·대사헌을 역임하였고 현종 즉위년(1659)에 개성부 유수·경기도 관찰사를 거쳐 동지중추부사에 이르렀다. 직설적 성품의 소유자로 한때 공개석상에서 영의정을 지낸 이원익李元翼을 비난했다가 문초를 받기도 했다.

10 이반룡李攀龍의 자字는 우린于鱗, 호는 창명滄溟이며 산둥성[山東省] 리청[歷城] 출신이다. 어려서부터 시문詩文에 치우쳐 미쳤다는 소리를 들었고, 커서도 관직을 사임하고는 백설루白雪樓라는 서실에 은거하며 방문객을 사절하는 등 대범하고 오만하다는 평을 듣기도 했다. 진秦·한漢 나라의 고문古文을 모범으로 삼고, 한·위魏·성당盛唐의 시의 격조를 중시하였으며, 송宋·원元 나라의 시를 배척하고, 이백李白·두보杜甫를 추앙하며, 원진元稹·백낙천白樂天을 배격하였다. 저서로 『이창명선생전집李滄溟先生全集』 『고금시산古今詩刪』 등이 있다.

11 유본예, 『한경지략』, 서울특별시 역사편찬위원회, 1956, 321쪽

12 〈책사册肆〉, 「포사舖肆」, 『동국여지비고東國輿地備攷』 권2. ; 『서울사료총서』 제1, 서울특별시사편찬위원회, 1956, 68쪽. "在貞陵洞屛門, 又在六曹前, 賣四書三經百家諸書."

13 조풍연, 「겨울과 언문소설」, 『서울잡학사전』, 정동출판사, 1989, 196~197쪽

⊙**조선의 책 이야기** – 세책점의 등장과 대중 독서시대의 개막

1 모리스 꾸랑, 『한국서지Bibliographie Coréenne』 김수경 옮김; 『조선문화사 서설』, 범장각, 1946, 6~7쪽

2 岡倉由三郎, 「朝鮮の文學」, 『哲學雜誌』 제8권 74호, 1893.4.5. 85쪽; 大谷森繁, 「朝鮮 後記의 貰册 再論」, 『한국 고소설사의 시각』, 국학자료원, 1996, 155쪽에서 재인용

3 박종화, 〈책세집〉, 「월탄회고록」, 『한국일보』, 1972년 3월 25일자

4 박종화, 위의 기사

5 김동복 편저, 「유기鍮器와 세책貰册」, 『서울의 해』, 이화문화출판사, 2001, 215쪽에 서 재인용

6 김동복 편저, 위의 책, 216~217쪽

7 김동복 편저, 위의 책, 216~217쪽

8 六堂學人, 「朝鮮의 家庭文學」 八, 『每日新報』, 1938; 『육당 최남선전집』 권9, 현암사, 1974

9 허균, 『홍길동전』, 허경진 옮김, 책세상, 2004, 85~87쪽

10 정명기, 「세책본소설의 유통양상-동양문고 소장 세책본소설에 나타난 세책장부를 중심으로」, 『고소설연구』 제16집, 한국고소설학회, 2003, 71~99쪽. 이 논문에서 실 제 유통되던 세책 소설 목록과 대출해간 독자들의 신분 계층 및 전당 품목까지 자세 히 소개해놓았다.

⊙**실패한 저격수들, 논쟁의 불씨 키우다** – 『곤지기』 『이단변정』 『학부통변』

1 고영진, 『조선시대 사상사를 어떻게 볼 것인가』, 풀빛, 1999, 119~120쪽

2 고영진, 위의 책, 120쪽

3 메를로-퐁티의 말. 김영수의 『건국의 정치』, 이학사, 2006, 740쪽에서 재인용

4 을야지람乙夜之覽의 줄임말로 제왕의 독서를 일컬음. 을야는 이경二更, 곧 밤 9시부 터 11시 사이를 가리킨다. 임금은 낮에는 정사를 돌보느라 책을 읽을 시간이 없으므

로, 잠자리에 들기 전인 을야에 책을 읽어 지혜를 얻고 자신을 수양한다는 데서 유래
했다.

5 첨릉의 자는 양경良卿이고 호남성 낙평 출신이다. 정주鄭州와 노주瀘州에서 학정學
正 벼슬을 지냈으며 평생 정주학을 따라 선비 수업을 하는 것이 자신의 임무라고 생
각한 철저한 관학파였다.

6 김용재, 「양명학의 형성 과정에 관한 역사철학적 고찰-명과 조선의 사상사를 중심으
로」, 『한국철학논집』 제12집, 2003

7 최재목, 『내 마음이 등불이다-왕양명의 삶과 사상』, 이학사, 2003

8 조남호, 「나흠순의 철학과 조선학자들의 논변」, 서울대 박사학위논문, 1999

9 서수용, 『종가기행』, 한국일보사, 2007

10 서수용, 위의 책

⊙조선시대의 추천 도서 목록은 어땠을까 - 홍석주와 이율곡의 권서 논리 비교

1 홍석주, 「자서自序」, 『홍씨독서록洪氏讀書錄』; 『역주 홍씨독서록』, 리상용 역주, 아
세아문화사, 2006, 22~23쪽에서 재인용

2 홍석주, 『역주 홍씨독서록』, 리상용 역주, 아세아문화사, 2006, 284쪽

3 조수삼, 『조수삼 작품집』, 허문섭 옮김, 뜻이있는길, 1994, 275~276쪽

⊙유학자들은 왜 '귀신'을 연구했나 - 성리학의 귀신 논의를 해체시킨 정약용의 『중용강의』

1 김현, 「조선 유학에서의 귀신 개념」, 『조선 유학의 자연철학』, 예문서원, 1998,
359~360쪽. 조선 성리학의 귀신론이 어떻게 전개되었는지에 대한 세부적인 서술은
이 논문을 바탕으로 작성되었다.

2 김영미, 「18세기 전반 향촌 양반의 삶과 신앙」, 『사학연구』 제82호, 한국사학회, 2006

3 김현, 위의 책, 408쪽

4 정약용, 『中庸自箴』 권1, "終身行詐, 而不失當世之美名, 索性造惡而能受後世之宗仰

者, 天下皆比比矣."

5 김현, 위의 책, 412쪽

⊙사무라이에 대한 공포가 탄생시킨 병법서들 - 『무예제보』에서 『연병지남』까지

1 한교, 「기예질의」, 『무예도보통지』 卷首

2 노영구, 「한교」, 한영우선생정년기념논총 간행위원회 엮음, 『63인의 역사학자가 쓴 한국사 인물 열전』, 돌베개, 2003, 140~144쪽. 이 글은 노영구 교수의 이 논문에 도움을 받은 바가 크다.

3 노영구, 위의 논문, 145쪽

4 박청정 지음, 『무예도보통지주해』, 동문선, 2007

5 노영구, 위의 논문, 146쪽

6 이성무, 『조선시대 당쟁사1』, 아름다운날, 2007, 173~174쪽

7 『연려실기술』 권20, 「폐주광해조고사본말」 박응서지옥

⊙허균의 애장서는 어디로 사라졌을까 - 삼치설의 유행과 조선의 책 인심

1 백운관·부길만, 『한국출판문화변천사』, 타래, 1992

2 Homer B. Hulbert, *The Passing of Korea*, New York: Double Day Page and Company, 1906, p.309; Reprinted with a forward Seoul: Yonsei University Press, 1969

3 한강 정구에 관한 대목은 영남일보에 실린 정우락 교수의 '역사 속의 영남사람들 (25 한강 정구)'를 주로 참조했다.

4 이덕무, 「세정석담歲精惜譚」, 『청장관전서靑莊館全書』 권5

5 강명관, 『책벌레들 조선을 만들다』, 푸른역사, 2007, 232쪽

6 안춘근, 『한국고서평석韓國古書評釋』, 동화출판공사, 1986, 372~373쪽 참조

⊙한 영명한 왕자를 죽음에 이르게 한 책 - 위험한 변화를 기록한 『심양장계』

1 김육,「소현세자 애책문」,『조선왕조실록』 1645년(인조 23 6월 10일자)

2 소현세자 시강원 지음,『심양장계-심양에서 온 편지』, 정하영 외 역주, 창비, 2008. 이하『심양장계』에 대한 내용은 이 책에서 인용함

3 위의 책, 48쪽

4 위의 책, 74쪽

5 위의 책, 801쪽

6 김문식,「소현과 강빈의 나라」, 경향신문, 2004년 06월 29일

7 청나라 때 만주인 종실宗室과 몽고蒙古의 외번外藩들에게 봉해진 작위爵位 가운데 하나. 청나라에서는 만주인 종실과 몽고의 외번들에게 여섯 가지의 작위를 나누어 봉했는데, 그 여섯 가지는 친왕親王・군왕郡王・패륵・패자貝子・진국공鎭國・보국공輔國公 등이었다. 이 가운데 패륵은 만주어로 부장部長을 의미한다.

8 위의 책, 658쪽

9 이덕일,『조선 왕 독살사건』, 다산초당, 2005

10 강재언,『서양과 조선-그 이문화 격투의 역사』, 이규수 옮김, 학고재, 1998

11 중한 것을 포기하고 가벼운 것을 취하는 것은 청나라가 볼모의 효과가 높은 세자와 대군은 돌려보내고 대신들을 위시한 종실의 자식을 볼모로 계속 붙잡고 있는 것을 말한다.

⊙동방의 보물 같은 책은 왜 백성을 구하지 못했는가 - 『동의보감』에서 『마과회통』까지

1 오종록,「朝鮮時期의 官僚制度 및 그 운영의 특성: 부정부패의 구조적 원인과 관련하여」, 한국사연구회,『한국사연구』 130호, 2005

2 박석준,『동아시아 전근대 의학과 '동의보감'의 역사적 성격』 참조. 최장순 기자가 쓴『교수신문』 2007년 5월 8일자 기사에서 인용

3 김호,「허준, 조선 의학의 완성」, 한영우선생정년기념논총 간행위원회 엮음,『63인의 역사학자가 쓴 한국사인물열전』, 돌베개, 2003, 88~89쪽

4 김호, 위의 글, 89~90쪽

5 이종찬, 『동아시아 의학의 전통과 근대』, 문학과지성사, 2004, 94쪽

6 정우열, 「동의보감과 허준의 의학·도가사상」, 한국도교사상연구회 편, 『한국 도교의 현대적 조명』, 아세아문화사, 1992, 155~178쪽

7 이종찬, 위의 책, 243쪽

8 하멜, 『하멜 일지 그리고 조선국에 관한 기술 1653~1666』, 김태진 옮김, 전남대출판부, 104쪽. 이종찬의 책에서 재인용

9 신동원, 「유의의 길 : 정약용의 의학과 의술」, 『다산학』 10호, 2007. 『마과회통』에 대한 내용은 주로 이 논문을 참조함

⊙독서당 선비 신종호를 기생으로 꾀어내다 - 사가독서제가 탄생시킨 독서의 괴물들

1 박지원, 「양반전」, 『연암집』. "讀書曰士, 從政爲大夫"

2 김상기, 「독서당[湖堂]고考」, 『진단학보』 제17호, 진단학회, 1955. 이 논문은 독서당의 유래와 역사, 각종 관련 문헌 자료 소개를 충실히 하고 있으며, 말미에는 서울대박물관에 소장되어 있는 그림 〈동호독서당계회도東湖讀書堂契會圖〉나 「동호수계첩東湖修契帖」의 원문 일부까지 소개해놓았다. 이밖에 서범종, 『조선시대 독서당의 교유학적 연구』고려대 박사학위논문, 2003이나 남태우, 『한국의 독서문화사』, 태일사, 2004 등에서 자세한 설명을 해놓았다.

3 김득신, 〈고문삼십육수독수기古文三十六首讀數記〉, 「백곡선조문집柏谷先祖文集册五記」, 『백곡집柏谷集』; 『한국문집총간』 104, 민족문화추진회, 1993, 164쪽

4 김득신, 앞의 책

⊙양반 이상주의자들을 향한 일침 - 서계 박세당의 『사변록』과 『색경』

1 김학수, 『끝내 세상에 고개를 숙이지 않는다』, 삼우반, 2005

2 조광, 「8월의 문화인물 박세당」, 문화관광부. 『사변록』과 『색경』에 관한 논의는 이

논문에서 많은 도움을 받았다.

⊙유교사회의 희생양, 불살라진 소설들 - 비밀결사처럼 소설을 읽었던 조선의 여인들

1 오희문, 『쇄미록』 권4

2 민익수, 「이부인행록」, 『여흥민씨가승기략』 권4. 장서각 소장본

3 송명희, 「서열국지전후書列國誌傳後」, 『태우유고太愚遺稿』 권3, 국립중앙도서관 소장.

4 송명흠, 「황고묵옹부군유사皇考默翁府君遺事」, 『역천집』 권18 ; 『한국문집총간』 221, 369쪽

5 권섭, 〈선비수사책자분배기先?手寫册子分配記〉, 「잡저雜著」 4, 『옥소고玉所稿』

6 이만부, 「부가세구문附家世舊聞」, 『식산집息山集 · 속집續集』 권8 ; 『한국문집총간』 179, 285쪽

7 이덕무, 『사소절士小節』 7 婦儀 · 人倫, 『청장관전서青莊館全書』

8 이학규, 『낙하생고洛下生藁』

9 채제공, 「여사서서女四書序」, 『번암집樊巖集』

10 홍직필, 「매산잡지梅山雜識」, 『매산집梅山集』 ; 『한국문집총간』 296, 민족문화추진회, 2002

11 최규서, 「망실정경부인이씨행장亡室貞敬夫人李氏行狀」, 『간재집艮齋集』 권12. ; 『한국문집총간』 161, 235쪽

12 정약용, 「문체책文體策」, 『여유당전서與猶堂全書』 제1집 文 권8

13 모리스 꾸랑, 『한국서지Bibliographie Coréenne』, 김수경 옮김 ; 『조선문화사 서설』, 범장각, 1946, 6~7쪽

14 岡倉由三郎, 「朝鮮の文學」, 『哲學雜誌』 제 8권 74호, 1893.4.5., 85쪽; 大谷森繁, 「朝鮮 後記의 貰册 再論」, 『한국 고소설사의 시각』, 국학자료원, 1996, 155쪽에서 재인용

15 박종화, 〈책세집〉, 「월탄회고록」, 한국일보, 1972년 3월 25일자

16 박종화, 〈책세집〉, 「월탄회고록」, 한국일보, 1972년 3월 25일자

17 김동복 편저, 「유기鍮器와 세책貰册」, 『서울의 해』, 이화문화출판사, 2001, 215쪽에서 재인용

18 김동복 편저, 위의 글, 216~217쪽

19 김동복 편저, 위의 글, 216~217쪽

20 六堂學人, 「朝鮮의 家庭文學」 八, 『每日新報』, 1938 ; 『육당 최남선전집』 권9, 현암사, 1974

"대저 諺文小說이란 것도 그 곬이 여럿이 잇어서 그 가장 高級의 것은 宮中에서 긔구잇게 번역하야 보던 것으로 「紅樓夢」과 가튼 大部性의 것과 「禪眞逸史」와 가튼 男女愛情 關係의 것까지 內外古今에 걸처 심히 多數의 種類를 包括하야 잇으며, 그 가장 低級의 것은 一般 民衆을 對手로 하야 손쉽게 팔기를 목적으로 하야 아무조록 簡單短少한 것, 설사 원문이 긴 것이라도 긔어이 簡單短少하게 만드러서 열 장 스므 장의 한 권으로 판각해 낸 것이니, 이런 것은 아마 京鄕을 합하여 不過 四五十 種쯤 될 것이며 이 두 가지의 중간을 타고 나간 것에 아마 京城에만 잇슨 듯한 貰册이란 것이 있으니 곧 大小長短을 勿論하고 무릇 大衆의 興味를 끌만한 小說 種類를 謄寫하야 三四十張씩 한 卷을 만드러 만흔 것은 數百卷 한 帙, 적은 것은 二三卷 한 帙로 하야 한두 푼의 貰錢을 받고 빌려주어서 보고는 돌려보내고 도라온 것은 또 다른 사람에게 빌려주는 組織으로 한창 盛時에는 그 種類가 數百種 累千卷을 超過하얏섭습니다."

21 허균, 『홍길동전』, 허경진 옮김, 책세상, 2004, 85~87쪽

22 정명기, 「세책본소설의 유통양상-동양문고 소장 세책본소설에 나타난 세책장부를 중심으로」, 『고소설연구』 제16집, 한국고소설학회, 2003, 71~99쪽. 이 논문에서 실제 유통되던 세책소설 목록과 대출해 간 독자들의 신분 계층 및 전당품목까지 자세히 소개해놓았다.

⊙명나라에는 없어도 조선에는 있다 - 소설과 희귀서에 매료된 관료들

1 陳繼儒, 『太平淸話』 ; 이가원, 『한국한문학사韓國漢文學史』, 민중서관, 1961, 203쪽에

서 재인용. 정약용의 『여유당전서與猶堂全書』補遺 2, 경인문화사나 『증보문헌비고增補文獻備考』권 242의 「보예문일고역대서적補藝文考一 歷代書籍」편에 동일한 대목이 보이는데, 이는 청대의 강소서姜紹書가 쓴 『운석재필담韻石齋筆談』에서 인용한 것을 다시 옮겨놓은 것이다.

2 선조수정실록宣祖修正實錄 권1에 윤춘년에 관해 사관史官이 평가한 글이 적혀 있는데, 거기에 보면 윤춘년이 요망하고 비속한 이야기를 좋아했으며 김시습을 공자에 비견하고 추존했다고 밝혀놓았다. 유탁일, 「전등신화剪燈神話 및 전등여화剪燈餘話의 전래와 수용」, 『한국문헌학연구』, 아세아문화사, 1989 참조

3 정교, 『대한계년사 1』, 조광 편, 변주승 옮김, 소명출판, 2004, 55쪽

4 이유원, 「喜看稗說」, 『林下筆記』, 성균관대 대동문화연구원, 1961, 682쪽

5 홍한주, 「정조문체반정正祖文體反正」, 『지수염필智水拈筆』, 아세아문화사, 1984, 6쪽

6 정조실록 권36, 1792년 10월 24일己丑조. 실록에 기록된 것은 정조 16년(1792)이었지만, 이 사건이 일어난 것은 정조 11년(1787)이었다.

7 『종리鍾離』『호로葫蘆』: 명대에 지어진 소화집笑話集으로 작자 미상이다.

8 「학예편學藝篇」, 『어우야담於于野談』권3
"今年春, 新刊中原書七十種, 目曰『鍾離』『葫蘆』, 自西湖所來, 淫藝不忍覩聞. 獨其二事可觀世敎."

9 그런데 『한정록』에 보이는 허균의 말은 원래 원굉도袁宏道의 『상정觴政』에 들어 있던 구절을 그대로 가져와 인용한 것이었다. 袁宏道, 『袁中郎全集』卷三. "傳奇則『水滸傳』『金甁梅』等爲逸典, 不熟此傳者, 保面甕腸, 非飮徒也."

10 안정복, 「잡저雜著」, 『순암집順庵集』권13

11 이우준, 「소설小說」, 『몽유야담夢遊野談』, 보고사, 1994. 영인본

12 完山李氏, 金德成 外 畫, 『중국 소설회모본中國小說繪摸本』, 강원대출판부, 1993

13 今村鞆, 『歷史民俗朝鮮漫談』, 南山吟社, 昭和3[1928]

⊙조정에 피바람을 일으킨 영조대왕의 분노 – 책쾌들의 씨를 말린 『명기집략』 사건

1 당대 이름 높던 문인 이윤영李胤英(1714~1759)의 아들로 명망 높은 명문가의 후손이다. 연암 박지원의 절친한 친구이기도 했다.

2 유재건, 실사학사 고전문학연구회 역주, 『이향견문록』, 글항아리, 2008

3 『승정원일기承政院日記』 73, 국사편찬위원회, 1970, 722쪽

4 『승정원일기承政院日記』 73, 국사편찬위원회, 1970, 727~730쪽. 1771년 5월 26일丙寅조

5 "책쾌가 도성都城 안에 가득했으며, 사야 하는 것은 오직 『봉주강감鳳洲綱鑑』뿐인데, 그 가운데 유독 주린朱璘의 『명기집략』을 산 자에 대해서는 나라의 형률을 빨리 시행해 책쾌 8인은 흑산도의 종으로 삼게 했다.

6 『승정원일기承政院日記』 73, 국사편찬위원회, 1970, 729쪽. 1771년 5월 26일丙寅조

7 『승정원일기承政院日記』 73, 국사편찬위원회, 1970, 730쪽. 1771년 5월 27일丁卯조

8 『승정원일기(承政院日記』 73, 국사편찬위원회, 1970, 748쪽. 1771년 6월 5일甲戌조

9 『영조실록』, 47년 6월 2일 신미辛未조

10 "임금이 한학漢學 수석 통역관인 이담李湛 등을 잡아들이도록 명하고, 『청암집靑菴集』의 있고 없음을 엄중히 신문하였으나 모두 모른다고 대답하였다. 또 책쾌들을 잡아들이게 하여 엄중히 신문하였지만 끝내 찾아내지 못하였다 『영조실록』, 47년 6월 2일 신미辛未조

11 예를 하나 들면 다음과 같다. "책쾌가 와서 『통감집람通鑑輯覽』과 『한위총서漢魏叢書』를 무역하는 일에 대해 의논을 했다. 그가 말하기를 『명사明史』는 결국 선본善本이 없으며, 『경산사강瓊山史綱』 역시 구하기 어렵다고 했다. 내가 듣기를 『정씨전사鄭氏全史』는 세자전의 장서가 되었고, 『김씨전서金氏全書』는 일찍이 서씨 집안의 장서각 소유가 되었는데 그것을 값으로 따졌을 때 사만여 문이나 될 정도라고 했다. 그밖에 『절강서목浙江書目』을 보여달라고 부탁하니, 내어서 보여주었다. 돋보기를 가지고 글자 모양과 크기를 들여다보니 마치 사정전思政殿의 각본刻本 같았다. 거듭 이와 같은 판본을 요구하며 경經·사史·자子·기記·소설小說을 막론하고 하나의 책이든 열 가지 책이든, 백 가지 책이든 구애받지 말고 다만 힘써 구

해오라고 하니 책쾌가 말하기를 "그것은 심히 어렵습니다. 다만 당연히 별도로 한
번 힘써 보도록 하겠습니다"라고 했다. 송판宋板 경서대본經書大本이 있다고 하므
로, 구해올 수 있는지 물어보고 가능하다면 가져와 보이게 했다."(유만주兪晩周,
『흠영欽英』18册, 1784년 11월 9일조).
12 주명철,『바스티유의 금서』, 문학과지성사, 1990

◉강을 건너면 이리로 변하는 사람들 - 명청대 도서의 수입과 역관
1 김동욱,「방각본에 대하여」,『동방학지』11집, 연세대 국학연구원, 1970
2 당시 조선의 사대부들은 청나라를 세운 만주족의 언어를 사용하는 것과 그들에게 사
  행使行하는 것을 부끄럽게 여겼다. 그래서 할 수 없이 공식적인 사행은 행했지만, 그
  문서·언어 등의 거래는 통역에게 일임시킨 것과도 관계가 있다. 박제가의『북학의』
  「역譯」참조. 3 박상균,「개화기 책거간고」,『한국학연구』제2집, 동국대학교 한국학
  연구소, 1977, 106쪽
4 이서구,「책방세시기册房歲時記」,『신동아』5월호, 1968, 253쪽
5 이항복,〈기문기문記聞〉,「조천록朝天錄 하下」,『백사집白沙集 별집別集』권5
6 등총린,『추사 김정희 또다른 얼굴』, 박희영 옮김, 아카데미하우스, 1994, 468~473쪽
7 유몽인,『어우야담』권3, 성균관대 소장 만종재본萬宗齋本
8 신유한,『海遊錄』,『국역 해행총재』I. 기해년 11월 4일자
9 黃建國·金初昇 主編,『中國所藏高麗古籍綜錄』, 上海：漢語大詞典出版社, 1998. 이
  는 중국의 절강대학교 한국학연구센터에서 출판한 것이다. 그밖에 중국에 소장된 한
  국 고서 목록을 정리한 연구 성과로 박현규,『대만공장한국고서적연합서목臺灣公藏
  韓國古書籍聯合書目』, 文史哲出版社, 1991과 북경대학교에서 출판한『북경대학도
  서관장고대조선문헌해제北京大學圖書館藏古代朝鮮文獻解題』, 北京大學出版社,
  1997 등이 있다.
10 아직까지 중국에 건너간 국내 도서에 대한 연구는 상당히 미흡한 상태다. 그나마 최
   근 박현규의『명말明末 청초淸初 중국에 들어간 조선 시선집』, 유정의 석사학위논

문인『〈해객시초〉 연구』 등에서 현전하는 중국 내 조선 출간 도서 목록이 소개되어 전체적 윤곽과 실상을 파악할 수 있다. 중국에서 소장하고 있는 국내 서적 중에는 상당수가 역관들을 통해 건너간 것으로 보이는바, 역관들이 국내 서적을 중국으로 가져간 사정과 역할, 그리고 그 의미를 살피는 연구가 뒤따라야만 할 것이다.

11 유정,『해객시초 연구』, 연세대 석사학위논문, 2005

12 동문환董文煥이 편집한『한객시록韓客詩錄』은 당시에 출판되지 못했고, 후손인 동수평董壽平이 초고 일부를 보관하고 있다가, 산서성대학교의 이예李豫 교수에게 공개함으로써 1996년에『한객시존韓客詩存』이란 제명으로 출판되었다.『한객시존』에 관한 연구는 김명호,「董文煥의《韓客詩存》과 韓中文學交流」,『한국한문학연구』제26집, 2000과 錢志熙,「從《韓客詩存》看近代的韓國漢詩創作及中韓文學交流」,『中國學』第17輯, 2003 등이 있다.

13 박상균,「개화기 책거간고」,『한국학연구』제2집, 동국대학교 한국학연구소, 1977, 118쪽

⊙조선의 가장 똑똑했던 왕이 가장 싫어했던 책 -『원중랑집』 등 노론청류의 양명좌파 수입과 그 좌절

1 남정희,「공안파 서적의 도입과 독서 체험의 실상」, 홍선표 외 지음,『17 · 18세기 조선의 외국서적 수용과 독서문화』, 혜안, 2007. 조선 지식인들의 공안파 수용에 대해서는 이 논문에 많은 도움을 받았다.

2 남정희, 위의 논문

3 심경호,「조선 후기 한문학과 원굉도」,『역주 원중랑집』, 소명출판, 2004

4 남정희, 위의 책, 41쪽

5 강명관,「문체와 국가장치」,『안쪽과 바깥쪽』, 소명출판, 2007. 217쪽

6 정조,『일득록』,『홍재전서』, 강명관의 책에서 재인용

7 신승하,『중국사학사』제3장 '선진先秦시대의 사학' 중「상서尙書와 춘추春秋」참조, 고려대출판부, 2000

8 유만주,『흠영』 6권 ; 남정희, 위의 책 41쪽에서 재인용하면서 문맥에 맞게 약간 수정

가필함

9 남정희, 위의 책, 41쪽

10 강명관, 위의 책, 197~202쪽

11 강명관, 위의 책, 203쪽

12 강유원, 「안쪽과 바깥쪽」, http://armarius.net/ex_libris/archives/001021.html

13 강유원, 위의 글

⊙18세기 백과사전의 시대가 열리다 - 박학다식한 선비들의 총서 열풍

1 박경여朴慶餘와 권화權和가 앞서 윤순거尹舜擧가 편찬한『노릉지魯陵誌』2권에다 속지續誌 2권을 증보하여 제목을 다시 붙인 책. 단종의 출생부터 사망 후 1698년(숙종 24) 복위될 때까지의 사실을 편년체로 기록하고, 다음으로 분묘의 관리, 남효온의 단종 복호상소, 사육신과 생육신의 전기, 무오사화에 관련된 일 등을 적었다.

2 필사본. 9권 5책. 규장각도서. 이수이가 존주양이尊周攘夷의 정신에 입각하여 편술해 1716년(숙종 42) 완성한 책. 전편 권1에는 태조 이성계의 위화도회군부터 역사적인 순서대로 임진왜란 때의 원군援軍 및 그 전공戰功에 관한 일, 인조대부터 숙종대까지의 능지문陵誌文, 병자호란의 복수를 주장한 신하들의 상소문, 의열사義烈士의 시문 등을 실었다.

3 조선시대에 관찰사·통제사 등이 지방에 부임할 때에 임금이 내어주던 물건. 절은 수기手旗와 같이 만들고 부월은 도끼와 같이 만든 것으로, 군령을 어긴 자에 대한 생살권生殺權을 상징했다.

4 정민,『18세기 조선 지식인의 발견』, 휴머니스트, 2007, 18쪽

5 김영진,「조선 후기 실학파의 총서 편찬과 그 의미- '삼한총서' '소화총서'를 중심으로」, 이혜순 엮음,『한국 한문학 연구의 새 지평』, 소명출판, 2005, 953~954쪽

6. 김영진, 위의 논문

7 박지원 지음, 박희병 옮김,『고추장 작은 단지를 보내니』, 돌베개, 2005

8 박종채,『과정록』, 김영진, 위의 논문 960~961쪽에서 재인용

9 김영진, 위의 논문, 965쪽

10 김문식, 「조선후기 경기학인의 한송절충론」, 대동문화연구원 경학연구실 편, 『조선 후기 경학의 전개와 그 성격』, 성균관대 대동문화연구원, 1998, 278~279쪽

11 정민, 위의 책, 48~49쪽

12 신용하, 『조선후기 실학파 사회사상연구』, 지식산업사, 1997

⊙**책에 미친 사람들** - 아버지 무덤에 천여 권의 책을 순장하다

1 유재건, 『이향견문록』, 실시학사 고전문학연구회 옮김, 글항아리, 2008

2 양주동, 「불가설不可洩의 진본珍本」, 『조광』 제2권 제2호, 1936년 2월호, 97~98쪽

3 존 맥스웰 해밀턴, 『카사노바는 책을 더 사랑했다: 저술 출판 독서의 사회사』, 승영조 옮김, 열린책들, 2005, 270~271쪽 참조

4 조수삼, 『조수삼 작품집』, 허문섭 옮김, 뜻이있는길, 1994, 234쪽

⊙**조선의 종말, 그 시초를 알린 책** - 『조선책략』을 둘러싼 모험

1 이와 관계된 저작으로는 이태진, 『고종시대의 재조명』, 태학사, 2000 ; 서영희, 『대한 제국 정치사 연구』, 2003 ; 강상규, 『19세기 동아시아의 패러다임 변환과 한반도』, 논형, 2008 등이 있다.

2 강상규, 「고종은 조선왕조 비판적 상속자이다」, 『고종황제 역사 청문회』, 푸른역사, 2005

3 김용구, 『세계관 충돌과 한말 외교사 1866~1882』, 문학과지성사, 2001, 284쪽. 『조선 책략』의 내용과 조정의 대응에 대해서는 주로 이 책을 참고했다.

4 황준헌, 『조선책략』, 김승일 옮김, 범우사, 2007

5 김수암, 「1870년대 조선의 대일관-교린질서와 만국공법질서의 충돌」, 국제관계연구회 편, 『근대 국제질서와 한반도』, 을유문화사, 2003

6 김용구, 위의 책, 295쪽

7 김윤식, 『운양집』; 강재언, 『한국의 개화사상』, 정창열 옮김, 비봉출판사, 1984, 178~179쪽에서 재인용

8 이성욱, 「노란 피부, 흰 가면 혹은 ‘아미리가 학동’?」, 고길섶 외, 『문화읽기-삐라에서 사이버문화까지』, 현실문화연구, 2000

조선을 훔친 위험한 책들

초판인쇄 2008년 6월 13일
초판발행 2008년 6월 23일

지은이 이민희 ∣ 펴낸이 강병선

편집인 강성민 ∣ 편집장 이은혜
마케팅 장으뜸 방미연 정민호 신정민 ∣ 제작 안정숙 차동현 김정후

펴낸곳 (주)문학동네 ∣ 출판등록 1993년 10월 22일 제406-2003-000045호
임프린트 글항아리

주소 413-756 경기도 파주시 교하읍 문발리 파주출판도시 513-8
전자우편 bookpot@hanmail.net
전화번호 031-955-8888(관리부) 031-955-8898(편집부)
팩스 031-955-2557

ISBN 978-89-546-0592-2 03900

글항아리는 (주)문학동네의 임프린트입니다.

이 도서의 국립중앙도서관 출판시도서목록(CIP)은 e-CIP홈페이지(http://www.nl.go.kr/cip.php)에서 이용하실 수 있습니다.
(CIP제어번호: CIP2008001690)